# The Drama of German Expressionism

**UNC** | COLLEGE OF ARTS AND SCIENCES
Germanic and Slavic Languages and Literatures

From 1949 to 2004, UNC Press and the UNC Department of Germanic & Slavic Languages and Literatures published the UNC Studies in the Germanic Languages and Literatures series. Monographs, anthologies, and critical editions in the series covered an array of topics including medieval and modern literature, theater, linguistics, philology, onomastics, and the history of ideas. Through the generous support of the National Endowment for the Humanities and the Andrew W. Mellon Foundation, books in the series have been reissued in new paperback and open access digital editions. For a complete list of books visit www.uncpress.org.

# The Drama of German Expressionism
A German-English Bibliography

CLAUDE HILL AND RALPH LEY

UNC Studies in the Germanic Languages and Literatures
Number 28

Copyright © 1960

This work is licensed under a Creative Commons CC BY-NC-ND license. To view a copy of the license, visit http://creativecommons.org/licenses.

Suggested citation: Hill, Claude, and Ralph Ley. *The Drama of German Expressionism: A German-English Bibliography.* Chapel Hill: University of North Carolina Press, 1960. DOI: https://doi.org/10.5149/9781469657561_Hill

Library of Congress Cataloging-in-Publication Data
Names: Hill, Claude and Ley, Ralph.
Title: The drama of German expressionism : A German-English bibliography / by Claude Hill and Ralph Ley.
Other titles: University of North Carolina Studies in the Germanic Languages and Literatures ; no. 28.
Description: Chapel Hill : University of North Carolina Press, [1960] Series: University of North Carolina Studies in the Germanic Languages and Literatures. | Includes bibliographical references.
Identifiers: LCCN 60063564 | ISBN 978-0-8078-8828-5 (pbk: alk. paper) | ISBN 978-1-4696-5756-1 (ebook)
Subjects: German drama — 20th century — Bibliography.
Classification: LCC PD25 .N6 NO. 28 | DCC 016/ .83291

# TABLE OF CONTENTS

|   | Page |
|---|---|
| Introduction | 1 |

## Part One:
## DRAMA OF GERMAN EXPRESSIONISM IN GENERAL ............ 6

I. Literature Dealing Indirectly with Expressionism and/or Expressionistic Drama ............ 6
   1. Literature in German ............ 6
      A. Books and Dissertations ............ 6
         a. Histories of Literature ............ 6
         b. Histories of Drama ............ 7
      B. Articles ............ 8
   2. Literature in English ............ 17
      A. Books and Dissertations ............ 17
      B. Articles ............ 17

II. Literature Dealing Directly with Expressionism and Indirectly with Expressionistic Drama ............ 21
   1. Literature in German ............ 21
      A. Books and Dissertations ............ 21
      B. Articles ............ 23
   2. Literature in English ............ 31
      A. Books and Dissertations ............ 31
      B. Articles ............ 31

III. Literature Dealing Directly with Expressionistic Drama ............ 33
   1. Literature in German ............ 33
      A. Books and Dissertations ............ 33
      B. Articles ............ 33
   2. Literature in English ............ 36
      A. Books and Dissertations ............ 36
      B. Articles ............ 37

## Part Two:
## INDIVIDUAL DRAMATISTS OF GERMAN EXPRESSIONISM ............ 39

1 ERNST BARLACH ............ 41
   I. Plays (in the order of publication) ............ 41
   II. Reviews and articles on specific plays and on autobiography (German) ............ 41
   IV. Reviews and articles on specific plays (English) ............ 44
   V. Non-fictional publications of Ernst Barlach (German) ............ 44
   VI. Non-fictional publications of Ernst Barlach (English) ............ 45

|      |                                                                           | Page |
|------|---------------------------------------------------------------------------|------|
| VII. | Books and dissertations on Barlach (German) | 45 |
| VIII. | Articles on Barlach (German) | 46 |
|      | 1. Literature to 1945 | 46 |
|      | 2. Literature after 1945 | 51 |
| IX. | Books and Dissertations on Barlach (English) | 56 |
| X. | Articles on Barlach (English) | 56 |

## 2 BERTOLT BRECHT ... 57

| III. | Translations of plays into English | 57 |
|------|-----------------------------------|----|
| IV. | Reviews and articles on specific plays, a novel, and a book of verses (English) | 58 |
| VI. | Non-fictional publications of Brecht (English) | 61 |
| IX. | Books and dissertations on Brecht (English) | 62 |
| X. | Articles on Brecht (English) | 62 |

## 3 ARNOLT BRONNEN ... 65

| I. | Plays (in order of publication) | 65 |
|----|--------------------------------|----|
| II. | Reviews and articles on specific plays (German) | 65 |
| IV. | Reviews and Articles on specific plays (English) | 67 |
| V. | Non-fictional publications of Arnolt Bronnen (German) | 67 |
| VIII. | Articles on Arnolt Bronnen (German) | 67 |

## 4 REINHARD GOERING ... 70

| I. | Plays and other fictional writings (in the order of publication) | 70 |
|----|------------------------------------------------------------------|----|
| II. | Reviews and articles on specific plays (German) | 70 |
| VIII. | Articles on Reinhard Goering (German) | 71 |
| X. | Articles on Reinard Goering (English) | 71 |

## 5 WALTER HASENCLEVER ... 72

| I. | Plays and other dramatic creations (in the order of publication) | 72 |
|----|-----------------------------------------------------------------|----|
| II. | Reviews and articles on specific plays (German) | 72 |
| IV. | Reviews and articles on specific plays (English) | 75 |
| V. | Non-fictional publications of Hasenclever (German) | 76 |
| VI. | Non-fictional publications of Hasenclever (English) | 76 |
| VII. | Books and dissertations on Hasenclever (German) | 76 |
| VIII. | Articles on Hasenclever (German) | 77 |
| X. | Articles on Hasenclever (English) | 78 |

## 6 HANS HENNY JAHNN ... 79

| I. | Plays (in order of publication) | 79 |
|----|--------------------------------|----|
| II. | Reviews and articles on specific plays (German) | 79 |
| V. | Non-fictional publications of Jahnn (German) | 80 |
| VII. | Books and Dissertations on Jahnn (German) | 81 |
| VIII. | Articles on Jahnn (German) | 82 |
| X. | Articles on Jahnn (English) | 83 |

## Table of Contents

Page

7  **HANNS JOHST** ............................................. 84
    I. Plays (in the order of publication) .................. 84
    II. Reviews and articles on specific plays and
        non-fictional works (German) ........................ 84
    IV. Reviews and articles on specific plays (English) ..... 87
    V. Non-fictional publications of Johst (German) ......... 87
    VII. Books and dissertations on Johst (German) ........... 89
    VIII. Articles on Johst (German) ........................ 89
        1. Literature to 1932 ............................... 89
        2. Literature after 1932 ............................ 92
    X. Articles on Johst (English) .......................... 95

8  **GEORG KAISER** ............................................ 96
    I. Plays (in the order of publication) .................. 96
    II. Reviews and articles on specific plays (German) ..... 99
    III. Translations of plays into English ................. 105
    IV. Reviews and articles on specific plays (English) .... 106
    V. Non-fictional publications of Kaiser (German) ....... 108
    VI. Non-fictional publications of Kaiser (English) ...... 109
    VII. Books and dissertations on Kaiser (German) ......... 109
    VIII. Articles on Kaiser (German) ...................... 110
        1. Literature to 1945 .............................. 110
        2. Literature after 1945 ........................... 115
    IX. Books and dissertations on Kaiser (English) ........ 118
    X. Articles on Kaiser (English) ........................ 118

9  **OSKAR KOKOSCHKA** ........................................ 119
    I. Plays (in the order of publication) ................. 119
    II. Reviews and articles on specific plays (German) .... 120
    V. Non-fictional publications of Kokoschka (German) .... 120
    VI. Non-fictional publications of Kokoschka (English) .. 121
    VII. Books and dissertations on Kokoschka (German) ..... 122
    VIII. Articles on Kokoschka (German) ................... 122
        1. Literature to 1945 .............................. 122
        2. Literature after 1945 ........................... 124
    IX. Books and dissertations on Kokoschka (English) ..... 127
    X. Articles on Kokoschka (English) ..................... 127

10 **PAUL KORNFELD** .......................................... 129
    I. Plays (in the order of publication) ................. 129
    II. Reviews and articles on specific plays (German) .... 129
    IV. Reviews and articles on specific plays (English) ... 130
    V. Non-fictional publications of Kornfeld (German) ..... 130
    VI. Non-fictional publications of Kornfeld (English) ... 131
    VIII. Articles on Kornfeld (German) .................... 131

11 **LUDWIG RUBINER** ......................................... 132
    I. Fictional works (in the order of publication) ....... 132

TABLE OF CONTENTS

Page

    II.  Reviews and articles on Ludwig Rubiner's fictional and non-fictional writings (German) .... 132
    V.  Non-fictional publications of Rubiner (German) .... 133
  VIII.  Articles on Rubiner (German) .... 133

12  REINHARD JOHANNES SORGE .... 134
    I.  Dramatic and poetic works of R. J. Sorge (in the order of publication) .... 134
    II.  Reviews and articles on Sorge's works and on the biography written by his wife (German) .... 135
    V.  Non-fictional publications of R. J. Sorge (German) .... 136
   VII.  Books and dissertations on R. J. Sorge (German) .... 136
  VIII.  Articles on R. J. Sorge (German) .... 137
    X.  Articles on R. J. Sorge (English) .... 139

13  CARL STERNHEIM .... 140
    I.  Plays (in the order of publication) .... 140
    II.  Reviews and articles on specific plays and non-fictional publications (German) .... 141
   III.  Translations of Sternheim's plays into English .... 144
   IV.  Reviews and articles on specific plays (English) .... 144
    V.  Non-fictional publications of Sternheim (German) .... 144
   VII.  Books and dissertations on Sternheim (German) .... 145
  VIII.  Articles on Sternheim (German) .... 146
      1.  Literature to 1945 .... 146
      2.  Literature after 1945 .... 147
    X.  Articles on Sternheim (English) .... 148

14  ERNST TOLLER .... 149
    I.  Plays (in the order of publication) .... 149
    II.  Reviews and articles on specific plays and autobiographical publications (German) .... 150
   III.  Translations of Toller's plays into English .... 152
   IV.  Reviews and articles on plays and autobiographical writings (English) .... 153
    V.  Non-fictional publications of Toller (German) .... 156
   VI.  Non-fictional publications of Toller (English) .... 157
   VII.  Books and dissertations on Toller (German) .... 158
  VIII.  Articles on Toller (German) .... 158
   IX.  Books and dissertations on Toller (English) .... 160
    X.  Articles on Toller (English) .... 160

15  FRITZ VON UNRUH .... 163
    I.  Plays (in the order of publication) .... 163
    II.  Reviews and articles on specific plays and non-fictional writings (German) .... 163
   III.  Translations of plays into English .... 167
   IV.  Reviews and articles on specific plays (English) .... 167

TABLE OF CONTENTS　　　　　　　　　　　　　xi

                         *Page*

  V. Non-fictional publications of Unruh (German) ........... 167
  VI. Non-fictional publications of Unruh (English) ........... 168
  VII. Books and dissertations on Unruh (German) ........... 168
  VIII. Articles on Unruh (German) ........................................ 168
    1. Literature to 1945 ............................................... 168
    2. Literature after 1945 .......................................... 170
  IX. Books and dissertations on Unruh (English) ........... 171
  X. Articles on Unruh (English) ........................................ 171

16 FRANZ WERFEL ........................................................................ 172
  I. Plays (in the order of publication) ............................ 172
  II. Reviews and articles on specific plays and
    non-fictional works (German) .................................. 173
  III. Translations of plays into English and dramatic
    adaptations of novels in English ............................... 177
  IV. Reviews and articles on specific plays and
    *Between Heaven and Earth* (English) ....................... 177
  V. Non-fictional publications of Werfel (German) ......... 180
  VI. Non-fictional publications of Werfel (English) ......... 181
  VII. Books and dissertations on Werfel (German) ......... 181
  VIII. Articles on Werfel (German) .................................... 182
    1. Literature to 1945 ............................................... 182
    2. Literature after 1945 .......................................... 185
  IX. Books and dissertations on Werfel (English) ........... 187
  X. Articles on Werfel (English) ..................................... 188

INDEXES ........................................................................................ 192
  I. Play Index .................................................................... 193
  II. Author Index ............................................................... 197

# Introduction

It is generally conceded that the literary phase of the Expressionistic Movement was more pronounced in Germany than in any other country. It is further known that the greatest impact occurred in the field of the drama. However, no comprehensive bibliography of German Expressionistic drama exists. Of the possible reasons for this regrettable fact only a few may be mentioned: the staggering magnitude of the task, the political ostracism of many expressionistic authors that has prohibited a study of their work from 1933 to 1945, the partial—and in some cases total—inaccessibility of pertinent materials today. And yet, renewed interest in various manifestations of Twentieth Century German Drama, both in Germany and in the Anglo-Saxon countries, would seem to emphasize the need for pertinent bibliographical information even more sharply.

It is therefore with the practical purpose of providing the German scholar and student of comparative drama with a working tool that we offer our bibliography. Without claiming total completeness, which we felt we could not attain under prevailing circumstances at this time, we have striven for a reasonable measure of comprehensiveness, consistency and practicality. To serve various possible needs of potential users we have broken down the bulk of the material (i. e., over 4000 items) into many convenient sections. Thus, the German scholar of drama *per se*, the specialist in Expressionism, the student of a particular playwright, the English speaking researcher who does not know German or is only concerned with works of translations, each will find at a glance what he is looking for. He must, however, have a clear understanding of what to expect, where to find what he wants, and what not to look for in this bibliography. The following principles of organization, scope and limitation will aid the reader:

### 1. *Organization of the Bibliography*

The bibliography has been divided into two parts, on the basis of logical deduction from the general to the particular. Part One deals with German expressionistic drama without regard to individual authors as such. Part Two treats individual dramatists in their own right. Throughout, i. e., in both parts and their respective subdivisions, sources in German have been separated from those in English, and books and dissertations have been separated from articles.

## I. Part One

Part One consists of 3 sections:

1. The first section deals with items whose primary concern is neither expressionism itself nor the expressionistic drama *per se*. In this section books and articles on the history of literature and drama will be found that touch on expressionism only in relation to their main topic of interest. This section is called "Studies Dealing with Expressionism and/or Expressionistic Drama Indirectly."

2. The second section covers items concerned directly with the Expressionistic Movement as a whole without specific regard to expressionistic drama. The reader will also find in this section a number of articles dealing with expressionism in art, poetry and philosophy, for each of which a separate section might have been created save for the limitations imposed by the over-all subject of drama. This section is called "Studies Dealing with Expressionism Directly and with Expressionistic Drama Indirectly."

3. The third section deals with items concerned *per se* with expressionistic drama. It is called "Studies Dealing with Expressionistic Drama Directly."

## II. Part Two

Part Two consists of separate bibliographies of sixteen selected expressionistic dramatists. The individual bibliographies are broken down into ten sections. The numbering system of these sections has been uniformly maintained throughout each separate bibliography, regardless of whether or not the dramatist in question is represented by all ten sections. These sections are as follows:

I. Plays by the dramatist in the order of publication.
II. Reviews and articles on these plays, published in the German language.
III. Translations of plays into the English language.
IV. Reviews and articles on these plays, published in the English language.
V. Non-fictional publications by the dramatist published in the German language.

VI. Non-fictional publications by the dramatist published in the English language.
VII. Books and dissertations on the dramatist published in the German language.
VIII. Articles on the dramatist published in the German language.
IX. Books and dissertations on the dramatist published in the English language.
X. Articles on the dramatist published in the English language.

Thus, Sections I and III list the dramatic publications of an author in German and English, II and IV comprise items specifically dealing with these works in German and English, V and VI are concerned with other than fictional writings of the author in German and English, and VII through X are devoted to items written about the author in German and English. Any deviations from or enlargements of this system are stated at the beginning of an individual bibliography after the name of the author in question. They consist mainly of further sectional subdivision into the period prior to and after 1933, because it was felt that researchers might want to take into account obvious political implications in treating certain authors.

## 2. *The Scope of the Bibliography*

1. The bibliography emphasizes the author as dramatist. Therefore, an attempt has been made to take into account the entire dramatic production of each writer in Part II, even if it precedes (Sternheim) or supersedes (Hasenclever) the nebulous definition of expressionistic drama. Thus, as complete a picture as possible of each author in his entire dramatic development has been the aim.

2. Literature of a biographic nature irrespective of its application to drama *per se* has been included.

3. As a rule epical or lyrical works of a writer have been omitted. This is especially true in regard to Werfel whose nondramatic fictional writings have not been taken into account. On the other hand, source material on a few figures (e.g., Sorge, Rubiner, Goering) was found to be so scarce as to warrant inclusion of their lyrical and novelistic endeavors.

4. Literature dealing with the artistic production of a dramatist (Barlach, Kokoschka) has been included to give a rounded

picture of the artist-writer type. Often an article will take into account both sides of his development.

5. Articles on expressionistic art and poetry *per se* have been excluded from this bibliography, since its field is the expressionistic drama. However, some of these articles were inserted to indicate that expressionistic drama had certain connections outside itself. They are merely meant as guideposts to possibly related topics. The inclusion of *all* articles on *all* phases of expressionism (art, poetry, activism, futurism, and so on) would obviously transcend the scope of a bibliography on expressionistic drama.

6. References and articles on individual authors appearing in histories of literature or drama have not been included since they can be immediately located in any respectable work of this nature. In a few pertinent cases exceptions have been made for the convenience of the reader. A list of these general books has been provided in Part I.

7. The bibliography includes numerous *Rezensionen* of individual plays to give capsule form judgments of leading critics.

8. The bibliography lists all English translations of plays for the benefit of scholars and students of comparative literature.

## *3. The Limitations of the Bibliography*

1. The bibliography covers literature up to January 1, 1958, except German dissertations, which are not covered after January 1, 1957.

2. The compilers have been limited to bibliographical sources available in America. Two different systems of reference are applied to periodical literature: sometimes the volume number is listed and sometimes the year of publication is given. This means that in a few instances an educated guess had to be made where the original article was not available for reference. The user is therefore urged to go by volume number where both volume number and year of publication have been given.

3. As a rule German newspaper articles are omitted, with the exception of reviews of first performances and non-fictional writings as listed in sections II and V of Part Two.

4. Of newspapers in English, only the *New York Times* has been covered with any degree of completeness.

5. There are about half a hundred German writers who con-

tributed to the expressionistic drama in one way or other. While it would be desirable to bring *all* German expressionistic playwrights under one cover for the first time, bibliographical treatment of peripheral expressionistic authors might reasonably be deferred without too great a loss to scholarship. The compilers of this bibliography have therefore restricted their efforts to sixteen selected writers who, according to all available critical literature over a period of forty years, appear to constitute the significant contributors to the German expressionistic drama. These dramatists, whose individual bibliographies appear in Part II, are: Ernst Barlach, Bertolt Brecht, Arnolt Bronnen, Reinhard Goering, Walter Hasenclever, Hans Henny Jahnn, Hanns Johst, Georg Kaiser, Oskar Kokoschka, Paul Kornfeld, Ludwig Rubiner, Reinhard Johannes Sorge, Carl Sternheim, Ernst Toller, Fritz von Unruh and Franz Werfel.

6. Since literature by and on Brecht in German has already been compiled by Walter Nubel in his admirable "Bertolt-Brecht-Bibliographie" (in *Sinn und Form*, 9. Jg., 1957, s. 481-623), only source materials in English have been dealt with.

While it is obvious that literary research, however impressive or tedious or cumbersome, aids scholarship only if it be published, this truth applies even more to bibliographies which are, by definition, tools for further research. It is for this reason that we herewith express our gratitude to the Research Council of Rutgers University, which not only aided the publication of this volume but made our joint project possible: under a grant from the council Mr. Ralph Ley compiled the materials as a research assistant while Professor Claude Hill primarily assumed the responsibilities of direction, supervision and editorship. We sincerely hope that the resulting bibliography will prove to be useful to students and scholars of the German expressionistic drama both in America and in Europe.

Rutgers University                                          Claude Hill
The State University of New Jersey              Ralph Ley

# Part I

# Drama of German Expressionism in General

I. Literature Dealing Indirectly with Expressionism and/or Expressionistic Drama

1. Literature in German

A. Books and Dissertations

a. Histories of Literature

1. Bartels, Adolf *Die deutsche Dichtung von Hebbel bis zur Gegenwart; dritter Teil: die Jüngsten* Leipzig 1922.
2. Brand, Guido K. *Werden und Wandlung - Eine Geschichte der deutschen Literatur von 1880 bis heute* Berlin 1933.
3. Cysarz, Herbert *Zur Geistesgeschichte des Weltkrieges* Halle/Salle 1931.
4. Dinter, Kurt *Fünfzig Jahre deutscher Dichtung* Berlin-Pankow 1930.
5. Friedmann, Hermann and Mann, Otto, ed. *Deutsche Literatur im 20. Jahrhundert. Gestalten und Strukturen* Heidelberg 1954.
6. Galinsky, Hans *Deutsches Schrifttum der Gegenwart in der englischen Kritik der Nachkriegszeit (1919 - 1935)* München 1938.
7. Gerstner, H. and Schworm, R. *Deutsche Dichter unserer Zeit* München 1939.
8. Grenzmann, W. *Deutsche Dichtung der Gegenwart* Frankfurt a. M. 1955.
9. Jennsen, Christian *Deutsche Dichtung der Gegenwart* Leipzig 1936.
10. Kindermann, Heinz *Das literarische Antlitz der Gegenwart* Halle 1930.
11. Koch, Hedwig *Das Generationenproblem in der deutschen Dichtung der Gegenwart* Langensalza 1930.
12. Kochmann, Adolf A. *Dichter der Gegenwart* Berlin 1927 (touches but lightly on Expressionism).
13. Langer, S. *Die deutsche Dichtung seit dem Weltkrieg. Von Paul Ernst bis Hans Baumann* Karlsbad u. Leipzig 1940.
14. Leyen, F. von der *Deutsche Dichtung in neuer Zeit* Jena 1922.
15. Lucacs, Georg *Die deutsche Literatur im Zeitalter des Imperialismus. Eine Übersicht ihrer Hauptströmungen* Berlin 1946.
16. Märker, Friedrich *Zur Literatur der Gegenwart: Führer zu den Hauptproblemen und den Hauptpersönlichkeiten der gegenwärtigen Literatur* München 1921.
17. Mahrholz, Werner *Deutsche Dichtung der Gegenwart* Berlin 1926, 1930.
18. Marcuse, C. *Weltliteratur der Gegenwart.* Volume: Deutschland, Part II Leipzig 1924.
19. Martens, K. *Die deutsche Literatur unserer Zeit in Charakteristiken und Proben* München 1921.
20. Milch, Werner *Ströme-Formeln-Manifeste: Drei Vorträge zur Geschichte der deutschen Literatur im 20. Jahrhundert* Mahrburg/Lahn 1949.

21. Mullenback, Herbert *Kleine Einführung in die deutsche Dichtung der Gegenwart* Leipzig 1934.
22. Mulot, A. *Die Deutsche Dichtung unserer Zeit* Stuttgart 1942.
23. Mumbauer, Johannes *Die deutsche Dichtung der neuesten Zeit* Freiburg Herder 1931/32 (2 vol.).
24. Muschg, W. *Tragische Literaturgeschichte* Bern 1957 (3rd revised edition).
25. Naumann, H. *Die deutsche Dichtung der Gegenwart (1885 - 1933)* Stuttgart 1933 (6th edition).
26. Oehlke, W. *Deutsche Literatur der Gegenwart* Berlin 1942.
27. Radkey, Jakoba B. *Strömungen and Bewertungen deutscher Literatur von 1920 - 1930* Univ. of Wisconsin, *Summaries of Doctoral Diss.* 6:309-11.
28. Riemann, Robert *Von Goethe zum Expressionismus* Leipzig 1922.
29. Rose, Ernst *Deutsche Dichtung unserer Zeit: von der Sinnenkunst zur Seelenkunst (1880 - 1930)* New York 1930.
30. Schneider, M. *Einführung in die neueste deutsche Dichtung* Stuttgart 1921.
31. Stammler, Wolfgang *Die deutsche Literatur vom Naturalismus bis zur Gegenwart* Breslau 1927.
32. Steffes, Johann Peter (et al.) *Vom Naturalismus zur neuen Sachlichkeit* Münster 1932.
33. Wais, Kurt *Das Vater-Sohn Motif in der deutschen Dichtung (1880 - 1930)* Berlin-Leipzig 1931 (2 vol.).
34. Walzel, Oskar *Die deutsche Literatur von Goethes Tod bis zur Gegenwart* Berlin 1929 (5th edition).
35. Witkop, P. *Deutsche Dichtung der Gegenwart* Leipzig 1924.

### b. Histories of Drama

36. ⸺ *Zukunft der deutschen Bühne. Fünf Vorträge* (by O. Walzel, W. Heine, H. Eulenberg, F. Servaes and J. Lessner) Berlin 1917.
37. Anders, William *Der Heimkehrer aus zwei Weltkriegen im deutschen Drama* (Diss. Univ. of Pennsylvania)) 1951.
38. Arnold, R. F. *Das deutsche Drama* München 1925.
39. Bab, Julius *Die Chronik des deutschen Dramas* Berlin 1922 and 1926 (5 vol.).
40. Bab, Julius *Das Theater der Gegenwart. Geschichte der dramatischen Bühne seit 1870* Leipzig 1928.
41. Bernard, Rudolf K. *Der Vater-Sohn Konflikt im modernen deutschen Drama* (Diss. Univ. of Minnesota) 1949.
42. Brendle, E. *Die Tragik im deutschen Drama vom Naturalismus bis zur Gegenwart* (Diss. Tübingen) Nürtingen 1940.
43. Elsner, Richard *Das deutsche Drama in Geschichte und Gegenwart* Berlin-Pankow 1930.
44. Eulenberg, Herbert *Mein Leben für die Bühne* Berlin 1919.
45. Fechter, Paul *Das europäische Theater: Vom Naturalismus zum Expressionismus* Mannheim 1957.
46. Fischel, O. *Das moderne Bühnenbild* Berlin 1923.
47. Holl, Karl *Geschichte des deutschen Lustspiels* Leipzig 1923.

48. Ihering, H. *Bühnenmaler und Regisseure* Berlin-Wilmersdorf 1921.
48A. Kerr, Alfred *Die Welt im Drama* (Gerhard Friedrich Hering, ed.) Berlin, Köln 1954.
49. Klaar, Alfred *Probleme der modernen Dramatik* München-Berlin 1921.
50. Knevels, Wilhelm *Das moderne Drama. Gesicht unserer Zeit. Darstellung, Deutung, Wertung* Braunschweig 1930.
51. Kosch, Wilhelm *Das deutsche Theater und Drama seit Schillers Tod* Leipzig 1922 (3rd and 4th edition).
52. Krell, Max, ed. *Das deutsche Theater der Gegenwart* München 1923.
53. Melnitz, William W. *Die Gestaltung des Kriegs- und Revolutionserlebnisses auf den Bühnen der Weimarer Republik (1919 - 1925)* (Diss. Univ. of California at Los Angeles) 1947.
54. Neumann, Walther *Grundzüge der Technik des Heimkehrerdramas. Ein Beitrag zur Technik des Dramas der Gegenwart* Würzburg 1936.
55. Peine, Martin *Das politisch-historische Drama von 1923 bis 1933* (Diss. Greifswald) Berlin 1936.
56. Perger, Arnulf *Die Wandlung der dramatischen Auffassung* Berlin 1936.
57. Rühle, J. *Das gefesselte Theater. Vom Revolutionstheater zum sozialistischen Realismus* Köln 1957.
58. Scholz, W. von *Das Drama. Wesen, Werden, Darstellung der dramatischen Kunst* Tübingen 1956.
59. Steinhauer, H. *Das deutsche Drama (1880 - 1933)* New York 1938 (2 vol.).
60. Szondi, P. *Theorie des modernen Dramas* Frankfurt 1956.
61. Thielmann, Hans *Stil und Technik des Dialogs im neueren Drama (von Naturalismus bis zum Expressionismus)* (Diss. Heidelberg) Düsseldorf 1937.
62. Thomas, Walther *Von Drama unserer Zeit* (Diss. Giessen) Leipzig 1938.
63. Vriesen, Hellmuth *Die Stationentechnik im neueren deutschen Drama* (Diss. Kiel) Essen 1934.
64. Wanderscheck, Hermann *Deutsche Dramatik der Gegenwart* Berlin 1938.
65. Widmann, H. *Theater und Revolution. Ihre gegenseitigen Beziehungen und Wirkungen im 18., 19. und 20. Jahrhundert* Berlin 1920.
66. Zur Nedden, O. *Drama und Dramaturgie im 20. Jahrhundert* Würzburg 1940.

B. Articles

67. --- "Modernes Drama" *Deutsches Schrifttum* 1. Jg. s. 81 - 90 (1915).
68. --- "Theater im Kriege" *Zukunft* (Berlin) 1916 NR. 20 s. 97 - 126.

69. --- "Das neue Drama" *Der Bücherwurm* 11. Jg. s. 1 - 4, 33 (1926).
70. Albani, J. "Katholische Dramatiker" *Allgemeine Rundschau* (München) 19. Jg. s. 499.
71. Alker, Ernst "Zwischenkriegsliteratur. Lyrik und Dramatik" in *Christentum und moderne Geisteshaltung. Versuche, Studien, und Ubersichten* (J. Stadlmann and L. Hänsel, ed.) Wien-München 1954 s. 392 - 408.
72. Alker, Ernst "Der Weg der deutschen Dichtung im 20. Jahrhundert" *Deutschunterricht für Ausländer* 7. Jg. s. 32 - 42 (1957).
73. Angel, E. "Revolutionäre Dramatik" *Weltbühne* 1920 s. 187 - 90.
74. Arns, Karl "Das deutsche Drama im England der Nachkriegszeit" *Das deutsche Theater* (Essen) 3. Jg. s. 35 - 51 (1928).
75. Baader, F. Ph. "Dramaturgische Ketzereien" *Das deutsche Drama* 3. Jg. s. 212 - 21 (1920) and *Theater Almanach 1920/21* (Hamburg) s. 103 - 11.
76. Bab, Julius "Deutsche Dramaturgie 1916" *Schaubühne* 1916 s. 204.
77. Bab, Julius "Wiederkunft des biblischen Motifs im jüngsten deutschen Drama" *Neue jüdische Monatshefte* (Berlin) 2. Jg. s. 396 - 401 (1918).
78. Bab, Julius "Deutsches Bühnenjahr 1919/20" *Illustrierte Zeitung* (Leipzig) NR. 4028 (1920).
79. Bab, Julius "Jüngstdeutsches Drama" *Rheinische Thalia* 1. Jg. s. 113 - 18 (1921/22).
80. Bab, Julius "Drama im entfesselten Theater" *Die Scene* 16. Jg. s. 211 - 16 (1926).
81. Bartels, Adolf "Deutsche Dramatik der Gegenwart" *Deutscher Volkswart* (Leipzig) 4. Jg. s. 65 - 80, 218 - 29 (1919).
82. Bause, H. "Drama" *Gral* 18. Jg. s. 503 - 7.
83. Becker, J. M. "Zum neuen Drama" *Die neue Schaubühne* (Dresden) 1919 s. 233.
84. Beckmann, E. "Entwicklungen in der dramatischen Dichtung seit der Jahrhundertwende" *Die Frau* 42. Jg. s. 480 - 88, 543 - 50 (1935).
85. Bergenthal, J. "Lebendiges Theater" *Westdeutsche Blätter des Bühnenvolksbundes* 2. Jg. s. 161 - 66 (1926).
86. Beyer, G. "Neue Jugend im Drama" *Die neue Zeit* 37. Jg. 1. Heft s. 18 (1918).
87. Bock, K. "Das junge Drama" *Hochwacht* 11. Jg. s. 19 - 27.
88. Bock, K. "Das junge Drama" *Revue rhénane* (Mainz) 6. Jg. 6./7. Heft s. 13 - 19 (1926).
89. Borcherdt, Hans Heinrich "Geschichte des deutschen Theaters" in Wolfgang Stammler, ed.: *Deutsche Philologie im Aufriss* Berlin-Bielefeld-München Vol. 3 s. 417 - 558.
90. Brandenburg, H. "Theater und Drama" *Die Tat* 14. Jg. s. 494 - 502 (1922).

91. Bronnen, Arnolt "Allgemeine Ansichten über neue Dramatik" *Die Scene* 15. Jg. NR. 5 (1925).
92. Bruder, E. J. "Revolution im jüngsten deutschen Drama" *Orplid* (Leipzig) 1. Jg. 11. Heft s. 38 - 47.
93. Brües, O. "Sprachwurzel und Sprachcharakeristik im neuen Drama" *Das deutsche Theater* (Bonn) 2. Jg. s. 44 - 52 (1924).
94. Ciffrin, A. "Vom jüngsten aufgeführten Drama" *Nord und Süd* (Breslau) March 1918 s. 299 - 304.
95. Claasen, R. "Neue religiöse Dramen" *Seele* (Regensburg) 1919 s. 139 - 42.
96. Csokor, F. Th. "Die neue dramatische Form" *Die neue Schaubühne* (Dresden) 3. Jg. s. 27 - 32 (1921)
97. Csokor, F. Th. "Die neue dramatische Form" *Die Rampe* 1. Jg. 2. Heft s. 13 - 18 (1924).
98. Diebold, Bernhard "Bilanz der jungen Dramatik" *Neue Rundschau* 34. Jg. II. s. 734-54 (1923).
99. Diebold, Bernhard "Bilanz des Dramas" *Prager Theaterbuch* 1924 I. s. 110 - 18.
100. Diebold, Bernhard "Theater in Deutschland" *Das deutsche Buch* (Leipzig) 6. Jg. s. 1 - 8 (1926).
101. Diebold, Bernhard "Theater der Nachkriegszeit" in Jacques Montane: *Das neue Deutschland* Zürich 1927 s. 207 - 15.
102. Dürlberg, F. "Aufgabe des deutschen Dramatikers in dieser Zeit" *Das deutsche Drama* 3. Jg. s. 1 - 12, 60 - 71 (1920).
103. Düsel, F. "Dramatische Rundschau" *Westermanns Monatshefte* (periodic discussions, 1915 - 1926).
104. Ehrenstein, A. "Junges Drama" *Neue Rundschau* 1916 s. 1711.
105. Elkan, B. "Unwirklichkeit der Bühne" *Deutsche Bühne* (Frankfurt) 1919 s. 261 - 71.
106. Eloesser, A. "Vom deutschen Drama" *Neue Rundschau* 1916 s. 377 - 83.
107. Eloesser, A. "Das deutsche Theater seit 1918" in *Zehn Jahre deutscher Geschichte 1918 - 1928* Berlin 1928 s. 481 - 90.
108. Elsner, R. "Weltkrieg im Drama" *Das deutsche Drama* 1. Jg. s. 108 - 28 (1918).
109. Elsner, R. "Drama" *Das deutsche Drama* 5. Jg. s. 1 - 13 (1922).
110. Elster, H. M. "Neue Dramen" *Die Flöte* 4. Jg. s. 61 - 4 (1921).
111. Elster, H. M. "Über das gegenwärtige deutsche Theater" *Die neue Dichtung* 1922/23 s. 97.
112. Elster, H. M. "Das Theater und Drama in dieser Stunde" *Die Horen* (Berlin) 2. Jg. s. 86 - 91 (1925).
113. Elster, H. M. "Lage des Theaters in der Gegenwart" *Deutsche Monatshefte* (Leipzig) 2. Jg. Jan. s. 55 - 58 (1926).
114. Engel F. "Deutsches Theater" *Illustriertes Jahrbuch für 1919* (Berlin, Mosse) s. 48 - 64.
115. Fiblher. "Drama der Gegenwart" *Scholle* (München) 2. Jg. s. 373 - 81 (1926).

116. Flemming, H. "Dramatiker" *Almanach 1920* (Berlin, Mosse) s. 153 - 73.
117. Franck, H. "Neue deutsche Dramen" *Eckart* (Berlin) 8. Jg. s. 240 - 50, 662 - 706 (1914).
118. Franck, H. "Rund ums Drama" *Das literarische Echo* 17. Jg. s. 274 - 82 (1914).
119. Franck, H. "Kampf ums Theater" *Das literarische Echo* 19. Jg. s. 1423 - 33 (1917).
120. Franck, H. "Unsere Jüngsten" *Das literarische Echo* 23. Jg. s. 477 - 79 (1920).
121. Franck, H. "Drama und die Zeit" *Grenzboten* 81. Bd. I. s. 241.
122. Franck, H. "Drama und Zeit" *Hellweg* 2. Jg. s. 567 (1922).
123. Franck, H. "Das Drama und die Zeit" *Die Propyläen* 21. Jg. s. 19 (1923).
124. Franck, H. "Drama der Gegenwart" *Die Werber* (Oppeln) 1925 2. Heft s. 467.
125. Franck, H. "Drama der Gegenwart" *Die Literatur* 26. Jg.: s. 129; 257; 449 - 454 (Naturalismus); 641 - 47 (Neuromantik); 27. Jg.: s. 65 - 70 (Neuklassik); 325; 513 - 18 (Expressionismus); 705 - 9 (Synthetismus); 28. Jg.: s. 129 (Komödie); 257 - 62 (Spiel); 449 - 53 (Hist. Drama).
126. Franklin, F. "Bürgerliches Theater von heute" *Das Forum* 8. Jg. s. 126 - 32 (1925).
127. Frels, W. "Das deutsche Drama 1913 - 1920. Statistiken aus der deutschen Bücherei" *Alere flammam* Leipzig Gesellschaft der Freunde der deutschen Bücherei 1921.
128. Frels, W. "Die deutsche dramatische Produktion des letzten Jahrzehnts: eine Literaturstatistik" *Deutsche Rundschau* 50. Jg. s. 283 - 307 (Sept. 1924).
129. Frels, W. "Die deutsche dramatische Produktion 1926" *Schöne Literatur* 29. Jg. s. 19 - 24 (1928).
130. Geiger, L. "Neue biblische Dramen" *Nord und Süd* (Breslau) April 1919 s. 60 - 71.
131. Gentges, Ignaz "Das Theater der Gegenwart" *Gral* 17. Jg. s. 411.
132. Gentges, Ignaz "Bibliographie der Theatergeschichte und des modernen Theaterwesens (1. Jan. 1916 - 31. Juli 1922)" *Das deutsche Theater* 1. Bd. s. 221 - 429 (1922/23).
133. Gentges, Ignaz "Bibliographie der Theatergeschichte und des modernen Theaterwesens (Juli 1922 - Feb. 1924)" *Das deutsche Theater* 2. Bd. s. 227 - 351 (1923/24).
134. Gentges, Ignaz "Bibliographie der Theatergeschichte und des modernen Theaterwesens (Jan. 1924 - Dez. 1929)" *Thespis* (Berlin) 1930 s. 221 - 302.
135. Goldstein, M. "Das pessimistische Drama" *Das literarische Echo* 23. Jg. s. 200 (1920).
136. Gregori, F. "Theater und Revolution" *Der Kunstwart* 32. Jg. Oct. s. 13 - 18 (1919).

137. Gregori, F. "Die Bühne von heute und die von morgen" *Der Kunstwart* 33. Jg. Oct. s. 16 (1920).
138. Gronicka, André von "Das Motif der Einsamkeit im modernen deutschen Drama" *German Quarterly* 27. Jg. s. 12 - 24 (1954).
139. Gross, Edgar "Theater von Einst und Jetzt" *Das literarische Echo* 23. Jg. s. 205 (1920).
140. Gross, Edgar "Der Zufall im Drama" *Das literarische Echo* 25. Jg. s. 1153 - 64 (1923).
141. Gross, Edgar "Die tragische Seele" *Die Literatur* 28. Jg. s. 647 - 49 (1926).
142. Gross, Edgar "Typen des geschichtlichen Dramas der Gegenwart (Werfel - Unruh - Goetz - Johst)" *Zeitschrift für Deutschkunde* 42. Jg. s. 263 - 68 (1928).
143. Gürster, E. "Das deutsche Drama in seiner gegenwärtigen Situation" *Bund* (Bern) June 13, 1926.
144. Guttmann, R. "Formprobleme des neuen Dramas" *Ver!* (Wien) 1917/18 s. 287 - 88.
145. Hagboldt, Peter "Der Kampf des jungen Menschen im neueren deutschen Drama" *Modern Philology* 28. Jg. s. 336 (Feb. 3, 1931).
146. Hagemann, C. (et al.) "Das deutsche Theater" *Illustrierte Zeitung* NR. 3864 (1917).
147. Hart, J. "Ideendrama unserer Jüngsten" *Der Türmer* July 1920 s. 333 - 37.
148. Hasencamp, G. "Das Drama des 20. Jahrhunderts" *Die Kirche in der Welt* (Münster) 5. Jg. 2. Lfg. s. 243 - 50; 3. Lfg. s. 375 - 82 (1952).
149. Heilborn, E. "Rythmik im Drama" *Das literarische Echo* 23. Jg. s. 1095 - 1101, 1155, 1226 (1921).
150. Heilborn, E. "Theater der Erinnerung" *Almanach von Velhagen und Klasings Monatschrift* 1925 s. 32 - 61.
151. Heimanns, R. "Auf dem Wege zur deutschen Theaterreform" *Das heilige Feuer* 4. Jg. s. 179 - 85, 218 - 23, 260 - 67 (1917).
152. Heselhaus, Claus "Oskar Loerke und Konrad Weiss: Zum Problem des literarischen Nachexpressionismus" *Der Deutschunterricht* (Stuttgart) 1954 6. Heft s. 28 - 55.
153. Hessen, R. "Moderne Dramaturgie" *Josef Kainz Gedenkbuch* Wien 1924 s. 77.
154. Hoffmann-Harnisch, W. "Das deutsche Theater als klassische oder als revolutionäre Schaubühne" *Mittelland* 1925 s. 4 -- 20.
155. Ihering, H. "Zukunft des Theaters" *Schaubühne* 1915 s. 15, 39.
156. Ihering, H. "Das neue Theater" *Neue Rundschau* 1921 s. 418 - 26.
157. Jacobs, Monty "Theaterprobleme der Gegenwart" *Die Scene* 16. Jg. s. 8 - 13 (1926).
158. Jacobsohn, S. "Theater und Revolution?" *Deutscher Revolutions - Almanach für 1919* (Hamburg) s. 133 - 34.
159. Kahn, H. "Das dynamische Drama" *Der neue Merkur* (Berlin) 7. Jg. s. 501 - 8 (1924).

160. Kayser, R. "Neue Dramatik" *Neue Rundschau* 1920 s. 587 - 91.
161. Kepich, W. "Junges Theater" *Weimarer Blätter* 1919 s. 47.
162. Kerr, A. "Bühnenwinter" *Neue Rundschau* 1917 s. 838 - 49.
163. Kerr, A. "Rückschau, Vorschau" *Neue Rundschau* 1921 s. 955 - 63.
164. Kienzl, H. "Das Drama unserer Tage" *Illustrierte Zeitung* (Leipzig) NR. 4000 (1920).
165. Knudsen, H. "Das moderne Drama und Theater" *Leipziger Lehrerzeitung* 28. Jg. Beilage S s. 113 - 19.
166. Knudsen, H. "Das moderne Theater" *Zeitschrift für Deutschkunde* 40. Jg. s. 629 - 44 (1926).
167. Knudsen, H. "Deutsches Drama in den letzten 5 Jahren" *Saarbrücker Blätter für Theater und Kunst* 5. Jg. s. 121 (1926/27).
168. Köhrer, E. "Deutsche Dramaturgie. Ein Kapitel von der Zukunft der deutschen Bühne" *Baltische Blätter für Theater und Kunst* 1. Jg. s. 65 - 66 (1918).
169. Krauss, R. "Mutter und Sohn im Drama" *Gartenlaube* 1921 s. 624.
170. Lange, Georg "Vom heutigen Drama" *Der Bücherwurm* (Dachau) 1921 s. 5.
171. Lederer, M. "Revolutionierung des Theaters" *Der Revolutionär* (Mannheim) 1. Jg. NR. 5 s. 21 - 24 (1919).
172. Legband, P. "Bühnenbild" *Die Literatur* 29. Jg. s. 16 - 20 (1926).
173. Leonhard, R. "Das lebendige Theater" *Die Erhebung* (Berlin) 2. Jg. s. 258 - 64 (1920).
174. Leuchs-Mach, M. "Vom geistigen Höhenstand der deutschen Bühne der Gegenwart" *Der Türmer* 27. Jg. July s. 358 - 64 (1925).
175. Liepmann, H. "Modernes deutsches Drama" *Die Rampe* (Ölmutz) 1925/26 s. 254 - 62.
176. Lind, E. "Neue Dramen" *Freie deutsche Bühne* 1920 s. 403 - 6.
177. Litzmann, B. "Drama der Gegenwart" *Der Sammler (Beilage der Münchener-Augsburger Abendzeitung)* NR. 100 s. 1 (1923).
178. Litzmann, B. "Drama der Gegenwart" *Hellweg* 3. Jg. s. 901 - 4 (1923).
179. Lothar, R. "Deutsches Drama der Gegenwart" *Josef Kainz Gedenkbuch* Wien 1924 s. 46.
180. Mack, F. "Weib und Liebe im Drama der Jüngsten" *Illustrierte Zeitung* (Leipzig) NR. 4040 (1921).
180A. Mann, Heinrich "Deutsche Literatur um 1920" in H. Mann: *Essays* Berlin 1956 vol. II s. 69 - 73.
181. Marcuse, L. "Theaterprobleme der Gegenwart" *Ostdeutsche Monatshefte* 7. Jg. s. 72 -79 (1926).
182. Martini, Fritz "Deutsche Literatur zwischen 1880 und 1950. Ein Forschungsbericht" *Deutsche Vierteljahrsschrift für Literaturwissenschaft und Geistesgeschichte* 26. Jg. s. 478 - 535 (1952).
182A. Martini, Fritz "Soziale Thematik und Formwandlungen des Dramas" *Der Deutschunterricht* 1953 s. 73 - 100.
183. Mayer, Hans "Deutsche Dramatik im 20. Jahrhundert" *Neue deutsche Literatur* (Berlin) 3. Jg. NR. 8 s. 83 - 90 (1955).

184. Melchinger, S. "Rückblick auf die Bühnenspielzeit 1925/26" *Deutschlands Erneuerung* 11. Jg. s. 171 - 76 (1926).
185. Melnitz, W. W. "Die Gestaltung des Revolutionserlebnisses auf den Bühnen der Weimarer Republik" *Modern Language Forum* 34. Jg. s. 38 - 47 (1953).
186. Meyer, Th. A. "Das deutsche Drama und seine Form" *Zeitschrift für Aesthetik* 16. Bd. s. 368 - 82.
187. Meyer, Th. A. "Das aktivistische Drama und seine Problematik" *Zeitschrift für Deutschkunde* 45. Jg. s. 273 - 90 (1931).
188. Michael, F. "Deutsche Theaterzeitschriften aus den letzten Jahrzehnts" *Literarisches Zentralblatt für Deutschland* 75. Jg. s. 301 - 14 (1925).
189. Molo, W. von "Sackgasse des deutschen Dramas" *Der Merkur* (Wien) 7. Jg. s. 583 - 90 (1916).
190. Mumbauer, J. "Wichtige dramatische Neuerscheinungen aus 1917" *Literarischer Handweiser* 1918 s. 217 - 22.
191. Muschler, R. C. "Zum dramatischen Schaffen der Gegenwart" *Hellweg* 2. Jg. s. 697 (1922).
192. Neurath, K. "Das deutsche Drama der Gegenwart" *Die Propyläen* 19. Jg. s. 337 (1922).
193. Niles, C. "Deutsches Gegenwartsdrama" *Die Freude* 3. Jg. s. 422 - 28 (1926).
194. Palitzsch, O. A. "Kampf um Drama und Theater" *Die Stätte* (Hamburg) 1. Jg. 1. Heft s. 28 (1924).
195. Petsch, R. "Neue deutsche Dramenliteratur" *Preussische Jahrbücher* 160. Bd. s. 339 - 58 (1915); 164 Bd. s. 536-44 (1916).
196. Petsch, R. "Zwei Pole des Dramas" *Deutsche Vierteljahrsschrift für Literaturwissenschaft und Geistesgeschichte* 2. Jg. s. 193 - 224.
197. Petsch, R. "Volksseele im modernen Drama" *Das deutsche Drama* 1. Jg. s. 97 - 108.
198. Petsch, R. "Drama der Gegenwart" *Zeitschrift für den deutschen Unterricht* 1918 s. 197 - 206.
199. Petch, R. "Hauptströmungen im Drama der Gegenwart" *Zeitschrift für den deutschen Unterricht* 1914 s. 305 - 34, 402 - 14, 483 - 99.
200. Petsch, R. "Dichtungswertung; Möglichkeiten und Aufgaben des deutschen Dramas in der Gegenwart" *Deutsche Rundschau* 203: 287 - 296; 204: 61 - 69 (June - July 1925).
201. Pinthus, Kurt "Versuch eines zukünftigen Dramas" *Schaubühne* 1914 NR. 14.
202. Pinthus, Kurt "Verfall des Theaters?" *Das Tagebuch* (Berlin) 1921 s. 13.
202. Pontzen, J. F. "Sprecher der Zeit, Dramatik der Gegenwart und Geist der Plastik" *Die Drei* (Stuttgart) 4. Jg. s. 816 - 21.
203. Pringsheim, Klaus "Revolution und Theater" *Zukunft* (Berlin) Sept. 13, 1919 s. 313 - 18.
204. Pulver, M. "Warum haben wir kein Drama?" *Schweizerische Volkshochschule* 3. Jg. s. 82. (1924).
205. Rapp, Franz "Eine Handbibliothek zur deutschen Theatergeschichte"

*Monatshefte für deutschen Unterricht* (Madison, Wisc.) 34. Jg. s. 183 - 91 (1942).
206. Rath, A. "Wo bleibt die sittliche Erneuerung der deutschen Bühnen?" *Volkswart* (Köln) 1919 s. 5 - 10.
207. Reger, E. "Geburt der neuen Bühnenkunst" *Hellweg* 4. Jg. s. 224 (1924).
208. Reger, E. "Künstlerische Lage des Theaters" *Hellweg* 4. Jg. s. 791 - 93 (1924).
209. Renner, G. "Deutsches Drama" *Bühne und Welt* 19. Jg. s. 362 - 68 (1917).
210. Rockenbach, M. "Zum Drama der Gegenwart" *Die Bücherwelt* 19. Jg. s. 201 - 4 (1922).
211. Rockenbach, M. "Vom Drama der Gegenwart" *Literarischer Handweiser* 59. Jg. s. 265 - 72 (1923).
212. Röttger, K. "Sprache des Dramas" *Das deutsche Drama* 4. Jg. s. 140 - 43 (1921).
213. Röttger, K. "Drama und Theater der Gegenwart" *Die Rheinlande* 21. Jg. s. 85, 124.
214. Rosenthal, F. "Das neue Drama" *Österreichische Rundschau* 51. Bd. s. 174-81 (1917).
215. Rosenthal, F. "Die heutige Möglichkeit des Theaters" *Das literarische Echo* 23. Jg. s. 193 (1920).
216. Saekel, H. "Drama der Gegenwart" *Mittelland* 1925 s. 19.
217. Schawaller, C. "Drama der Zukunft" *Das junge Deutschland* 1918 1. Jg. s. 196.
218. Schendell, W. "Theater und Drama von gestern und morgen" *Deutsche Zeitung für Spanien* 7. Jg. NR. 155 s. 4 (1921/22).
219. Schneider, M. "Zum heutigen Drama" *Deutscher Pfeiler* 2. Jg. s. 346 - 51.
220. Schreiner, G. "Soziologische Beobachtungen zur dramatischen Literatur der letzten 40 Jahre" *Volksbühnen - Blätter* (Düsseldorf) 3. Jg. s. 17.
221 Schultze-Jahde, Karl "Das 'unliterarische' Drama und seine Ausdrucksmittel" *Neue deutsche Hefte* (Gütersloh) 1956 26. Heft s. 146 - 51.
222. Schumacher, Ernst "Agitproptheater und Arbeiterbühne" *Aufbau* 12. Jg. s. 223 -- 34.
223. Schwabe, T. "Das neue Drama" *Das Landhaus* (Jena) 4. Jg. s. 190 - 94 (1919).
224. Sebrecht, F. "Zukunft des deutschen Theaters" *Akademische Rundschau* 4. Jg. s. 207- 15 (1916).
225. Sengle, Friedrich "Literatur zur Geschichte des neueren deutschen Dramas und Theaters" *Deutsche Vierteljahrsschrift für Literaturwissenschaft und Geistesgeschichte* 27. Jg. s. 137 - 65 (1953).
226. Servaes, F. "Deutsches Theater der Nachkriegszeit" *Echo. Jahrbuch für die Deutschen im Auslande* 1927 s. 173 - 85.
227. Sieburg, E. "Ethos im gegenwärtigen Drama" *Hellweg* 4. Jg. s. 459 - 62 (1924).
228. Sprengler, J. "Philosophie in der deutschen Dramaturgie der Gegen-

wart" *Historisch-politische Blätter für das katholische Deutschland* 160. Bd. s. 421 - 33, 508 - 18, 590 - 600 (1917).
229. Sprengler, J. "Dae katholische Drama" *Hochland* 20. Jg. I. s. 181, 303, 414 - 19.
230. Sprengler, J. "Vom neuesten Drama" *Literarischer Handweiser* 62. Jg. s. 489 (1925).
231. Stahl, E. L. "Das Jahr des Dramas. Rückblick auf die Theaterspielzeit 1918" *Die Lese* (Stuttgart) 1919 s. 10.
232. Stahl, E. L. "Das Theaterjahr im Reich" *Velhagen und Klasings Monatshefte* 35. Jg. II. s. 57 - 68 (1921); 36. Jg. II. s. 56 - 58 (1922); 38. Jg. II. s. 98 - 104 (1924); 39. Jg. I. s. 337 - 45 (1925); 40. Jg. II. s. 569 - 74 (1926).
233. Stang, S. "Vom neuen Drama" *Stimmen der Zeit* 108. Bd. s. 136 - 49 (1924).
234. Sternthal, F. "Theater in Berlin" *Der neue Merkur* 6. Jg. August s. 302 - 7.
235. Storck, K. "Neue Dramen" *Der Türmer* May 1917 s. 271 - 76.
235A. Süskind, Wilhelm Emanuel "Die Haltung von Literatur und Kunst" *Neue Deutsche Hefte* 1. Jg. s. 743 - 55 (1954/55).
236. Thomerus, W. "Theater und Revolution" *Allgemeine Rundschau* (München) 16. Jg. s. 160 (1919).
237. Thormann, W. E. "Zur Erneuerung der Bühne" *Literarischer Handweiser* 56. Jg. s. 329 - 34 (1920).
238. Toller, Ernst "Bemerkungen zu deutschen Nachkriegsdramen" *Die literarische Welt* (Berlin) 5. Jg. NR. 16 s. 19 (1929).
239. Utitz, Emil "Zur Philosophie der Jugend" *Kantstudien* 35. Jg. (1930).
240. Waldstetter, R. "Modernes Drama" *Schweizer Monatshefte für Politik und Kultur* 1. Jg. I. s. 79 (1921).
241. Walzel, Oskar "Jüngste deutsche Dramen" *Internationale Monatsschrift für Wissenschaft, Kunst und Geschichte* 12. Jg. s. 593 - 615, 703 - 19 (1918).
242. Walzel, Oskar "Vom jüngsten deutschen Drama" *Deutsche Bühne* (Frankfurt) 1919 s. 25 - 48.
243. Walzel, Oskar "Neues Drama und die Bühne" *Die neue Schaubühne* (Dresden) 1919 s. 47 - 53.
244. Walzel, Oskar "Entbürgerlichung des Theaters" *Die neue Schaubühne* (Dresden) 3. Jg. s. 33 - 36 (1921).
245. Walzel, Oskar "Tragik nach Schopenhauer und von heute" in O. Walzel: *Vom Geistesleben alter und neuer Zeit* Leipzig. 1922.
246. Weddigen, O. "Das deutsche Theater und Drama" *Blätter für Fortbildung des Lehrers und der Lehrerin* 10. Jg. s. 394 - 406 (1917).
247. Weimer, Karl "Tragik des Bewusstseins im modernen Drama" *Zeitschrift für Deutschkunde* 43. Jg. s. 685 - 93 (1929).
248. Weismantel, Leo "Die Katholiken und die Bühne" *Das literarische Echo* 1923 17., 18. Heft.
249. Werfel, Franz "Theater" *Neue Rundschau* 1921 s. 571 - 77.
250. Westecker, W. "Die neue Sachlichkeit. Probleme des Nachexpressionismus" *Die Kunst für Alle* 42. Jg. s. 16 (1926).

251. Westerburg, H. "Ethischer Idealismus im Drama der Gegenwart" *Monatsschrifte für höhere Schulen* 1924 s. 161 - 71.
252. Westerburg, H. "Gedanken über die jüngste Entwicklung des Dramas" *Zeitschrift für deutsche Bildung* 2. Jg. s. 217 - 22 (1926).
253. Wittner, Victor "Wesen und Wille des heutigen Dramas" *Preussische Jahrbücher* 187. Bd. s. 354 - 60 (1922).
254. Ziehen, J. "Theatergeschichtliche Literatur 1920 - 1921" *Zeitschrift für Deutschkunde* 1923 s. 228 - 33.
255. Zoff, O. "Deutsches Drama" *Schaubühne* 1915 s. 178 - 81.
256. Zoff, O. "Vom neuen Drama" *Almanach für das Jahr 1918* s. 46 - 48.

## 2. Literature in English

### A. Books and Dissertations

257. Bertaux, F. A. *A Panorama of German Literature from 1871 - 1931* New York 1935.
258. Bithell, Jethro *Modern German Literature 1880 - 1938* London 1939.
259. Clark, Barrett and Freedley, Geo. (ed.) *A History of Modern Drama* New York 1947.
260. Collins, Ralph S. *The Artist in Modern German Drama (1885 - 1930)* (Diss. Johns Hopkins) Baltimore 1938.
261. Crawford, Elizabeth E. *Alfred Kerr: a Critic of the Drama* (Diss. Yale) 1938.
262. Drake, Wm. A. *Contemporary European Writers* (includes Kaiser and Sternheim) New York 1928.
263. Dukes, Ashley *The Youngest Drama: Study of 50 Dramatists* London 1923.
264. Eloesser, Arthur *Modern German Literature* New York 1933.
265. Gorr, Adolf Conrad *The Influence of Greek Antiquity on Modern German Drama* (Diss. Pennsylvania) 1934.
266. Lange, Victor *Modern German Literature 1870 - 1940* Ithaca, N. Y. 1945.
267. Lewisohn, Ludwig *The Spirit of Modern German Literature* New York 1926.
268. Miller, A. I. *The Independent Theater in Europe, 1887 to the Present* New York 1931.
269. Sayler, O. M. *Max Reinhardt and his Theatre* New York 1924.
270. Stearns, Harold E., Jr. *Germany's Military Heroes of the Napoleonic Era in her Post-War Historical Dramas* (Diss. Michigan) 1938.
271. Stirk, S. D. *The Prussian Spirit. A Survey of German Literature and Politics, 1914 - 1940* London 1941.

### B. Articles

273. --- "In the German Theater" *Living Age* 310: 120 - 24 (July 9, 1921).
274. --- "Modern German Drama" *Living Age* 314: 616-17 (Sept. 2, 1922).

275. --- "Nontheatrical Theatre"  *Living Age*  315: 119 - 20  (Oct. 14, 1922).
276. --- "Germany's Homebrew Drama"  *Literary Digest*  76: 32  (Feb. 17, 1923).
277. --- "Some New German Plays"  *Living Age*  320: 139 - 41  (Jan. 19, 1924).
278. --- London Times Literary Supplement  April 18, 1929  (Recent German literature number).
279. Bab, Julius "The German Drama in 1926"  *Books Abroad*  I, 2 (July)  p. 3 - 6.
280. Bithell, J. "German Literature from 1880 to 1954" in *Germany: a Companion to German Studies*  (J. Bithell, ed.)  London 1955 (5th, revised and enlarged edition).
281. Carson, Lionel (ed.)  *The "Stage" Yearbook*  London (Survey of the German Theater 1911 - 1925).
282. Carter, H. "Socializing the German Theatre"  *Drama*  11: 115 - 18  (Jan. 1921).
283. Carter, H. "German Theater in Wartime and After"  *Fortnightly Review*  115: 284 - 94  (Feb. 1921).
284. Clark, B. H. "Latest Tendencies in German Drama"  *Poet Lore*  26: 72 - 77  (Jan. 1915).
285. Clark, B. H. "New Trends in the Theater"  *Forum*  72: 665 - 72  (Nov. 1924).
286. Clark, B. H. "German Drama" in Barrett Harper Clark: *Study of the Modern Drama*  New York  1936  p. 69 - 91.
287. Clark, B. H. "Young Germany and the Theater"  *Drama*  15: 25 - 26  (Nov. 1924).
288. Colin, Paul "Contemporary Drama in Germany"  *New World*  March 1922  p. 144 - 52.
289. Dukes, A. "Contemporary German Drama"  *New Statesman*  21: 13 - 14  (April 14, 1923).
291. Dukes, A. "Journey through the Theater: Germany 1919 (Autobiography)"  *Theater Arts*  25: 306 - 12  (April 1941).
292. Eloesser, A. "Theatre in Germany"  *Literary Revue*  3: 521  (March 10, 1923).
293. Faber du Faur, C. v. "Modern German Literature in Letters to Kurt Wolff"  *Yale University Library Gazette*  23: 25 - 29  (1949).
294. Flanagan, Hallie F. "Germany" in H. F. Flanagan: *Shifting Scenes of the Modern European Theater*  London 1929  p. 184 - 202.
295. Freund, F. E. W. "Modern German Drama"  *Drama*  8: 124 - 52  (Nov. 1912).
296. Gassner, John  "Forms of Modern Drama"  *Comparative Literature*  7: 129 - 143  (1955).
297. Lewisohn, L. "German Theater of Today"  *Nation*  110: 663 - 64  (May 15, 1920).
298. MacGowan, K. "American Notebook Abroad"  *Theater Arts Monthly*  6: 299 - 312  (Oct. 1922).
299. Magnus, Laurie "The Mind of Germany in Letters"  *New World*  March 1921  p. 305 - 12.

300. Marriott, James William *Modern Drama* London and Toronto 1936 (chapter 17).
301. Melnitz, W. W. "Aspects of War and Revolution in the Theater and Film of the Weimar Republic" *Hollywood Quarterly* 3: 372 - 78 (1947/48).
302. Motherwell, Hiram Kelly *Theatre of Today* London 1927 (chapters 12, 13).
303. Ould, H. "German Theater Revisited" *Drama* 16: 210 (March 1926).
304. Portitzky, J. E. "Jewish Dramatists in Contemporary Germany" *Menorah Journal* 12: 407 - 12 (Aug. 1926).
305. Randall, A. W. G. "Contemporary German Dramatists" *Dial* 71: 172 - 78 (Aug. 1921).
306. Randall, A. W. G. "Drama of the German Revolution" *Contemporary Review* (London) 124: 755 - 62 (Dec. 1923).
307. Randall, A. W. G. "Main Currents in Contemporary German Literature" *Dial* April 1921.
308. Randall, A. W. G. "The Spirit of Contemporary German Literature" *London Mercury* Nov. 1922 p. 46 - 53.
309. Rapp, F. "Germany" in *History of Modern Drama* (B. H. Clark and Geo. Freedley, ed.) London 1947 p. 76 - 123.
310. Richter, K. E. "Looking into Literature: Ernst Toller on the German Post-War Drama" *American Monthly* 22: 23 (Oct. 1929).
311. Rose, W. "Contemporary German Literature: the Younger Generation" *London Mercury* 16: 512 - 27 (Sept. 1927).
312. Rose W. "Germany" in *Contemporary Movements in European Literature* (W. Rose and J. Isaacs, ed.) Routledge 1929 p. 53 - 88.
313. Schumann, Detlev W. "Motifs of Cultural Eschatology in German Poetry from Naturalism to Expressionism" *PMLA* 58: 1125 - 77 (Dec. 1943).
314. Semper, I. J. "Theater in Germany" *Catholic World* 129: 148 - 54 (May 1929).
315. Semper, I. J. "Theater in Germany" in I. J. Semper: *Return of the Prodigal and other Essays* O'Toole 1932 p. 135 - 51.
316. Simonson, L. "Down to the Cellar" *Theater Arts Monthly* 6: 117 - 38 (April 1922).
317. Steinhauer, H. "A Literary Survey of Republican Germany" *Quarterly Review* Oct. 1934 p. 315 - 26.
318. Stern, E. "Tendencies in the German Theater" in *Review of Reviews and Other Matters* (C. B. Cochran, ed.) London 1930.
319. Stuart, Donald Clive *The Development of Dramatic Art* London 1928 (chapters 15, 19).
320. Thompson, A. R. "Modern Drama" *Anatomy of Drama* Univ. of California Press 1946 p. 316 - 71.
321. Toller, Ernst "Post-War German Drama" *Nation* 127: 488 - 89 (Nov. 7, 1928).
322. Whitney, Marion P. "Germany's Contribution to the Modern Drama" *Modern Language Journal* 11: 79 - 84 (Nov. 1926).

323. Wilson, Norman S. *European Drama* London 1937 (chapter 9).
324. Young, Stark "Eternal Reinhardt" in S. Young: *Immortal Shadows, a Book of Dramatic Criticism* Scribner 1948.
325. Zeydel, E. H. "The Trend of Literature in Germany since the War" *Modern Language Journal* 10: 165 - 69 (Dec. 1925).

## II. Literature Dealing Directly with Expressionism and Indirectly with Expressionistic Drama

### 1. Literature in German

#### A. Books and Dissertations

326. Bahr, Hermann *Expressionismus* München 1916, 1920.
327. Benn, Gottfried. *Das moderne ICH* Berlin 1920 (#12 of *Tribüne der Kunst und Zeit*).
327A. Blunck, Richard *Der Impuls des Expressionismus* Hamburg 1921.
328. Brösel, Kurt *Veranschaulichung im Realismus, Impressionismus, und Frühexpressionismus* München 1928.
329. Bruggen, M. F. E. von *Im Schatten des Nihilismus. Die expressionistische Lyrik im Rahmen und als Ausdruck der geistigen Situation Deutschlands* Amsterdam 1946.
330. Däubler, Theodor *Der neue Standpunkt* Dresden-Hellerau 1916.
331. Däubler, Theodor *Im Kampf um die moderne Kunst* Berlin 1919.
332. Daxlberger, Rosa *Der Heilige in der deutschen Dichtung zur Zeit des Expressionismus 1910 - 1927* (Diss. München) 1937.
333. Duwe, Willi *Deutsche Dichtung des 20. Jahrhunderts: Die Geschichte der Ausdruckskunst* Zürich, Leipzig 1936.
334. Edschmid, Kasimir *Über den Expressionismus in der Literatur und die neue Dichtung* Berlin 1919.
335. Edschmid, Kasimir *Die doppelköpfige Nymphe: Aufsätze über Literatur der Gegenwart* Leipzig 1919.
336. Edschmid, Kasimir *Das Bücherdekameron. Eine Zehn-Nächte Tour durch die europäische Gesellschaft und Literatur* Berlin 1923.
337. Edschmid, Kasimir *Frühe Manifeste: Epochen des Expressionismus* Hamburg 1957.
338. Fechter, P. *Der Expressionismus* München 1919.
339. Friedmann, Hermann and Mann, Otto (ed.) *Expressionismus. Gestalten einer literarischen Bewegung* Heidelberg 1956.
340. Goldstein. *Der expressionistische Stilwille im Werke der Else Lasker-Schüler* (Diss. Wien) 1935.
341. Goll, I. *Die drei guten Geister Frankreichs* Berlin 1919 (2nd edition).
342. Harms, Gertrud *Ein Beitrag zur Begriffsbestimmung des Expressionismus* 1931 (Place of publication not verified).
343. Heselhaus, C. (ed.) *Die Lyrik des Expressionismus. Voraussetzungen, Ergebnisse und Grenzen, Nachwirkungen* Tübingen 1956.
344. Hiller, Kurt *Der Aufbruch zum Paradies* München 1922.
344A. Jens, geb. Puttfarcken, Inge *Studien zur Entwicklung der expressionistischen Novelle* (Diss. Tübingen) 1954 - typewritten.
345. Kandinsky, Wassily *Über das Geistige in der Kunst* München 1912.
346. Keller, Marie V. *Der Expressionismus als philosophische und geschichtliche Erscheinung* (Diss. Marquette) Menasha, Wisc. 1939.
347. Klages, Ludwig *Ausdrucksbewegung und Gestaltungskraft. Grundlegung einer Wissenschaft vom Ausdruck* Leipzig 1923.

348. Knevels, W. *Expressionismus und Religion. Gezeigt an der neuesten deutschen expressionistischen Lyrik* Tübingen 1927.
349. Krafft, Karl. *Ernst Stadler. Ein Beitrag zum Werden des Expressionismus* (Diss. Frankfurt) 1933.
350. Kurtz, Rudolf *Expressionismus und Film* Berlin 1926.
351. Martini, Fritz *Was war Expressionismus? Deutung und Auswahl seiner Lyriker* Urach 1948.
352. Marzynski, G. *Die Methode des Expressionismus* Leipzig 1920.
353. Matè, M. *Die Dichtungssprache des Expressionismus* (Diss. Wien) 1935.
354. Meyer, A. R. *Die maer von der musa expressionistica. Zugleich eine kleine Quasiliteraturgeschichte mit über 130 praktischen Beispielen* Düsseldorf 1948.
355. Michel, W. *Der Mensch versagt* Berlin 1920.
356. Müller, R. *Die idealistischen Grundzüge der expressionistischen Weltanschauung* Berlin 1931.
356A. Niedermayer, Max (ed.) *Lyrik des expressionistischen Jahrzehnts. Von den Wegbereitern bis zu Dada* (Introduction by Gottfried Benn) Wiesbaden 1955.
357. Paulsen, Wolfgang *Expressionismus und Aktivismus. Eine typologische Untersuchung* Bern, Leipzig 1935.
358. Pfister, Oskar *Der psychologische und biologische Untergrund expressionistischer Bilder* Bern 1920.
359. Picard, M. *Das Ende des Expressionismus* München 1916; Erlenbach-Zürich 1920.
360. Pürsteler, Heinz Peter *Sprachliche Neuschöpfungen im Expressionismus* Thun 1954.
360A. Richter, Joachim *Massen und Massenführung in der deutschen Literatur der Zeit des Expressionismus* (Diss. Berlin, Freie Universtät) 1955 - typewritten.
361. Rittich, W. *Kunsttheorie, Wortkunsttheorie und lyrische Wortkunst im "Sturm"* Griefswald 1933.
362. Rubiner, Ludwig *Der Mensch in der Mitte* Berlin 1917.
363. Sallwürk, E. *Der Weg zum literarischen Expressionismus* Leipzig 1919.
364. Schneider, Ferd. Joseph *Victor Hadwiger (1878 - 1911). Beitrag zur Geschichte des Expressionismus in der deutschen Dichtung der Gegenwart* Halle 1921.
365. Schneider, Ferd. Joseph *Der expressive Mensch und die deutsche Lyrik der Gegenwart. Geist und Form moderner Dichtung* Stuttgart 1927
366. Schneider, Karl Ludwig *Der bildhafte Ausdruck in den Dichtungen Georg Heyms, Georg Trakls und Ernst Stadlers. Ein Beitrag zur Charakteristik des expressionistischen Stils* (Diss. Hamburg) 1950 - typewritten.
367. Soergel, A. *Im Banne des Expressionismus* (Vol. II of *Dichtung und Dichter der Zeit*) Leipzig 1925 (6th edition).
367A. Steffes, Egbert *Wirksame Kräfte in Gehalt und Gestalt der Lyrik im Zeitraume des Expressionismus. Ein Beitrag zur Stilkunde* (Diss. München) 1956 - typewritten.

367B. Stieber, Hans *Frühverstorbene nach 1910. Ein Beitrag zur Erforschung des dichterischen Frühstils* (Diss. München) 1955 - typewritten.
368. Stuyver, Wilhelmina *Deutsche expressionistische Dichtung im Lichte der Philosophie der Gegenwart* (Diss. Amsterdam) 1939.
369. Sydow, Eckart von *Die deutsche expressionistische Malerei und Kultur* Berlin 1920.
370. Tagger, Theodor *Das neue Geschlecht* Berlin 1917.
371. Utitz, Emil *Die Kultur der Gegenwart. In den Grundzügen dargestellt* Stuttgart 1921.
372. Utitz, Emil *Die Überwindung des Expressionismus. Charakterlogische Studien zur Kultur der Gegenwart* Stuttgart 1927.
373. Walden, Herwarth *Einblick in die Kunst: Expressionismus, Futurismus, Kubismus* Berlin 1917.
373A. Wirz, Otto *Das magische ICH* Stuttgart 1929.

B. Articles

374. Leading Periodicals of the Expressionistic Movement:
1. *Die Aktion* Zeitschrift für den Kommunismus (Berlin) Feb. 1911 - Aug. 1932 (Suspended publication Aug. 1931 - July 1932).
2. *Die Neue Kunst* (München) NR. 1 - 3 1913 - 1914.
3. *Der Sturm* Wochenschrift für Kultur und die Künste (Berlin) March 1910 - March 1932.
4. *Die Weissen-Blätter* (Zürich/Leipzig) Sept. 1913 - 1920 - New Series, No. 1, 1921 (Suspended publication Sept. - Dec. 1914 and Aug. 1917 - June 1918).
375. --- "Um das Wort Expressionismus" *Cicerone* 12. Jg. s. 90.
376. --- "Expressionismus und die Pädogogie" *Neue sächsische Schulzeitung* 4. Jg. s. 51 (1927).
377. --- "Expressionismus und unsre Zeit" *Die Literatur* 36. Jg. s. 127 (1933).
378. --- "Expressionismus und sein Zeitalter" *Deutsches Volkstum* 18. Jg. s. 648 - 59 (1936)
379. Die Redaktion. "Einige Bemerkungen zum Abschluss unserer Expressionismus-Diskussion" *Das Wort* (Moscow) 3. Jg. June s. 64 - 65 (1938).
380. --- "Der Expressionismus" *Schulfunk* 1949 NR. 8 s. 46 - 47.
381. --- "Was ist Expressionismus?" *Der Leihbuchhändler* (Wiesbaden) 1953 s. 47.
382. Allesch, G. J. von "Die Grundkräfte des Expressionismus" *Zeitschrift für Aesthetik und allgemeine Kunstwissenschaft* 19. Jg. s. 113f (1925).
383. Allwohn, A. "Expressionismus als Ausdruck neuen religiösen Lebens" *Freideutsche Jugend* (Hamburg) 8. Jg. s. 14 - 19.
384. Anton, K. "Expressionismus und Religion" *Geisteskampf der Gegenwart* 1927 s. 465 - 68.
385. Baader, J. A. "Ist Expressionismus heilbar?" *Der Kreis* 3. Jg. s. 511 (1926).

386. Bab, Julius "Der Expressionismus und die revolutionäre Gebärde" *Die Hilfe* 1925 NR. 5.
387. Bachmann, Frieda "Die Theorie, die historischen Beziehungen und die Eigenart des Expressionismus" *Germanic Review* 2. Jg. s. 229 - 43 (1927).
388. Bäcker, H. "Ende und Anfang im Expressionismus" *Die Rheinlande* 21. Jg. s. 87.
389. Baedecker-Mahlow, Walter "Am Sterbelager des Expressionismus" *Kunstschule* 8. Jg. s. 633 (1926).
390. Balàzs, Bèla "Zur Kunstphilosophie des Films" *Das Wort* (Moscow) 3. Jg. April s. 104 - 119 (1938).
391. Balàzs, Bèla "Meyerhold und Stanislawsky" *Das Wort* (Moscow) 3. Jg. May s. 115 - 21 (1938).
392. Baldus, A. "Vom Morgenrot des Expressionismus" *Allgemeine Rundschau* (München) 20. Bd. s. 174.
393. Bartels, A. "Der Expressionismus" *Deutsches Schrifttum* 3. Bd. s. 161 - 70 (1917).
394. Bauer, A. "Expressionismus" *Zeitschrift für Deutschkunde* 43. Jg. s. 401 - 7 (1929).
395. Bauer, P. "Expressionismus im Weltkrieg" *Die Bücherwelt* 16. Jg. s. 8 (1919).
396. Bauer, P. "Der Expressionismus in der Dichtung" *Die Bücherwelt* 16. Jg. s. 8 (1919).
397. Behne, A. "Expressionismus als Selbstzweck" *Sozialistische Monatshefte* 1922 s. 578.
398. Benn, Gottfried "Bekenntnis zum Expressionismus" *Deutsche Zukunft* (Berlin) 1. Jg. 4. Heft s. 15 (1933).
398A. Benn, Gottfried "Über den Expressionismus" *Kunst und Macht* (Berlin) 1934.
399. Bense, Max "Über expressionistische Prosa" *Merkur* 3. Jg. 2. Heft s. 197 - 99 (1949).
400. Bense, M. "Exkurs über Expressionismus" in M. Bense: *Plakatwelt. 4 Essays* Stuttgart 1952.
401. Benzmann, H. "Expressionismus in der neuesten Dichtung" *Gegenwart* 1919 s. 27, 81 - 89.
401A. Berenson, Ruth "Deutscher Expressionismus in New York" *Der Monat* (Berlin) 10. Jg. 111. Heft s. 66 - 69 (1957).
402. Berger, Klaus "Das Erbe des Expressionismus" *Das Wort* (Moscow) 3. Jg. February s. 100 - 2 (1938).
403. Bermann, F. "Klassengespräch mit Vierzehnjährigen über den Expressionismus" *Zeitschrift für deutsche Bildung* 7. Jg. s. 528 - 32 (1931).
404. Binding, Rudolf G. "Allgemeiner und dichterischer Expressionismus" *Faust* (Berlin) 1. Jg. 2. Heft s. 1 - 9 (November 1921).
404A. Bloch, Ernst "Diskussion über Expressionismus" *Das Wort* (Moscow) 3. Jg. June s. 103 - 12 (1938).
405. Bottcher, R. "Expressionismus im Lichte unserer Zeit" *Deutsche Kunst und Jugend* 15. Jg. s. 78 - 80 (1935).

406. Brandt, P. "Die höhere Schule und der Expressionismus" *Monatsschrift für höhere Schulen* 24. Jg. s. 357 (1925).
407. Braun, O. "Studien zum Expressionismus" *Zeitschrift für Aesthetik und allgemeine Kunstwissenschaft* 13. Jg. s. 283 f (1919).
408. Bühner, K. H. "Das Vermächtnis des dichterischen Expressionismus" *Die Literatur* 31. Jg. s. 445 - 48 (1929).
409. Bumiller, A. "Die jüngste deutsche Dichtung (Expressionismus) und ihre Vorlaüfer in Frankreich" *Besondere Beilage der Staatsanzeiger für Württemberg* 1926 s. 89 - 97, 121 - 32.
410. Burkhardt. "Wie begründen die Expressionisten philosophisch ihre Kunstanschauung?" *Pädagogische Warte* 1915 s. 196.
411. Busch, Günther "Über eine Grundfrage der Deutung von Expressionismus" *Die Anregung* (Köln) 7. Jg. Beilage s. 313 - 14 (1955) and *Begegnung* (Koblenz) 10. Jg. s. 313 - 14 (1955).
412. Corrodi, H. "Zur Kritik des Expressionismus" *Wissen und Leben* (Zürich) 13. Jg. 8. Heft.
413. Cremers, P. J. "Deutscher Expressionismus" *Hellweg* 4. Jg. s. 566 (1924).
414. Däubler, Theodor "Expressionismus" *Neue Rundschau* 1916 s. 1133 - 38.
415. Diebold, B. "Was bleibt vom Expressionismus?" *Zeitschrift für deutsche Bildung* 5. Jg. s. 259 (1929).
416. Diederich, B. "Das Wesentliche des Expressionismus" *Deutsche Zeitung für Spanien* 6. Jg. NR. 117 s. 2 (1921/2).
417. Drill, R. "Analyse des Expressionismus" in R. Drill: *Aus der Philosophenecke* Frankfurt a. M. 1923 s. 23 - 31.
418. Durus, Alfred "Abstrakt, abstrakter, am abstraktesten" *Das Wort* (Moscow) June s. 71 - 83 (1938).
419. Dyroff, F. "Expressionismus und Schulen" *Neue Bahnen* (Leipzig) 35. Jg. s. 180 - 85 (1924).
420. Edschmid, Kasimir "Expressionismus in der Dichtung" *Neue Rundschau* 1918 s. 359 - 374.
421. Edschmid, Kasimir "Der Dichter und der Expressionismus" *Prisma* (München) 1. Jg. 2. Heft s. 10 - 13 (1946).
422. Eichorn, W. G. "Expressionismus und Typographie" *Archiv für Buchgewerbe* 58. Bd. s. 357.
423. Erpenbeck, Fritz "Volkstümlichkeit" *Das Wort* (Moscow) 3. Jg. July s. 122 - 28 (1938).
424. Faltner, L. "Expressionismus und Sachunterricht" *Der neue Weg* 1925 s. 81 - 86, 125 - 33.
425. Fechter, Paul "Nachexpressionistische Situation" *Das Kunstblatt* 7. Jg. s. 321 - 29 (1923).
426. Fechter, Paul "Expressionismus" in P. Fechter: *Kleines Wörterbuch für literarische Gespräche* Gütersloh 1950 s. 91 - 95.
427. Fischer, Peter "Wie beurteilen wir den Expressionismus?" *Das Wort* (Moscow) 3. Jg. June s. 65 - 71 (1938).
428. Franz, R. "Expressionismus" *Der Bibliothekar* (Leipzig) 11. Jg. s. 1184 (1919).
429. Fuchs, A. "Expressionismus" *Theologie und Glaube* 1918 s. 366 - 70.

430. Funke, Erich "Die Schallform des Expressionismus" *Journal of English and Germanic Philology* 34. Jg. s. 408 - 13 (1935).
431. Goldfeld, K. "Expressionismus und Dichtungen" *Das gelbe Blatt* (Stuttgart) 1919 s. 217.
432. Goll, Iwan "Vorwort" to *Die Unsterblichen* (No. 5 of series *Dramatischer Wille*) Potsdam 1920.
433. Grautoff, O. "Bilanz des Expressionismus" *Der deutsche Gedanke* 3. Jg. s. 317 (1926).
434. Grimme, K. M. "Irrtum des Expressionismus" *Freie Welt* (Reichenberg) 6. Jg. 136. Heft s. 20 - 24 (1926).
435. Grosche, R. "Der 'Weisse Reiter' (katholische Jugend) und der Expressionismus" *Deutsche Arbeit* (Köln) 5. Jg. s. 495.
436. Gütersloh. "Deutung des Expressionismus" *Friede* 1. Bd. s. 272.
437. Haas, Willy "Das kinematographische Zeitalter" *Das Wort* (Moscow) 3. Jg. March s. 93 - 103 (1938).
438. Hangarten, W. "Krankheitserscheinungen im expressionistischen Zeitgeist" *Hellweg* 5. Jg. s. 71 (1925).
439. Hans, W. "Problem des Expressionismus" *Die neue Zeit* 40. Jg. II. s. 571.
440. Hasselwander, F. "Expressionismus und Wissenschaft" *Deutschakademische Rundschau* (Göttingen) NR. 16 und 17 (1926).
441. Hauptmann, M. "Expressionismus" *Weimarer Blätter* 1919 s. 154.
442. Hefele. "Problem des Expressionismus" *Der deutsche Bund* (München) Dec. 1919 s. 306 - 12.
443. Heller, Peter "Eisgekühlter Expressionismus" *Merkur* 9. Jg. s. 1095 - 1100 (1955) (re: Benn, Brecht and Jünger).
444. Hesse, Hermann "Gespräch über die Neutöner" in H. Hesse: *Blick ins Chaos* Berlin 1920.
445. Hiller, Kurt "Die Ortsbestimmung des Aktivismus" *Die Erhebung* (Berlin) 1. Jg. s. 360 - 77 (1919).
445A. Hofmann, Werner "Wandlungen des Expressionismus" *Merkur* (Stuttgart) 11. Jg. NR. 1 s. 82 - 86 (1957).
446. Horneffer, A. "Zur Erklärung des Expressionismus" *Der unsichtbare Tempel* (München) 1919 s. 253.
447. Huber, K. "Vom Expressionismus" *Zeitschrift für Deutschkunde* 1922 s. 405 - 8.
448. Huebner, F. M. "Der Expressionismus in Deutschland" *Zeitschrift für pädagogische Psychologie* 21. Jg. s. 176 - 86 (May 1920).
449. Huxdorff, E. "Nach Expressionismus" *Neue schweizerische Rundschau* 19. Jg. s. 604 (1926).
449A. Ilberg, Werner "Die beiden Seiten des Expressionismus" *Das Wort* (Moscow) 3. Jg. June s. 94 - 98 (1938).
450. Jansen, F. M. "Expressionismus" *Die Tat* 11. Jg. s. 338 - 48 (1919).
451. Johst, Hanns "Goethe und der Expressionismus" *Neue Rundschau* 27. Jg. s. 717 - 18 (May 1916).
452. Kahle, H. "Expressionismus, Bolschewismus und Geisteskrankheit" *Baltische Studien* N. F. 22. Bd. s. 624 - 28 (1919).

453. Karl, F. "Der expressionistische Durchbruch zur Humanität in Deutschland" *Das goldene Tor* (Baden-Baden) 2. Jg. s. 912 - 16 (1947).
454. Kayser, F. "Über Impressionismus und Expressionismus" *Die Kommenden* 1. Jg. NR. 17 (1947) (on art) .
455. Keim, H. W. "Die geistige Grundlage der neuesten Dichtung" *Zeitschrift für Deutschkunde* 35. Jg. s. 161 - 74 (1921).
456. Kerlpflug, E. "Kritik des Expressionismus" *Europäische Staats- und Wirtschaftszeitung* (Berlin) 3. Jg. s. 214 (1918).
457. Kersten, Kurt "Strömungen der expressionistischen Periode" *Das Wort* (Moscow) 3. Jg. March s. 75 - 81 (1938).
458. Kesser, H. "Expressionismus - Zeitgeschichte" *Die neue Bücherschau* 6. Jg. s. 549 - 53 (1928).
459. Kilian, E. "Zum literarischen Expressionismus" *Die Propyläen* 17. Jg. s. 394 (1920).
459A. Knebel, K. "Vom Expressionismus können wir viel lernen" *Bildende Kunst* (Dresden) 1957 NR. 3 s. 198 - 99.
460. Kocogh, A. "Expressionismus" *Jahrbuch des deutschen Instituts der Kgl.-Ungarischen Péter-Pármány Universität* (Budapest) 1. Abteilung 4. Bd. NR. 2 s. 1 - 102 (1938/39).
461. Koenig, J. "Expressionismus und Neue Sachlichkeit als Kirchenkunst" *Kunst und Kirche* 6. Jg. s. 152 (1929).
462. Kokoschka, Oskar "Zum Expressionismus" *Freie deutsche Kultur* (London) May - June 1944.
463. Konrad, Gustav "Expressionismus: Ein kritisches Referat" *Wirkendes Wort* 7. Jg. s. 351 - 65 (1956/57).
464. Kornfeld, Paul "Der beseelte und der psychologische Mensch" *Das junge Deutschland* 1. Jg. January s. 1 - 13 (1918).
465. Kreitmaier, J. "Expressionismus" *Stimmen der Zeit* 95. Bd. s. 356 - 73 (1918).
465A. Kühn, Herbert "Expressionismus und Sozialismus" *Neue Blätter für Kunst und Dichtung* 2. Jg. s. 28 - 30 (1919).
466. Kusenberg, K. "Barbarischer Expressionismus?" *Merkur* 1. Jg. s. 460 - 63 (1947).
466A. Lang, L. "Zu einigen Problemen des Expressionismus" *Sowjetwissenschaft* (Berlin) 5. Jg. s. 1028 - 34 (1957).
467. Lankes, O. "Gefahr des Expressionismus in der Schule" *Zeitschrift für die höheren Schulen Bayerns* 6. Jg. NR. 2 (1925).
467A. Leonhard, Rudolf "Eine Epoche" *Das Wort* (Moscow) 3. Jg. June s. 98 - 103 (1938).
468. Leschnitzer, Franz "Über drei Expressionisten" (Trakl - Heym - Lotz) *Das Wort* (Moscow) 2. Jg. December s. 44 - 53 (1937).
469. Linck, O. "Der Expressionismus im Spiegel der Zeit" *Westermanns Monatshefte* January 1920 s. 457 - 62.
470. Lucács, Georg "Das Ideal des harmonischen Menschen in der bürgerlichen Aesthetik" *Das Wort* (Moscow) 3. Jg. April s. 82 - 93 (1938).
470A. Lukács, Georg "Es geht um den Realismus" *Das Wort* (Moscow) 3. Jg. June s. 112 - 38 (1938).
471. Lukács, G. "Grösse und Verfall des Expressionismus" in G.

Lukács: *Schicksalswende* Berlin 1948 s. 180 - 235 and in G. Lucáks: *Probleme des Realismus* Berlin 1955 s. 146 - 83.
472. Mann, Klaus "Gottfried Benn" *Das Wort* (Moscow) 2. Jg. September s. 35 - 42 (1937).
473. Mann, Otto "Der literarische Expressionismus" *Welt und Wort* 12. Jg. s. 107 - 8, 110 (1957).
474. Martini, Fritz "Expressionismus" in *Reallexikon der deutschen Literaturgeschichte* Vol. I s. 420 - 23 (2nd edition).
475. Mautz, Kurt "Die Farbensprache der expressionistischen Lyrik" *Deutsche Vierteljahrsschrift für Literaturwissenschaft und Geistesgeschichte* 31. Jg. s. 198 - 240 (1957).
476. Mayser, E. "Erzieherische Werte in der Dichtung des Naturalismus und Expressionismus" *Zeitschrift für Deutschkunde* 48. Jg. s. 252 - 61 (1934).
477. Müller-Freienfels, R. "Deutsche Dichtung neben dem Kriege. Zum Problem des Expressionismus" *Europäische Staats- und Wissenschaftszeitung* (Berlin) 2. Jg. s. 1115 (1917).
478. Neumann, J. "Expressionismus als Lebensstil" *Zeitschrift für angewandte Psychologie* 43. Jg. s. 414 - 60 (1932).
479. Oehlhey, H. R. "Der Expresionismus als Symptom der modernen Zeit" *Das goldene Tor* 2. Jg. s. 898 - 905 (1947).
480. Pauls, E. E. "Expressionismus" *Zeitschrift für den deutschen Unterricht* 1919 s. 81 - 90.
481. Paulsen, R. "Tempo unserer Zeit und Expressionismus" *Das literarische Echo* 21. Jg. s. 141 (1918).
482. Paulsen, R. "Was heisst Expressionismus?" *Der unsichtbare Tempel* (München) 1919 s. 235.
483. Pieper, K. "Wesen des Expressionismus" *Gegenwart* 51. Jg. s. 181 (1922).
484. Pieper, K. "Dämmerung des Expressionismus" *...Die Drei* Stuttgart) 5. Jg. s. 17 - 23.
485. Pinthus, Kurt "Zur jüngsten Dichtung" *Die weissen Blätter* (Leipzig) 2. Jg. s. 1502 - 10 (Dec. 1915).
486. Pinthus, Kurt "Zur jüngsten Dichtung" *Vom jüngsten Tag. Ein Almanach neuer Dichtung* Leipzig, K. Wolff 1917.
487. Plenge, J. "Expressionismus, Sozialismus, Gottesglaube" *Glocke* (München) 4. Jg. 1. Heft s. 1642 - 49 and J. Plenge: *Zur Vertiefung des Sozialismus* Leipzig 1919 s. 207 - 17.
488. Pliquett, G. "Der Expressionismus in der Beleuchtung eines Musikpsychologen" *Musikblaetter* (Berlin) 1950 NR. 1 s. 8.
489. Ralfs, H. "Grenzen. Zur Psychologie des Expressionismus" *Dithmarschen* 4. Jg. s. 3 - 11 and *Tide* (Wilhelmshaven) 7. Jg. s. 3 - 11 (1926).
490. Rasch, Wolfdietrich "Was ist Expressionismus?" *Akzente* 3. Jg. s. 368 - 373 (1956).
491. Reich, Willi "Über Expressionismus und Zwölftonmusik" *Melos* (Mainz) 2. Jg. 7./8. Heft s. 212 (1955) and *Das Kunstwerk* (Baden-Baden) 9. Jg. 4. Heft s. 3 (1956).
492. Richter, Elise "Impressionismus, Expressionismus und Grammatik" *Zeitschrift für romanische Philologie* 47. Jg. s. 349 - 71 (1927).

492A. Rittich, Werner "Kunsttheorie, Wortkunsttheorie und lyrische Wortkunst im 'Sturm'" *Deutsches Werden* 1933 NR. 2.
493. Rosen, G. "Der Sturm" *Börsenblatt für den deutschen Buchhandel* (Frankfurt a. M.) 7. Jg. s. 346 f (1951).
494. Rost, Nico "Eine niederländiscche Dissertation über den deutschen Expressionismus" *Forum* (Berlin) 3. Jg. s. 128 - 29 (1949).
495. Runke, H. "Expressionismus" *Akademischer Beobachter* (München) 2. Jg. NR. 5 s. 2 (1930).
496. Rychner, M. "Das Prosa des Expressionismus" *Wissen und Leben* (Zürich) 13. Jg. 1. Heft.
497. Sallwürk, E. von "Der Weg zum literarischen Expressionismus" *Deutsche Blätter für erzieherischen Unterricht* 1919 s. 241, 249 - 52, 257 - 60.
498. Schickele, Rene "Wie verhält es sich mit dem Expressionismus?" *Die weissen Blätter* (Zürich) 7. Jg. s. 337 (1920).
498A. Schiff, Gert "Expressionismus heute" *Weltwoche* (Zürich) 25. Jg. NR. 1227 s. 5 (1957).
499. Schikowski, J. "Der Expressionismus als Erzieher" *Europäische Staats- und Wissenschaftszeitung* (Berlin) 4. Jg. s. 161 - 68 (1919).
500. Schlemmer, H. "Expresionismus in der modernen Dichtung und der Religion" *Protestantenblatt* 57. Jg. s. 10, 56 (1924).
500A. Schmied, Wieland "Das Geheimnis der Wirklichkeit. Die grossen Expressionisten in der Residenz-Galerie" *Die Furche* (Wien) 13. Jg. NR. 31 s. 15 (1957).
501. Schneider, Karl Ludwig "Neuere Literatur zur Dichtung des deutschen Expressionismus" *Euphorion* (Heidelberg) 47. Bd. s. 99 - 110 (1953).
502. Schneider, Wilhelm "Expressionismus und Schule" *Zeitschrift für christliche Erziehungswissenschaft* 13. Jg. s. 211 - 27, 250 - 60.
503. Scholz, R. "Das Problem des Expressionismus" *Gemeinschaft und Politik* (Bad Godesberg) 4. Jg. NR. 6 s. 51 - 56 (1956).
504. Schreyer, L. "Expressionismus und Politik" *Deutsches Volkstum* (Hamburg) 1919 s. 304 - 7.
505. Schreyer, L. "Geschichte des Expressionismus" *Deutsches Adelsblatt* 4. Jg. (1926) (1) Maleri s. 524; (2) Dichtung s. 545; (3) Theater s. 600; (4) Baukunst s. 635.
506. Schreyer, L. "Herwarth Walden als Expressionist" *Individualität* 2. Jg. (1927).
507. Schreyer, L. "Das war *Der Sturm*" in *Minotaurus* (A. Döblin, ed.) Wiesbaden 1953 s. 112 - 30.
508. Schulte, H. "Idee zum Expressionismus" *Weimarer Blätter* 1919 s. 148 - 53.
508A. Schumacher, Ernst "Der Expressionismus" in *Die dramatischen Versuche Bertolt Brechts 1918 - 1933* Neue Beiträge zur Literaturwissenschaft NR. 3 1955 s. 9 - 25.
508B. Schumacher, Ernst "Lyrik des Expressionismus" *Neue deutsche Literatur* 4. Jg. 1. Heft s. 89 - 102 (1956).
509. Schumann, W. "Impressionismus, Expressionismus und die Gegenwart" *Aufbau* 3. Jg. s. 48 - 53 (1947).

510. Sengle, F. "Fritz Martini: Was war der Expressionismus?" *Deutsche Literaturzeitung* (Berlin) 71. Jg. 1950 2. Heft Sp. 65 - 68.
511. Servaes, F. "Ergebnisse des Expressionismus?" *Die Woche* 1920 s. 1195.
512. Siepen, Bernhard "Dämonisches Menschentum in der neuen Dichtung" *Das literarische Echo* 24. Jg. s. 65 - 69 (1921).
513. Stammler, W. "Expressionismus" *Reallexikon der deutschen Literaturgeschichte* Vol. I s. 335 - 39 (1st edition).
514. Steiger, E. "Nochmals der Expressionismus" *Die neue Zeit* 37. Jg. I. s. 210 (1918).
515. Stockmeyer, E. A. K. "Grundsätzliches zum Expressionismus" *Christliche Welt* 32. Jg. s. 413 (1918).
516. Stranik. "Vom Expressionismus zur Dichtung der Idee" *Freie Welt* (Reichenberg) 8. Jg. 195. Heft s. 113 - 21 (1927).
516A. Sydow, Eckart von "Religiöses Bewusstsein des Expressionismus" *Neue Blätter für Kunst und Dichtung* 1. Jg. s. 193 - 99 (1919).
516B. Sydow, Eckart von "Der doppelte Ursprung des deutschen Expressionismus" *Neue Blätter für Kunst und Dichtung* 1. Jg. s. 227 - 30 (1919).
517. Thiess, F. "Versuch einer Entwicklungsgeschichte des Expressionismus" *Freie deutsche Bühne* 1920 s. 2017 - 24.
518. Thiess, F. "Ende des Expressionismus" *Ostdeutsche Monatshefte* 7. Jg. s. 54 - 59 (1926).
519. Thissen, F. "Expressionismus in der Dichtung" *Hochland* 17. Jg. I. s. 617.
520. Tränkner, Chr. "Expressionismus in der Dichtung" *Preussische Jahrbücher* 178. Bd. s. 246 - 61 (1919).
521. Utitz, E. "Überwindung des Expressionismus" *Hochschulwissen* 6. Jg. s. 475 - 82 (1929).
522. Vogeler, Heinrich "Erfahrungen eines Malers - Zur Expressionismus-Diskussion" *Das Wort* (Moscow) 3. Jg. June s. 84 - 85 (1938).
523. Wagner, Ernst "Expressionismus als Weg und Irrweg" *Zeitschrift für Aesthetik* 30. Bd. s. 204 (1936).
524. Walden, H. "Expressionismus" *Der Sturm* (Berlin) 17. Jg. s. 2 - 12.
525. Walden, H. "Expressionismus" *Individualität* 2. Jg. 3. Heft s. 11 - 18 (1927).
526. Walden, H. "Vulgär-Expressionismus" *Das Wort* (Moscow) 3. Jg. February s. 89 - 100 (1938).
527. Walzel, O. "Nachwirkung des Expressionismus" *Deutschakademische Rundschau* (Göttingen) 6. Jg. NR. 14 s. 1.
528. Wandrey, Conrad "Grundwille der expressionistischen Literatur" *Deutsche Rundschau* 53. Jg. October s. 71 - 79 (1926).
529. Wangenheim, Gustav "Klassischer Expressionismus - Impressionen eines sozialistischen Realisten" *Das Wort* (Moscow) 3. Jg. March s. 81 - 93 (1938).
530. Wiesebach, W. "Expressionismus in der Literatur" *Wissen und Glauben* 23. Jg. s. 562 - 67 (1926).

531. Ziegler, Bernhard "Nun ist dies Erbe zuende" *Das Wort* (Moscow) 2. Jg. September s. 42 - 49 (1937).
532. Ziegler, Bernhard "Schlusswort" *Das Wort* (Moscow) 3. Jg. July s. 103 - 22 (1938).

## 2. Literature in English

### A. Books and Dissertations

533. Palmer, Lucille V. *The Language of German Expressionism* (Diss. Illinois) 1938.
534. Samuel, R. and Thomas, R. H. *Expressionism in German Life, Literature and the Theater 1910/24* Cambridge 1939.
535. Scheffauer, H. G. *The New Vision in German Arts* New York 1924.
536. Sokel, Walter H. *Expressionism in German Literature: The Writer "in Extremis" as Reflected in his Work (1902 - 1926)* (Diss. Columbia 1953) Dissertation Abstracts 14: 1730 (1954).
537. Syring, Rudolf A. *Jean Paul Richter's Affinity to the Expressionists of the 20th Century* (Diss. Cincinnati) 1950.

### B. Articles

538. ⸺ "Next Step after Expressionism" *Literary Digest* 82: 32 - 33 (Sept. 20, 1924).
539. Bloomfield, R. "Cul-de-sac" *London Mercury* 15: 497 - 506 (March 1927).
540. Boyd, E. A. "Expressionism without Tears" in E. A. Boyd: *Studies from Ten Literatures* Scribner 1925 p. 231 - 50.
541. Canby, H. S. "Expressionists in Definitions" in H. S. Canby: *Essays in Contemporary Criticism* Harcourt 1924 Series 2 p. 20 - 30.
542. Cazamian, L. "Method of Discontinuity" *Recent Art and Literature. Rice Institute Pamphlet* 11: 154 - 67 (April 1924).
543. Fulton, A. R. "Expressionism - 20 Years After" *Sewanee Review* 52: 398 - 413 (July 1944).
544. McCole, C. "Our Unexpressionists" *Catholic World* 139: 687 - 93 (Sept. 1934).
545. Parker, R. A. "Expressionism, Good, Bad, and Indifferent" *The Independent* (Boston) 110: 270 - 72 (April 14, 1923).
546. Reinhardt, Kurt F. "The Expressionistic Movement in Recent German Literature" *Germanic Review* 6: 256 - 65 (1931).
547. Rose, W. "The Spirit of Revolt in German Literature 1914 - 1930" and "Expressionism in German Literature" in W. Rose: *Men, Myths, and Movements in German Literature* London 1931.
548. Schumann, D. W. "Ernst Stadler and German Expressionism" *Journal of English and German Philology* 29: 510 - 34 (Oct. 1930).
549. Schumann, D. W. "Expressionism and Post-expressionism in German Lyrics" *Germanic Revue* 9: 54 - 66, 115 - 29 (1934).
550. Sokel, Walter H. "The Other Face of Expressionism" *Monatshefte für deutschen Unterricht* (Madison, Wisc.) 47: 1 - 10 (1955).

551. Sokel, Walter H. "The Thorn of Socrates (Expressionism: Brod, Benn, and Kaiser)" *Germanic Revue* 30: 64 - 79 (1955).
552. Spender, S. "Poetry and Expressionism" *New Statesman and Nation* 15: 407 - 9 (March 12, 1938).
553. Van Norden, J. C. "Recent German Expressionism" *Saturday Review* (London) 150: 400 (Oct. 4, 1930).
554. Zeydel, E. H. "Expressionism in Germany" *Poet Lore* 36: 399 - 404 (Sept. 1925).

## III. Literature Dealing Directly with Expressionistic Drama

### 1. Literature in German

#### A. Books and Dissertations

555. Bab, Julius *Durch das Drama der Jüngsten und Georg Büchner* (12. Heft of series *Der Mensch auf der Bühne. Eine Dramaturgie für Schauspieler*) Berlin 1923.
556. Beer, Willy *Untersuchungen zur Problematik des expressionistischen Dramas (unter besonderer Berücksichtigung der Dramatik Georg Kaisers und Fritz von Unruhs)* (Diss. Breslau) 1934.
557. Brandenburg, H. *Das Theater und das neue Deutschland. Ein Aufruf* Jena 1919.
558. Brandenburg, H. *Das neue Theater* Leipzig 1926.
559. Diebold, Bernhard *Anarchie im Drama. Kritik und Darstellung der modernen Dramatik* Berlin 1928 (4th edition).
560. Duwe, Willi *Die dramatische Form Wedekinds in ihrem Verhältnis zur Ausdruckskunst* (Diss. Bonn) 1936.
561. Emmel, Felix *Das ekstatische Theater* Prien 1924.
562. Frank, R. *Das expressionistische Drama* Frankfurt 1921.
563. Freyhan, M. *Das Drama der Gegenwart* Berlin 1922.
564. Hain, Mathilde *Studien über das Wesen des frühexpressionistischen Dramas* Frankfurt 1933.
565. Ihering, Herbert *Der Kampf ums Theater* Dresden 1922.
566. Ihering, Herbert *Aktuelle Dramaturgie* Berlin 1924.
567. Kayser, Rudolf *Das junge deutsche Drama* Berlin 1924.
568. Keller, Marie V. *Der deutsche Expressionismus im Drama seiner Hauptvertreter* Weimar 1936.
569. Kerschenzew, Platon M. *Das schöpferische Theater* Hamburg 1922.
570. Kutscher, Arthur *Die Ausdruckskunst der Bühne* Berlin 1918.
571. Lehmann, Karl *Junge deutsche Dramatiker - Eine Einführung in die Gedankenwelt des neuen Dramas* Leipzig 1923.
572. Lehmann, Karl *Vom Drama unserer Zeit. Ein Führer zu den jungen deutschen Dramatikern* Neue Folge Leipzig 1924.
573. Schneider, M. *Der Expressionismus im Drama* Stuttgart 1919.
574. Schreyer, Lothar *Expressionistisches Theater. Aus meinen Erinnerungen* Hamburg 1948 (Hamburger Theaterbücheri 4. Bd. Edited by Paul T. Hoffmann).
575. Tairoff, A. *Das entfesselte Theater* Potsdam 1923.
576. Wicke, Ernst-August *Das Phänomen der Menschenliebe im expressionistischen Drama als säkularisierte Form der christlichen Agape* (Diss. Marburg) 1952 - typewritten.
577. Wyler, Paul E. *Der neue Mensch im Drama des deutschen Expressionismus* Stanford Univ. Abstract of Diss. 19: 29 - 32 (1944).
578. Zeifzig, Gottfried *Die Überwindung der Rede im Drama* (Diss. Leipzig) 1930.

#### B. Articles

579. Ade, Hans C. "Die Dramaturgie der Jüngsten" *Flöte* 1919 NR. 10.

580. Aron, W. "Kunst und Partei" *Die Scene* 11. Jg. NR. 4 s. 75 (1921).
581. Bab, Julius "Deutsche Dramaturgie 1916" *Schaubühne* 1916 NR. 35.
582. Bab, J. "Expressionisten und das Drama" *Schaubühne* 1916 NR. 38 s. 266, 286.
583. Bab, J. "Dramatischer 'Jugendstil'" *Weltbühne* 1918 s. 173 - 76.
584. Bab, J. "Expressionistisches Drama" *Deutsche Bühne* (Frankfurt) 1919 s. 107 - 22.
585. Bab, J. "Expressionismus" *Die deutsche Bühne* (Berlin) 11. Jg. s. 211 (1919).
586. Bab, J. "Expressionismus und Drama" *Das deutsche Drama* 2. Jg. s. 195 (1919).
587. Bab, J. "Vorschläge zur Güte" *Allgemeine Künstlerzeitung* 1920 NR. 84.
588. Bahr, H. "Expressionismus" *Schaubühne* 1916 s. 570.
589. Baumgard, O. "Ekstatisches Theater" *Hellweg* 4. Jg. s. 400 (1924).
590. Bry, Carl C. "Das künftige Drama" *Flöte* 1919 NR. 10.
591. Csokor, Fr. Theodor "Die neue dramatische Form" *Der Zuschauer* 1. Jg. NR. 15 (1919).
592. Csokor, Fr. Theodor "Der Expressionismus als Regieproblem" *Die deutsche Bühne* (Berlin) 12. Jg. s. 195 (1920).
593. Diebold, Bernhard "Expressionismus und Bühnenkunst" *Die Scene* 1916 s. 159 - 64.
594. Elsner, R. "Expressionismus" *Das deutsche Drama* 3. Jg. s. 165 - 75 (1920).
595. Emmel, F. "Ekstatisches Theater" *Preussische Jahrbücher* 194. Bd. s. 39 - 66.
596. Engelke, Wilhelm "Kindertheater und Expressionismus" *Literarische Gesellschaft* 6. Jg. NR. 4 (1919).
597. Franck, H. "Drama der Gegenwart: VII. Expressionismus" *Die Literatur* 27. Jg. s. 513 - 18.
598. Fricke, G. G. "Expressionistisches Theater" *Die Scene* 8. Jg. s. 45 (1918).
599. Gäfgen, H. "Expressionismus im Drama" *Das deutsche Drama* 3. Jg. s. 97 - 103 (1920).
600. Goll, Claire "Die futuristischen Bruitisten" *Die neue Schaubühne* 3. Jg. 8./9. Heft s. 199 (1921).
601. Goll, Iwan "Das Überdrama" *Die neue Schaubühne* 1. Jg. NR. 9 s. 265 (1919).
602. Goll, Iwan "Es gibt kein Drama mehr" *Die neue Schaubühne* 4. Jg. NR. 1 (1922).
603. Günther, J. "Expressionistische Schauspielkunst" *Schatzgräber* (Berlin) 1926 6. Heft s. 28.
604. Harbeck, H. "Das expressionistische Drama" *Theater Almanach 1920/21* (Hamburg) s. 117 - 21.
605. Heynicke, K. "Dramatischer Expressionismus" *Der Freihafen* (Hamburg) 1. Jg. 8. Heft s. 125 - 28 (1919).

606. Hohlbaum, R. "Expressionistendämmerung" *Hellweg* 4. Jg. s. 601 (1924).
607. Huebner, Friedrich M. "Expressionismus und nichts Andres" *Schaubühne* 1917 s. 123.
608. Johst, Hanns "Vom neuen Drama" in H. Johst: *Wissen und Gewissen* Essen 1924 s. 51 - 65.
609. Kahane, Arthur "Die jungen Dichter und die Bühne" *Frankfurter Zeitung* 1917 NR. 172.
610. Kayser, Rudolf "Neue Dramatik" *Neue Rundschau* 31. Jg. NR. 5 (1920).
611. Kepich, Werner "Junges Theater" *Theatercourier* NR. 1320 (1919).
612. Kerr, A. "Dramen-Expressionismus" *Neue Rundschau* 1919 s. 1005 - 12.
613. Kerschenzew, P. "Das schöpferische Theater" *Russische Korrespondenz* (Hamburg) 3. Jg. s. 191 - 203.
614. Knudsen, H. "Expressionismus auf dem Theater" *Hellweg* 1. Jg. s. 129 (1921).
615. Koffka, F. "Expressionismus und eine Andre" *Schaubühne* 1917 s. 104 - 7.
616. Koffka, F. "Expressionismus und die Andre" *Schaubühne* 1917 s. 222.
617. Kühn, Herbert "Gegenständlichung des expressionistischen Dramas" *Die neue Schaubühne* (Dresden) 1. Jg. NR. 7 s. 204 (1919).
618. Märker, Friedrich "Das neue Drama" *Blätter des Leipziger Schauspielhauses* 1. Jg. NR. 1 (1920).
619. Mann, Otto "Das Drama des Expressionismus - Einleitung" in *Expressionismus* (Friedmann and Mann, ed.) Heidelberg 1956 s. 213 - 240.
620. Marcuse, L. "Das expressionistische Drama" *Der neue Merkur* 8. Jg. 2. Heft (1924/25).
621. Moonen, Heinz "Dramaturgische Neuorientierung" *Das literarische Echo* 21. Jg. s. 468ff (1919).
622. Müller, H. "Das expressionistische Drama und die Gegenwart" *Die Lücke* (since 1949 *Der Ring*) 1947 7./8. Heft s. 34.
623. Muhr, Adelbert "Rede an das Theaterpublikum über Impressionismus und Expressionismus" *Der Zuschauer* 1. Jg. NR. 12 (1920).
624. Mumelter, I. "Der Expressionismus und das neue Drama" *Widerhall* 21. Jg. NR. 12/13 (1921).
625. Petsch, Robert "Von der Bühnendichtung des Expressionismus" *Baden-Badener Bühnenblatt* 3. Jg. NR. 4 (1923).
626. Rheiner ,W. "Expressionismus und Schauspiel" *Die neue Schaubühne* (Dresden) 1919 s. 14 -17.
627. Saget, Hubert "Das Drama der Zukunft II" *Allgemeine Künstlerzeitung* 11. Jg. NR. 19 (1920).
628. Schlaf, J. "Zukunft des deutschen Dramas" *Hochland* Jan. 1917 s. 449 - 54.
629. Schlaf, Johannes "Zukunft von Bühne und Drama" *Weimarer Blätter* 1919 s. 340 - 45.

630. Schreyer, Lothar "Die jüngste Dichtkunst und die Bühne II" *Die Scene* 6. Jg. NR. 2 s. 37 (1916).
631. Schreyer, Lothar. "Das neue Drama III" *Die Scene* 6. Jg. NR. 2 s. 37 (1916).
632. Schreyer, Lothar "Geschichte des Expressionismus III. Theater" *Deutsches Adelsblatt* 4. Jg. s. 600 (1926).
633. Sebrecht, Friedrich "Wesen und Sinn einer neuen Tragödie" *Masken* 1918 NR. 2.
634. Sorge, R. J. "Drama des Expressionismus" *Nachrichten aus dem geistigen und künstlerischen Leben Göttingens* 1920 I. Sem. s. 170.
635. Sprengler, J. "Expressionistische Theorie und Drama" *Historisch-politische Blätter für das katholische Deutschland* 161. Bd. s. 872 - 76 (1918).
636. Stang, Carl "Die Erneuerung des griechischen Dramas" *Flöte* 1919 NR. 10.
637. Steiner, F. "Das Theater und der Expressionismus" *Deutsche Bühne* 12. Jg. s. 309 (1920) and *Die Scene* 10. Jg. s. 136 (1920).
638. Wagner, E. "Naturalismus und Expressionismus in der Schauspielkunst" *Weimarer Blätter* 1919 s. 561 - 67.
639. Walzel, Oskar "Das neue Drama und die Bühne" *Neue Schaubühne* 1. Jg. NR. 2 s. 47 (1919).
640. Walzel, Oskar "Expressionistisches Drama" *Internationale Monatsschrift für Wissenschaft, Kunst und Geschichte* 13. Jg. s. 789 - 810 (1919).
641. Wedderkop, H. von "Bühnenexpressionismus" *Der neue Merkur* 6. Jg. May s. 102 - 10 (1922/23).
642. Weichert, R. "Expressionismus und Regisseur" *Freie deutsche Bühne* 1920 s. 721.
643. Welcke, Stefan "Toter und lebender Expressionismus im Bühnenbild" *Die Scene* 11. Jg. s. 185 (1921).
644. Wiesebach, W. "Expressionismus in der modernen Dramatik" *Schönere Zukunft* (Wien) 4. Jg. s. 632 (1928/29).
645. Wolf, Friedrich "Die expressionistische Bühne" *Zwinger* 1919 NR. 9.
646. Ziegler, Klaus "Das Drama des Expressionismus" *Der Deutschunterricht* (Stuttgart) 1953 5. Heft s. 57 - 72.

## 2. Literature in English

### A. Books and Dissertations

647. Carter, H. *The New Spirit in the European Theater 1914/1924* London 1926.
648. Dahlstrom, C. E. W. L. *Strindberg's Dramatic Expressionism* (Diss. Michigan) 1938.
649. Wyatt, R. C. *The Symbolism of Color in the Drama of German Expressionism.* (Elektra, Frühlings Erwachen, Der Bettler, Ein Geschlecht, Die Koralle, Gas I, Gas II, Die Seeschlacht, Masse Mensch) (Diss. State University of Iowa 1956) Dissertation Abstracts 16: 1688 - 89 (1956).

## B. Articles

650. — "Two Views of the German Stage" *New York Times* August 1, 1920 (Sec. VI, p. 1:4).
651. — "Expressionism to Uplift the Drama" *Current Opinion* 77: 482 - 83 (October 1924).
652. Angus, William "Expressionism in the Theater" *Quarterly Journal of Speech* (Ann Arbor) 19: 477 - 92 (1933).
653. Anschutz, G. "Expressionistic Drama in the American Theater" *Drama* 16: 245 - 46 (April 1926).
654. Bab, Julius "Theater in the German Language Area since the World War" in *Theater in a Changing Europe* (T. H. Dickinson, et al., ed.) Holt 1937 p. 121 - 78.
655. Blackburn, C. "Continental Influences on Eugene O'Neill's Expressionistic Dramas" *American Literature* 13: 109 - 33 (May 1941).
656. Brown, Ivor "Zero and Zero Worship" *Saturday Review* (London) January 14, 1928 p. 36 - 37.
657. Brown, J. M. "Playwrights of Protest" in J. M. Brown: *The Modern Theatre in Revolt* New York 1929.
658. Carpenter, Bruce "Expressionism" in B. Carpenter: *The Way of the Drama; a Study of Dramatic Forms and Moods* New York 1929.
659. Carter, H. "New Philosophical Basis of the German Drama" *Drama* 11: 387 - 88; 12: 28 - 29 (August - October 1921).
660. Chandler, F. W. "Expressionism in Theory and Practice" in F. W. Chandler: *Modern Continental Playwrights* London 1931 p. 383 - 406.
661. Chandler, F. W. "Expressionism at its Best: Kaiser, Toller, Werfel" in F. W. Chandler: *Modern Continental Playwrights* London 1931 p. 407 - 37.
662. Cheney, Sheldon "Expressionism in the Theatre" in S. Cheney: *Expressionism in Art* New York 1934 (revised edition: 1948).
663. Conwell, May Ross "Expressionism in the Drama. Its growing Influence" *Emerson Quarterly* (Boston) January 1934, p. 3, 4, 18, 20; March 1934, p. 5, 6, 18; May 1934, p. 8 - 10.
664. Gassner, J. W. "Hauptmann's Fellow Travelers and the Expressionist Eruption" in J. W. Gassner: *Masters of the Drama* Random House 1940 p. 467 - 94.
665. Gassner, J. W. "What's Happened to Expressionism?" *Theater Time* (New York) Vol. 2 No. 2 p. 37 - 41 (1950).
666. Goldberg, I. "Germany" in Isaac Goldberg: *Drama of Transition. Native and Exotic Playcraft* Appleton-Century 1922 p. 269 - 325.
667. Hauch, E. F. "Expressionism in Recent German Drama" *Drama* 16: 125 - 26 (1926).
668. Henckels, P. "My Attitude Toward Expressionism on the Stage" *Theater Arts Monthly* 6: 112 (April 1922).
669. Kornfeld, Paul "Expressionism" in *Actors on Acting* (T. Cole and H. K. Chinory, ed.) Crown 1950 p. 278 - 80.

670. Lewisohn, L. "German Theatre of Today" in L. Lewisohn: *Drama and the Stage* Harcourt 1922 p. 152 - 57.
671. MacGowan, Kenneth "Expressionism in the Theater" in K. MacGowan: *The Theater of Tomorrow* New York 1921 p. 110 - 26.
672. MacGowan, Kenneth "Experiment on Broadway" *Theater Arts Monthly* 7: 175 - 85 (July 1923).
673. Millett, F. B. and Bentley, G. E. "Expressionism and Symbolism" in F. B .Millett and G. E. Bentley: *The Art of the Drama* Appleton-Century 1935 p. 161 - 68.
674. Moult, H. "German Theater" *English Review* 33: 226 - 30 (September 1921).
675. Nicoll, A. "Expressionistic Movement in World Drama" in A. Nicoll: *World Drama, from Aeschylus to Anouilh* Harcourt 1949 p. 794 - 810.
676. Ould, H. "Expressionism and the Next Step" *New Statesman* 23: 494 - 95 (August 2, 1924).
677. Ould, H. "Expressionism, or What You Will" *English Review* 33: 310 - 13 (October 1921).
678. Rose, W. "The German Drama 1914/27" in W. Rose: *Men, Myths, and Movements in German Literature* London 1931 p. 225 - 44.
679. Simonson, L. "New German Stagecraft" *New York Times* April 9, 1922 (Sec. III, p. 7:1).
680. Smith, W. "Mystics in the Modern Theater; German Expressionists of the 1920's" *Sewanee Review* 50: 41 - 44 (January 1942).
681. Thomas, Norman "The New Spirit in the German Drama" *English Revue* February 1922 p. 148 - 58.
682. Wilson, E. "Fire Alarm" *New Republic* 50: 250 - 52 (April 20, 1927).

# Part II

# Individual Dramatists Of German Expressionism

*Part Two*

## INDIVIDUAL DRAMATISTS OF GERMAN EXPRESSIONISM

1. Ernst Barlach
2. Bertolt Brecht
3. Arnolt Bronnen
4. Reinhard Goering
5. Walter Hasenclever
6. Hans Henny Jahnn
7. Hanns Johst
8. Georg Kaiser
9. Oskar Kokoschka
10. Paul Kornfeld
11. Ludwig Rubiner
12. Reinhard Johannes Sorge
13. Carl Sternheim
14. Ernst Toller
15. Fritz von Unruh
16. Franz Werfel

- - - - - - - - -

The bibliographical material on each author has been divided into 10 sections:

I. Plays by the dramatist in the order of publication.

II. Reviews and articles on these plays, published in the German language.

III. Translations of plays into the English language.

IV. Reviews and articles on these plays, published in the English language.

V. Non-fictional publications by the dramatist published in the German language.

VI. Non-fictional publications by the dramatist published in the English language.

VII. Books and dissertations on the dramatist published in the German language.

VIII. Articles on the dramatist published in the German language.

IX. Books and dissertations on the dramatist published in the English language.

X. Articles on the dramatist published in the English language.

For the sake of consistency and uniformity the above numbering system has been retained throughout Part Two, although only some dramatists were found to be represented by each of the 10 sections.

# ERNST BARLACH

(Note: Although this bibliography is concerned with Barlach as a dramatist, literature dealing with the sculptor Barlach has been included because articles will often take into account both sides of his development. — Reviews of his autobiography, *Ein selbsterzähltes Leben* (properly listed in section V), appear in section II since including them seems desirable. — In view of Barlach's tragic fate during the Nazi era, more than half of the many articles on his work are of very recent date, whereas the bulk of the earlier ones appeared in the twenties. Consequently, the very large section VIII has been divided into two subsections: 1. Literature to 1945, 2. Literature after 1945.)

I. Plays (in the order of publication)

683. *Circe.* (dramatic sketch - not published) 1903.
684. *Der tote Tag.* Drama in 5 Akten. Berlin P. Cassirer 1912 (original title: *Der Blutschrei*).
685. *Der arme Vetter.* Drama Berlin P. Cassirer 1918.
686. *Die echten Sedemunds.* Drama. Berlin P. Cassirer 1920.
687. *Der Findling.* Ein Spiel in 3 Stücken. Berlin P. Cassirer 1922.
688. *Die Sündflut.* Drama in 5 Teilen. Berlin P. Cassirer 1924 (republished in 1954 by Lechte Verlag as NR. 8 of *Dramen der Zeit*).
689. *Der blaue Boll.* Drama. Berlin P. Cassirer 1926.
690. *Die gute Zeit.* 10 Akte. Berlin P. Cassirer 1929 (two acts appeared in *Nationaltheater* 2. Jg. (1930) s. 271 - 81).
691. *Der Graf von Ratzeburg.* Schauspiel. Hamburg Grillen-Presse 1951 (original title: *Der tolle Graf*).
692. *Die Dramen.* München R. Piper 1956 (contents: *Der tote Tag. - Der Arme Vetter. - Die echten Sedemunds. - Der Findling. - Die Sündflut. - Der blaue Boll. - Die gute Zeit. - Der Graf von Ratzeburg.*) (Nachwort von Klaus Lazarowicz s. 575 - 617).

II. Reviews and articles on specific plays and on autobiography (German)

*Der arme Vetter*

693. *Das deutsche Drama* (Berlin) 2. Jg. s. 206 (1919) F. Ph. Baader.
694. *Die Frau* 27. Jg. s. 50 - 54 (1920) E. Beckmann.
695. *Der Freihafen* (Hamburg) 1. Jg. 6. Heft s. 93 - 95 H. Harbeck (under "Hans Iwer").
696. *Die schöne Literatur* 24. Jg. s. 239 (1923) H. Knudsen.
697. *Zeitschrift für Bücherfreunde* N. F. 10. Jg. I. Beilage s. 250 (1918).

698. *Frankfurter Zeiting* March 28, 1919  A. Sakheim.
699. *Leipziger Volkszeitung* November 24, 1919  (under "Kleine Chronik").
700. *Leipziger Zeitung* November 24, 1919  H. Natonek.
701. *Münchner Neueste Nachrichten* September 17, 1919  K. Pfister (under "Barlach als Zeichner").
702. *Münchner Neueste Nachrichten* November 25, 1919  (under "Theater und Musik").
703. *Der Tag* (Berlin)  October 23, 1919  Beilage s. 234  H. Bieber (under "Liter. Chronik").
704. Wiefel, W. "Des armen Vetters vergeblicher Weg zu Gott" *Glaube und Gewissen* (Halle/Saale) 2. Jg. s. 156 (1956).

## Der blaue Boll

705. *Die deutsche Kritik* (Chemnitz) 2. Jg. Ausgabe A s. 1019 (1926) Droop (Uraufführung).
706. *Hellweg* 6. Jg. s. 661 - 63 (1926).
707. *Die schöne Literatur* 28. Jg. s. 64 (1927) O. E. Hesse.
708. *Westermanns Monatshefte* 142: 444 - 45 (June 1927) F. Düsel.
709. *Westermann's Monatshefte* 149: 625 - 26 (February 1931) F. Düsel.
710. *Berliner Tageblatt* October 15, 1926  F. Hildenbrandt.
711. *Königsberger Hartungsche Zeitung* October 28, 1926  K. Düsel.
712. *Schwäbisch. Merkur* October 14, 1926  H. O. Roceker.

## Die echten Sedemunds

713. *Das deutsche Drama* 4. Jg. s. 44 (1921) Baader.
714. *Das deutsche Drama* 4 Jg. s. 152 (1922) Pander.
715. *Hellweg* 4. Jg. s. 828 (1924).
716. *Das literarische Echo* 23. Jg. s. 928 (1921) C. Müller-Rastatt (Uraufführung).

## Der Findling

717. *Die Literatur* 30. Jg. s. 536 (1928) Wyneken (Urauff. in Königsberg).
718. *Die schöne Literatur* 29. Jg. s. 317 (1928) G. Gruber.

## Der Graf von Ratzeburg

719. Colberg, Klaus "Nach der Trümmer - Literatur. Ernest Barlach: Der Graf von Ratzeburg" *Neues Abendland* (Augsburg) 7. Jg. NR. 10 s. 629 - 32 (1952).
720. Colberg, Klaus "Ernst Barlachs Gottsucherdrama" *Schweizer Rundschau* 53. Jg. s. 403 - 5 (1953/54).
721. Dross, Friedrich "Der Graf von Ratzeburg. Zur Geschichte des Manuskripts" *Das neue Forum* (Berlin) Jg. 1951 s. 49 - 52.
722. Lotz. "Ernst Barlachs *Graf von Ratzeburg* in christlicher Sicht" *Das neue Forum* (Berlin) 1951/52 s. 103 - 5.
723. Ruppel, K. H. "Ernst Barlachs *Graf von Ratzeburg*. Uraufführung in Nürnberg" *Deutsche Zeitung und Wirtschaftszeitung* (Stuttgart) 6. Jg. NR. 96 s. 18 (1951).
724. Vietta, E. "*Der Graf von Ratzeburg* und der Entwurf einer neuen

Barlach-Dramaturgie" *Neue Rundschau* 62. Jg. 4. Heft s. 142 - 50 (1951).
725. Vietta, E. "Offerus und Hurtebise. Deutung der Gestalten des Grafen von Ratzeburg" *Das neue Forum* (Berlin) Jg. 1951/52 s. 106.
726. Weigand, Kurt "Eine Bemerkung über Ratzeburg und seinen Sohn Wolf. Psychologie im Drama" *Das neue Forum* (Berlin) Jg. 1951/52 s. 126 - 27.

## Die gute Zeit

727. *Das deutsche Drama* N. F. 2. Jg. s. 255 (1930).
728. *Gral* 25. Jg. s. 367 - 69 (1930).
729. *Die Literatur* 32. Jg. s. 290 (1930) Ihering (Geraer Uraufführung).
730. *Schöne Literatur* 31. Jg. s. 55 (1930) H. Seitz.
731. *Der Wagen* (Lübeck) 1931 s. 65 R. Roessler.
732. *Westermanns Monatshefte* 147: 639 - 41 (February 1930) F. Düsel.

## Die Sündflut

733. *Die deutsche Republik* 2. Jg. s. 155 (1927) J. Swoboda.
734. *Geisteskampf der Gegenwart* 1929 s. 144 W. Knevels.
735. *Geisteskultur* (Berlin) 34. Jg. s. 125 (1925).
736. *Hellweg* 4. Jg. s. 782 (1924) K. Walter.
737. *Der Kreis* (Hamburg) 2. Jg. 6. Heft s. 61 - 64 B. Wehnert (1925).
738. *Der Kreis* (Hamburg) 2. Jg. 8. Heft s. 41 - 44 B. Wehnert (1925).
739. *Der Kreis* (Hamburg) 8. Jg. s. 257 (1931) C. G. Heise.
740. *Der Kunstwart* 38. Jg. May 1925 s. 95 F. Düsel.
741. *Die Literatur* 27. Jg. s. 104 (1924) R. Krauss (Uraufführung).
742/43. *Die Stätte* (Hamburg) 1. Jg. 8. Heft s. 44 (1925) P. Wittko.
744. *Westermanns Monatshefte* 138: 432 - 37 (June 1925) F. Düsel.
745. *Deutsche Allgemeine Zeitung* April 7, 1925 Fechter.
746. *Fränkischer Kourier* September 1, 1925.
747. *Frankfurter Zeitung* October 12, 1927 B. Diebold.
748. *Schwäbisch. Merkur* September 30, 1924.
749. Hoffmann-Harnisch, W. "Ernst Barlachs *Sündflut*. Ein Drama unserer Zeit" *Deutsche Kunstschau* 2. Jg. 3. Heft s. 53 - 56 (1925).
750. Hollaender, F. "Barlach: *Sündflut*" in Felix Hollaender: *Lebendes Theater. Eine Berliner Dramaturgie* Berlin S. Fischer 1932 s. 48.
751. Petsch, R. "Vom religiösen Drama der Gegenwart. Zum Verständnis von Barlachs *Sündflut*" *Schatzkammer* (Bremen) 2. Jg. s. 214 - 25 (1926).
752. Rohlfing, A. "Barlach und sein Drama *Die Sündflut*" *Der Scheinwerfer* (Essen) 5. Jg. 11. Heft s. 11 - 15 (1932).

*Der tote Tag*

753. Die Bühnenkritik (Augsburg) 1947 NR. 4.
754. Das Kunstblatt 1918 s. 50.
755. Die schöne Literatur 20. Jg. s. 297 (1919) H. Unger.
756. Berliner Tageblatt May 25, 1923 E. Vogeler.
757. Münchner Neueste Nachrichten January 29, 1924 F. Strich; February 6, 1924 W. Behrend.
758. Der Tag (Berlin) May 26, 1923 J. Hart.

*Ein selbsterzähltes Leben*

759. Das deutsche Buch (Leipzig) 9. Jg. s. 104 (1929).
760. Das deutsche Drama N. F. 1. Jg. s. 273 (1929).
761. Deutsche Republik 3. Jg. s. 621 - 31 (1929) J. Bab.
762. Jungnationale Stimmen 4. Jg. s. 294.
763. Kunst und Künstler (Berlin) 27. Jg. s. 113 (1928) Scheffler.
764. Mitteilungen des Altertums-Vereins für den Fürstentum Ratzeburg 12. Jg. s. 3 - 7 (1930) F. Buddin.
765. Die schöne Literatur 30. Jg. s. 129 (1929) M. Scheffels.
766. Schweizer Rundschau 29. Jg. s. 690 (1929) Feger.
767. Theologie der Gegenwart (Leipzig) 23. Jg. s. 145 (1929).
768. Zeitschrift der Gesellschaft für schleswig-holsteinische Geschichte 59. Bd. s. 629 - 33 A. Heuer.
768A. Stuttgarter Neues Tageblatt January 23, 1930.

IV. Reviews and articles on specific plays (English).

769. Bab, J. "*Blue Boll.* Criticism" Drama 21: 15 (March 1931).

V. Non-fictional publications of Ernst Barlach (German)

770. Barlach, Ernst *Güstrower Tagebuch im Auszug 1914 - 1917* selected by Wolfgang Theobald ("als Handschrift gedrückt").
770A. Barlach, Ernst *Fragmente aus sehr früher Zeit (Essays)* Berlin 1939.
771. Barlach, Ernst *Ernst Barlach im Gespräch* Aufgezeichnet von Friedrich Schult Güstrow 1940 (later Insel Verlag 1948).
772. Barlach, Ernst *Rundfunkrede in der Vortragsreihe "Künstler zur Zeit" im Deutschlandsender am 23.1.1933* Bremen Ernst Barlach Gesellschaft 1947.
773. Barlach, Ernst *Aus seinen Briefen* München Piper 1947.
774. Barlach, Ernst *Ein selbsterzähltes Leben* München Piper 1948 (originally published in 1928).
775. Barlach, Ernst *Leben und Werk in seinen Briefen* (ed. by Friedrich Dross) München Piper 1952.
776. Barlach, Ernst *Zehn Briefe an einen jungen Dichter* (ed. by Friedrich Dross) Bremen Ernst Barlach Gesellschaft 1954.
777. Barlach, Ernst "Das innere Leben lässt sich nicht erdrücken. Unbekannte Briefe Ernst Barlachs aus den Jahren 1935 - 1938" *Thema* (Hamburg) 1950 8. Heft s. 21 - 23.
778. Barlach, Ernst "Aufzeichnungen aus einem Taschenbuch von 1906"

(mitgeteilt von F. Schult) *Sinn und Form* 3. Jg. 1. Heft s. 125 f (1951).
779. Barlach, Ernst "Briefe von Ernst Barlach" *Das neue Forum* (Berlin) 1951 s. 57 - 61.
780. Priebatsch, Heinz "Als Emigrant im Vaterlande. Unveröffentlichte Briefe Ernst Barlachs aus seinem letzten Lebensjahr" *Das literarische Deutschland* 2. Jg. NR. 22 s. 3 (1951).
781. Schwartzkopff, Johannes "Ein Brief Ernst Barlachs über Glaube und Kirche" *Das Münster* (München) 4. Jg. 7./8. Heft s. 240 - 42 (1951).
782. Barlach, Ernst "Aus Briefen Ernst Barlachs" (Preprint) in *Deutsche Rundschau* 78. Jg. s. 973 - 75 (September 1952).
783. --- "Briefwechsel Ernst Barlach - Gustav Lindemann" *Das Tor* (Düsseldorf) 20. Jg. s. 48 - 52 (1954).
783A. Barlach, Ernst "Fragmente von weitläufigen Auslassungen" *Bildende Kunst* (Dresden) 1957 NR. 6 s. 386 - 89.

## VI. Non-fictional publications of Ernst Barlach (English).

784. Barlach, Ernst "Selected Letters" in *Art and Artist* Univ. of California Press 1956 p. 9 - 32.

## VII. Books and dissertations on Barlach (German).

785. Beckmann, Heinz *Religion in Ernst Barlachs Werk* Bremen, 1955.
785A. Carls, Karl Dietrich *Ernst Barlach. Das plastische, graphische, und dichterische Werk* Berlin 1931, 1935 (enlarged edition), 1950, 1954.
785B. Dohle, Helmut *Das Problem Barlach. Probleme, Charaktere seiner Dramen* Köln 1957.
786. Fechter, Paul *Ernst Barlach* Gütersloh 1957.
786A. Fleischhauer, Dietrich *Barlach auf der Bühne. Eine Inszenierungsgeschichte* (Diss. Köln) 1956 - typewritten.
787. Flemming, Willi *Barlach der Dichter* Berlin 1933.
788. Gielow, Wolfgang *Ernst Barlach, Literatur Verzeichnis* München Selbst-Verlag 1954 (manuscript).
789. Horn, Friedericke *Die Dichtungen Ernst Barlachs und ihr ethischer Gehalt* (Diss. Wien) 1952 (typewritten).
790. Lazarowicz, Klaus *Die Symbolik in Ernst Barlachs "Graf von Ratzeburg" im Zusammenhang mit dem dichterischen Gesamtwerk* (Diss. Göttingen) 1954 - typewritten.
791. Lietz, G. *Das Symbolische in der Dichtung Barlachs* (Diss. Marburg) 1937.
792. Neitzke, H. J. *Barlach, deutscher Geist zwischen Westen und Osten* Eisenach 1934.
793. Schmidt-Henkel, Gerhard *Ernst Barlachs posthume Prosafragmente "Seespeck" und "Der gestohlene Mond." Ein Beitrag zur Erkenntnis der existentiellen Autobiographie in Romanform* (Diss. Berlin, Freie Universität) 1956 - typewritten.
794. Schult, Friedrich *Freundesworte, Barlach zum Gedächtnis* Güstrow 1940.

46    German Expressionistic Drama

795. Schurek, Paul *Begegnungen mit Barlach; ein Erlebnisbericht* Heidelberg 1946 and Gütersloh 1954 (enlarged edition).
796. Vietta, Egon *Ernst Barlach* 1951 (place of publication not ascertained).
797. Wagner, Horst *Ernst Barlach und das Problem der Form* (Diss. Münster) 1955 - typewritten.

VIII. Articles on Barlach (German).

1. Literature to 1945.

798. --- "Barlach" *Der Freihafen* (Hamburg) 3. Jg. 8. Heft s. 119 - 20.
799. --- "Die Dramen Ernst Barlachs" *Das literarische Echo* 20. Jg. 21. Heft s. 1276 - 1279.
800. --- "Ernst Barlach als Dramatiker" *Volksbühne* 1. Jg. NR. 20 (1926).
801. --- "Ernst Barlach, Bildhauer" *Die Räder* (Berlin) 7. Jg. s. 66 (1926).
802. --- "Barlachs 60. Geburtstag" *Mecklenbürgische Monatshefte* 6. Jg. s. 1 - 6 (1930).
803. --- "Barlachs Kunst und evangelisches Christentum" *Das Protestantenblatt* 63. Jg. s. 83 - 86 (1929).
804. --- "Ansatz zu einem Darstellungsstil bei Aufführungen der Dramen Barlachs" *Die Gestalt* (Berlin) 2. Jg. s. 31 (1930).
805. --- "Lübecker Barlach-Ehrenmal" *Die Sonne* (Weimar) 7. Jg. s. 519 (1930).
806. --- "Barlach, der sechzigjährige" *Die Kunst für Alle* 46. Jg. s. 222 (1930).
806A. --- "Blunck-Griese-Barlach" *Universitätszeitung* (Hamburg) 15. Jg. s. 4.
807. --- "Oskar Kokoschka und Ernst Barlach" *Antiquitäten - Zeitung* 39. Jg. s. 35 - 37 (1931).
808. --- "Ernst Barlachs Gemeinschaft der Heiligen" *Kunst and Künstler* (Berlin) 31. Jg. s. 466 (1932).
809. --- "Bei Barlach" *Der Kreis* (Hamburg) 9. Jg. s. 306 - 8 (1932).
810. --- "Echo der Zeitgenossen zum 65. Geburtstag Barlachs" *Die Literatur* 37. Jg. s. 303 (1935).
811. --- "Barlach als Dramatiker. Zu seinem 65. Geburtstag am 2.1.35" *Kunst der Nation* (Berlin) 1935 NR. 1 s. 2.
812. --- "Ernst Barlach" (Obituary) *Der Autor* (Berlin) 13. Jg. NR. 10 s. 39 (1938).
813. --- "Bildhauer und Dramatiker Barlach" (Obituary) *Kunst* 40. Jg. NR. 3 s. 18 (1938).
814. --- "Ernst Barlach" (Obituary) *Deutsche Rundschau* November 1938 s. 136.
815. Baader, F. Ph. "Dramen Barlachs" *Das hohe Ufer* (Hannover) 1919 s. 164 - 68.
816. Bachmann, H. "Ernst Barlach" *Gral* 20. Jg. s. 180 - 85 (1926).

817. Bäcker, H. "Ernst Barlach" *Widerstand* (Berlin) 8. Jg. s. 119 - 24 (1933).
818. Benzmann, H. "Ernst Barlach, Dramatiker" *Hellweg* 3. Jg. s. 521 - 24 (1923).
819. Berger, H. "Ernst Barlach, Kleistpreisträger 1924" *Kölner Universitäts Zeitung* 6. Jg. 17./18. Heft s. 15 (1924/25).
820. Biermann, G. "Ernst Barlach" *Cicerone* 21. Jg. s. 194 (1929).
821. Brust, A. "Beim Lesen Barlachs" *Die Scene* 16. Jg. s. 269 (1926).
822. Buchheit, G. "Ernst Barlach" *Gral* 23. Jg. s. 329 (1929).
823. Burghardt, P. "Ernst Barlach" *Der Türmer* 32. Jg. 5. Heft s. 451 (1930).
824. Carls, C. D. "Gestalten aus Schwarz und Weiss. Barlachs Holzschnittkunst" *Das Kunstblatt* 13. Jg. s. 329 (1929).
825. Carls, C. D. "Barlachs Holzschnittkunst" *Mecklenburgische Monatshefte* 6. Jg. s. 7 (1930).
826. Carls, C. D. "Ernst Barlach" *Revue rhenane* (Mainz) 10. Jg. 10. Heft s. 12 - 16 (1930).
827. Carls, C. D. "Ernst Barlach" *Niedersachsen* 36. Jg. s. 450 - 55 (1931).
828. Carls, C. D. "Ernst Barlach als Dramatiker" *Die Literatur* 35. Jg. s. 684 - 88 (1933).
829. Carls, C. D. "Der Dramatiker Barlach" *Der Türmer* January 1933.
830. Däubler, Theodor "Ernst Barlach als Dramatiker" *Das junge Deutschland* 2. Jg. 9. Heft s. 245 - 49.
831. Dreyer, E. A. "Ernst Barlach" *Volksbühne* (Berlin) 4. Jg. s. 450 - 56.
832. Dreyer, E. A. "Der Bildner und Dichter Barlach" *Niederdeutsche Monatshefte* (Lübeck) 4. Jg. s. 282 - 88 (1929).
833. Dreyer, E. A. "Das Gesamtschaffen Ernst Barlachs" *Ostdeutsche Monatshefte* 11. Jg. s. 9 - 24 (1930).
834. Dross, F. W. "Erste Begegnung mit Barlach" *Mecklenburgische Monatshefte* 6. Jg. s. 9 (1930).
835. Dross, F. W. "Barlach zum Geburtstag" *Mecklenburgische Monatshefte* 10. Jg. s. 20 - 26 (1934).
836. Duve, H. "Ernst Barlach, Holzbildschnitzer" *Die Bauwarte* (Köln) 6. Jg. s. 309 (1930).
837. Eckart, W. "Barlach und der Mythos" *Das Gegenspiel* (München) 1. Jg. s. 143 (1925).
838. Ehlers, O. "Zwischen Mensch und Gott. Barlachs 60. Geburtstag" *Die Propyläen* 27. Jg. s. 106 (1929).
839. Ehlers, O. "Zwischen Mensch und Gott. Zu Barlachs 60. Geburtstag" *Monatshefte für Kunst, Literatur und Wissenschaft* 6. Jg. s. 429 - 36 (1930).
840. Elaesser, Ernst "Der Dramatiker Ernst Barlach" *Das blaue Heft* 4. Jg. s. 388 - 93.
841. Endres, F. "Barlach als Dramatiker" *Lübecker Jahrbuch* 7. Jg. s. 99 - 106 (1925).

842. Engel, F. "Ernst Barlach" *Der Freihafen* 1. Jg. 5. Heft s. 68-71 (1919).
843. Fabri, A. "Ueber Ernst Barlach" *Der Bücherwurm* (Berlin) 1934 s. 81.
844. Falck, F. "Ernst Barlach als Dramatiker" *Dithmarschen* (Hamburg) 2. Jg. 6. Heft s. 105 - 7 (1922).
845. Fechter, P. "Ernst Barlach, Bildhauer" *Die Kunst für Alle* 36. Jg. s. 137 - 47 (1921).
846. Fechter, P. "Ernst Barlach" (with bibliography) *Die schöne Literatur* 26. Jg. s. 1 - 6 (1925).
847. Fechter, P. "Barlach und Sternheim" *Die deutsche Nation* 7. Jg. s. 356 - 60 (1925).
848. Fechter, P. "Kampf um Barlach" *Deutsche Zukunft* (Berlin) 6. Jg. 45. Heft s. 7 (1938).
849. Fischer, Hans W. "Der Dramatiker Barlach" *Der Freihafen* 3. Jg. 8. Heft s. 114 - 18.
850. Flemming, W. "Ernst Barlach als schöpferische Persönlichkeit" *Mecklenburgische Monatshefte* 3. Jg. s. 120 - 27 (1925/26).
851. Flemming, W. "Weltanschauung und Lebensgefühl in den Dramen Barlachs" *Der Wagen* (Lübeck) 1933 s. 41 - 51.
852. Flemming, W. "Ernst Barlachs Persönlichkeit" *Niederdeutsche Monatshefte* (Lübeck) 8. Jg. s. 255 - 57 (1933).
853. Franck, H. "Ernst Barlachs Dramen" *Das literarische Echo* 20. Jg. s. 1276 (1918).
854. Franck, H. "Ernst Barlach als Dichter" *Die literarische Gesellschaft* 5. Jg. s. 196 - 99 (1919) and *Die Rampe* 3. Heft November 1918.
855. Franck, H. "Ernst Barlach Dramatiker" *Die deutsche Bühne* (Berlin) 12. Jg. s. 41 (1920).
856. Franck, H. "Ernst Barlach, Zeichner" *Schriftsteller der Freiheit* 3. Jg. Literary Supplement s. 33 - 35 (1935/36).
857. Franzen, E. "Der Dichter Barlach" *Deutsche Allgemeine Zeitung* May 16, 1926.
858. Freyhan, Max "Ernst Barlach der Dramatiker" *Baden-Baden Bühnenblatt* 3. Jg. NR. 82 s. 2 - 3 (July 1923).
859. Friedeberger, H. "Ernst Barlach" *Jahrbuch der jungen Kunst* 1921 s. 233 - 43.
860. Gehrig, O. "Bei Barlach" *Mecklenburgische Monatshefte* 3. Jg. s. 133 - 39 (1925/26).
861. Gehrig, O. "Ernst Barlachs Gefallenmal im Dom zu Güstrow" *Oberrheinische Kunst* (Freiburg) 25. Jg. s. 347.
862. Gehrig, O. "Barlachs 'Der Geisteskämpfer' an der Universitätskirche zu Kiel" *Kunst und Künstler* 28. Jg. s. 26 (1929).
863. Gehrig, O. "Barlachs Kriegsgedächtnismal im Madeburger Dom" *Kunst und Künstler* (Berlin) 28. Jg. s. 156 (1930).
864. Grautoff, O. "Ernst Barlach" (Bildhauer) *Der deutsche Gedanke* 2. Jg. s. 373 (1925).
865. Günther, Johannes "Ernst Barlach" *Die christliche Welt* 42. Jg. s. 1027 (1928).

866. Gurlitt, H. "Ernst Barlach" *Monatsschrift für Gottesdienst und Kirchliche Kunst* 36. Jg. s. 80 - 89 (1931).
867. Heilborn, E. "Barlach Aufstieg" *Frankfurter Zeitung* May 29, 1923.
868. Heise, C. G. "Eine Aufgabe und ein Geschenk. Notizen zu Barlachs neueren Bildwerken, Schriften, und Prospekten" *Der Wagen* (Lübeck) 1930 s. 27 - 31.
869. Heise, C. G. "Zwei neue Barlach-Figuren" *Der Wagen* (Lübeck) 1933 s. 55.
870. Heuer, A. "Barlach in der Oberprima" *Zeitschrift für Deutschkunde* 46. Jg. s. 434 - 58 (1932).
871. Heuss, Theodor "Ernst Barlach" (Obituary) *Die Hilfe* 44. Jg. s. 496 (1938).
872. Hoff, August "Der Bildner Ernst Barlach" *Hochland* 21. Jg. s. 667 (1924).
873. Jan, R. von "Ernst Barlach und die Zeit" *Bausteine zum deutschen Nationaltheater* (München) 3. Jg. s. 65 - 76 (1935).
874. Kayser, R. "Der Dramatiker Barlach" in R. Kayser: *Dichterköpfe* Phaidon Verlag 1930 s. 142 - 47.
875. Keim, H. W. "Ernst Barlach" *Hellweg* 2. Jg. s. 161 (1922).
876. Knevels, W. "Dramen Barlachs" *Geisteskampf der Gegenwart* 1929 s. 107 - 12, 144.
877. Köhrer, E. "Barlach und Wedekind" *Das Theater* 6. Jg. NR. 9 s. 194 - 96 (1925).
878. Kuhn, A. "Der Bildhauer Barlach" *Deutsche Allgemeine Zeitung* February 7, 1926 (Beilage).
879. Leben, C. "Geistkämpfer von Barlach an der Universitätskirche zu Kiel" *Mecklenburgische Monatshefte* 4. Jg. s. 611 (1927/28).
880. Lehrmann, W. "Ergriffen, ergreifende Frömmigkeit im Spiegel der Kunst Barlachs" *Der Wagen* (Lübeck) 1930 s. 39 - 44.
881. Lemke, E. "Ernst Barlach und das neue deutsche Drama" *Niederdeutsche Welt* (Lübeck) 15. Jg. s. 8 (1940).
882. Luma. "Barlach und das Drama der Gegenwart" *Deutscher Spiegel* (Berlin) 1924 14. Heft.
883. Mahr, G. "Ernst Barlach" *Die Dorfkirche* (Berlin) 23. Jg. s. 98 - 101 (1930).
884. Mahr, G. "Ernst Barlach" *Die neue Saat* (Göttingen) 7. Jg. s. 80 - 84 (1932).
885. Marcuse, L. "Barlach und das Drama" *Hannoverscher Kurier* January 14, 1927.
886. Niessen, C. "Ernst Barlach als Bildner und Dichter" *Die Bauwarte* (Köln) 6. Jg. s. 312 (1930).
887. Pander, Oswald "Barlachs Dramen" *Die neue Schaubühne* 2. Jg. NR. 4 s. 90 - 93 (1920).
888. Pechel, R. "Von Claus Berg bis Ernst Barlach" *Westermanns Monatshefte* November 1928 s. 279 - 88.
889. Proksch, R. "Erbe der Leibeigenschaft. Zum Tode des Bildhauers Barlach" *Nationalsozialistische Landpost* 45. Folge s. 17 (1938).
890. Przybyhski. "Barlach als Gottsucher" *Mitteilungen der Zentralstelle für Jugendpflege* 19. Jg. s. 179 (1931).

891. Ralfs, Hans "Ernst Barlach" *Schatzkammer*. *Norddeutsches Jahrbuch* (Bremen) 1. Jg. s. 99 - 110 (1925) and *Dithmarschen* 5. Jg. 3. Heft May 1924 s. 94 - 98.
892. Rein, L. "Der Fall Barlach" *Frankfurter Zeitung* February 27, 1926.
893. Riedrich, O. "Klinkerplastiken von Ernst Barlach" *Keramische Rundschau* (Berlin) 41. Jg. s. 241 (1933).
894. Rüther, E. "Barlachs dramatischer Stil" *Zeitschrift für deutsche Bildung* 4. Jg. s. 69, 78 (1928).
895. Scheffler, K. "Ernst Barlach" *Kunst und Künstler* 24. Jg. s. 286 - 89 (1926).
896. Scheffler, K. "Ausstellung der Holzbildwerke des sechzigjährigen Barlach in der Akademie" *Kunst und Künstler* (Berlin) 28. Jg. s. 198 (1930).
897. Scheffler, K. "Ernst Barlachs Bronzen" *Kunst und Künstler* (Berlin) 29. Jg. s. 99 - 104 (1930).
898. Schendell, W. "Unruh-Kaiser-Barlach" *Der deutsche Gedanke* 2. Jg. s. 70 - 75 (1925).
899. Schmidt, P. F. "Ernst Barlach. Zum 60. Geburtstag" *Der Kunstwanderer* 12. Jg. January 1930 s. 168 - 72.
900. Schmidt, Paul Ferd. "Ernst Barlach, zum 60. Geburtstag" *Deutschland. Monatsblatt für die Deutschen im Ausland* (Berlin) 3. Jg. s. 13 (1930).
901. Schneider, H. "Ein Wanderer zwischen zwei Welten (Der Dichter Barlach)" *Die Salzspeicher* (Lübeck) 1930 s. 1.
902. Schwarz, K. "Ernst Barlach, Holzschneider" *Cicerone* 12. Jg. s 38.
903. Servaes, F. "Ernst Barlach" *Westermanns Monatshefte* 64. Jg. 127. Bd. January 1920 s. 530 - 40.
904. Sprengler, Josef "Ernst Barlach als Dramatiker" *Hochland* 21. Jg. s. 609 - 18 (1924).
905. Strich, F. "Barlach, der Dichter" *Die Scene* 15. Jg. NR. 5 s. 82 - 83 (1925).
906. Strich, F. "Ernst Barlach, Träger des Kleist-Preises" *Königsberger Hartungsche Zeitung* October 26, 1925.
907. Sydow, E. von "Barlach der Bildner" *Hannoverscher Kourier* January 14, 1927.
908. Tränckner, Chr. "Ernst Barlach" *Die Truhe* (Hamburg) 3. (1925) and 4. (1926) Jg. s. 155 - 60.
909. Wagner, Marianne "Ernst Barlach, Bildhauer und Dichter" *Vorstoss* (Berlin) 1. Jg. s. 1659 - 62 (1931).
910. Waldstein, A. "Barlachs Bronzen" *Neuwerk* 12. Jg. s. 150 -54 (1930).
911. Wentscher, D. "Ernst Barlach, Bildhauer und Dichter" *Schaubühne* 13. Jg. s. 587 - 90 (1917).
912. Werneke, F. "Ernst Barlach" *Die Stätte* (Deutsche Bühne, Hamburg) 1. Jg. 2. Heft s. 31 - 38 (1924) and *Der Kreis* (Hamburg) 2. Jg. 1. Heft s. 21 - 28 (1925).
913. Westheim, P. "Ernst Barlach: der Mensch und das Werk" *Masken* (Düsseldorf) 13. Jg. 18. Heft s. 289 - 94.

914. Wilhelmsen, F. "Erfassung des menschlichen Seins in der Graphik Barlachs" *Die Truhe* (Hamburg) 3. (1925) and 4. (1926) Jg. s. 160 - 168.
915. Wolfenstein, A. "Barlach zum 60. Geburtstag" *Die Sendung* (Berlin) 6. Jg. s. 860 (1929).
916. Wolfradt, W. "Ernst Barlach" *Das Kunstblatt* 1918 s. 1- 10.
917. Zimmermann, M. "Ernst Barlach" *Kunst und Kritik* (Chemnitz) 1930 s. 53.

2. Literature after 1945.

918. --- "Barlach der Gottsucher" *Der Überblick* (München) 3. Jg. 44. Heft s. 7 (1948).
919. --- "Barlach, ein Künder der Wirklichkeit" *Jugendwacht* (Aldenburg) 1948 4. Heft s. 15.
920. --- "Ernst Barlach" *Colloquium* (Berlin) 2. Jg. NR. 10 s. 15 (1948).
921. --- "Das Epos des Lebens" *SIE* (Berlin) 3. Jg. NR. 43 (1948)
922. --- "Plastik und Holzschnitt von Barlach" *Aufwärts* (Köln) 1. Jg. NR. 11 s. 11 (1948).
923. --- "Ernst Barlach. Ein deutsches Künstler-Schicksal" *Neue Auslese* (München) 4. Jg. 1. Heft s. 70 - 82 (1949).
924. --- "Naturform und Kunstform. Gedanken über Barlach und sein Werk" *Leuchtturm* (Köln) 1949 NR. 7 s. 147 - 49.
925. --- "Ernst Barlach" *Heute und Morgen* (Schwerin) 1949 12. Heft s. 750 - 53.
926. --- "Ausgestaltung von Ernst Barlachs Grabstätte" *Ost Evangelischer Nachrichtendienst* (Berlin) 3. Jg. NR. 10 s. 8 (1950).
927. --- "England über deutsche Künstler. Das Werk Ernst Barlachs" *Die Brücke* (Essen) 1950 NR. 215 s. 10 - 11 Beilage.
928. --- "Ernst Barlach: Bekenntnisse und Erkenntnisse" *Kulturaufbau* (Düsseldorf) 1950 4. Heft s. 97.
929. --- "Das doppelte Ärgernis in der Kunst" *Sonnatagsblatt* (Hannover) 3. Jg. NR. 12 s. 7 (1950).
930. --- "Wandern im Wind" *Sonntag* (Berlin) 5. Jr. NR. 3 (1950).
931. --- "Ernst Barlach, wie er uns als Bildhauer begegnet" *Aufstieg* (Wiesbaden) 4. Jg. s. 205 - 6 (1952).
932. --- "Ernst Barlach in Wedel" *Schleswig-Holstein* Jg. 1952 s. 197.
933. --- "Der Bildhauer Barlach. 2.1.1870 bis 24.10.1938" *Werk und Welt* (Bonn) 1954 NR. 6 s. 3 - 6.
934. --- "Ernst Barlach. Mahner und Künder in schwerer Zeit" *Rufer-Monatshefte* (Gütersloh) 1. Jg. NR. 11 s. 43 - 45 (1954).
935. --- "'Fortschrittliche' Kritik an Ernst Barlach" *SBZ-Archiv* (Köln) 3. Jg. NR. 2 s. 32 (1955).
935A. --- "Barlachs Magdeburger Mal wieder im Dom" *Von Atelier zu Atelier* (Düsseldorf) 5. Jg. s. 100 - 2 (1957).
936. Appuhn, H. "Das Werk Ernst Barlachs im Film" *Das Muenster* (München) 3. Jg. 3./4. Heft s. 123 (1950).
937. Bab, Julius "Ernst Barlach" in H. Friedmann and O. Mann, ed.:

*Deutsche Literatur im zwanzigsten Jahrhundert. Gestalten und Strukturen* Heidelberg 1954 s. 136 - 45.
938. Beckmann, Heinz "Hat Gott den Menschen? Barlachs dramatisches Testament" *Rheinischer Merkur* (Koblenz) 6. Jg. NR. 51 s. 7 (1951).
938A. Beckmann, Heinz "Das Drama in Ernst Barlachs Kunst" *Kunst und Kirche* (Darmstadt) 20. Jg. s. 73 - 78 (1957).
938B. Block, H. "Ernst Barlach, der Menschenbildner. Zu seinem 10. Todestag" *Aufbau* (Berlin) 4. Jg. NR. 10 s. 900 - 1 (1948).
939. Boeck, Wilhelm "Im Lande Barlachs" *Christ und Welt* (Stuttgart) 10. Jg. NR. 38 s. 11 (1957).
940. Braunfels, Wolfgang "Ernst Barlach und das Mittelalter. Der Weg zum antihumanistischen Menschenbild" *Rheinischer Merkur* (Koblenz) 7. Jg. NR. 8 s. 7 (1952).
941. Brecht, Bertolt "Notizen zur Barlachs Ausstellung" *Sinn und Form* (Potsdam) 4. Jg. 1. Heft s. 182 - 86 (1952).
942. Brecht, Bertolt "Über Ernst Barlach" *Heute und morgen* (Düsseldorf) 1953 NR. 5 s. 335 - 37.
943. Bremer, Klaus "Barlach und die Bühne" *Akzente* (München) Jg. 1954 NR. 3 s. 226 - 33.
944. Carls, C. D. "Bildhauer und Dichter. Zum Gedächtnis Ernst Barlachs" *Die Erzählung* (Konstanz) 4. Jg. 2. Heft s. 46 - 50 (1950).
945. Carls, C. D. "Die letzten Jahre Ernst Barlachs" *Das neue Forum* (Berlin) 1951 s. 76 - 79 and *Die neue Schau* (Kassel) 13. Jg. s. 287 - 89 (1952) and *Das Kunstwerk* (Baden-Baden) 7. Jg. 3./4. Heft s. 61 (1953) and *Heute und morgen* (Düsseldorf) 1953 NR. 5 s. 338 - 41 and *Die Sammlung* (Göttingen) 8. Jg. s. 474 - 78 (1953).
946. Carossa, Hans "Begegnung mit Barlachs Berserker" *Frankenspiegel* (Nürnberg) 1. Jg. NR. 6 s. 25 - 27 (1950).
947. Damm, A. "Barlach. Bildhauer, Dichter und Graphiker" *Sonntag* (Berlin) 2. Jg. NR. 2 (1947).
948. Dangers, R. "Ernst Barlach" *Die Lücke* (Weibstadt bei Heidelberg. Later (1949) *Der Ring*) 1947 11./12. Heft s. 16.
949. Dangers, R. "Ernst Barlach" *Weltstimmen* (Stuttgart) 18. Jg. 5. Heft s. 18 - 22.
950. Ehrhardt, Alfred "Barlachs Werk im Filmbild" *Das literarische Deutschland* 2. Jg. NR. 8 s. 6 (1951).
951. Elsner, Wilhelm "Ernst Barlach als Dramatiker" *Die Volksbühne* (Hamburg) 1. Jg. NR. 6 s. 2 - 5 (1951).
952. Engel, H. "Ernst Barlachs dichterisches Werk" *Aufbau* 5. Jg. s. 997 - 1005 (1949).
953. Enns, A. "Gemeinschaft der Heiligen" *Merian* (Hamburg) 1948 2. Heft s. 66 - 71.
954. Fechter, Paul "Ernst Barlach" *Blätter der Freiheit* (Heidelberg) 2. Jg. 8. Heft s. 7 - 9 (1950).
955. Franck, Hans "Barlach, Plastiker und Maler" *Der Bogen* (Wiesbaden) 2. Jg. NR. 6 s. 4 - 15 (1947).
956. Franck, Hans "Der Dichter Ernst Barlach" *Das festliche Haus.*

## ERNST BARLACH

*Das Düsseldorfer Schauspielhaus Dumont-Lindemann, Spiegel und Ausdruck der Zeit* (Kurt Loup, ed.) Köln 1955 s. 200 - 2.

957. Franzen, E. "Ernst Barlach als dramatischer Dichter" *Merkur* (Stuttgart) 6. Jg. NR. 7 s. 621 - 26 (1952).
958. Frentzel, E. "Ernst Barlach" *Die Zeichen der Zeit* (Berlin) 1951 NR. 1 s. 15 - 20.
958A. Gay, Fritz "'Lauter Anfänge mit uns'. Eine Barlach Studie" *Jahrbuch zur Pflege der Künste* (Dresden) 1957 s. 126 - 40.
958B. Gerold, Karl Gustav "Der Dichter Ernst Barlach" *Deutschunterricht für Ausländer* 3. Jg. NR. 4 s. 3 - 7 (1954).
959. Gloede, Günther "Ein unverbittlicher Kämpfer *Evangelische Welt* 6. Jg. s. 141 - 42 (1952).
960. Grohmann, W. "Deutsche Plastik des 20. Jahrhunderts: Ernst Barlach-Lehmbruck-Marcks" *Universitas* (Stuttgart) 9. Jg. s. 243 - 50 (1954).
960A. Grohmann, Willi "Ernst Barlach" *Universitas* (Stuttgart) 12. Jg. s. 137 - 42 (1957).
960B. Hampe, J. C. "Dichter der Gotteskindschaft. Zur Gesamtausgabe der Dramen von Ernst Barlach" *Sonntagsblatt* (Hamburg) 1957 NR. 6 s. 8.
961. Hansen-Löwe, F. "Existenz und Vision" *Wort und Wahrheit* 4. Jg. s. 452 - 56 (1949).
961A. Hartmann, Horst "Der Dramatiker Ernst Barlach" *Jungbuchhandel* (Köln) 11. Jg. NR. 1 s. 15 - 17 (1957).
962. Heise, Carl Georg "Die Fassadenfiguren der Lübecker Katherinenkirche von Ernst Barlach und Gerhard Marcks" *Werk* (Winterthur) 38. Jg. 8. Heft s. 252 - 53 (1951).
963. Heise, Carl Georg "Rede über Ernst Barlach in Darmstadt" *Das neue Forum* (Berlin) 1951/52 s. 84 - 89.
964. Hollman, Werner "Das religiöse Erlebnis bei Ernst Barlach" *Monatshefte für deutschen Unterricht* (Madison, Wisc.) 42. Jg. s. 1 - 8 (1950).
965. Ihlenfeld, Kurt "Barlach und Hofer" *Zeichen der Zeit* (Berlin) 7. Jg. 6. Heft s. 228 - 30 (1953).
966. Ihlenfeld, Kurt "'Es war eine ziemlich himmlische Zeit . . .' Zur Literatur von Ernst Barlach und Karl Hofer" *Evangelische Welt* 7. Jg. s. 128 - 29 (1953).
966A. Jacobi, Johannes "Zur Gesamtausgabe von Ernst Barlachs dichterischem Werk" *Die Zeit* (Hamburg) 11. Jg. NR. 51 s. 9 (1956).
967. Jordan, Rudolf "Ernst Barlach" *Geist und Tat* (Hamburg) 6. Jg. NR. 1 s. 18 (1950).
968. Kalms, H. "Barlach - Gedächtnis-Ausstellung der Landesgallerie Halle" *Zeitschrift für Kunst* (Leipzig) 1950 2. Heft s. 169 - 70.
969. Kohne, Carl Ernst "Ernst Barlach" *Bildende Kunst* (Berlin) 2. Jg. 9. Heft s. 9 - 13 (1948).
970. Krapp, Helmut "Zur Dichtung Ernst Barlachs. Der allegorische Dialog" *Akzente* (München) Jg. 1954 NR. 3 s. 210 - 29.

971. Krolow, Karl "Der Erzähler Barlach" *Rheinischer Merkur* (Koblenz) 4. Jg. NR. 5 s. 6 (1949).
972. Krull, Edith "Ernst Barlach. Dem Gedächtnis eines grossen Künstlers" *Heute und morgen* (Schwerin) 1954 s. 79 - 81.
973. Lennartz, Franz "Ernst Barlach" in F. Lennartz: *Die Dichter unserer Zeit* 5. Auflage Stuttgart 1952 s. 6 - 9.
974. Lober, H. "Ernst Barlach" *Rheinischer Merkur* (Koblenz) 3 Jg. NR. 46 s. 6 (1948).
975. Lüth, Paul E. H. "Zwischen Nacht und Licht; über Ernst Barlach" *Die Sammlung* 1. Jg. s. 430 - 42 (1945/46).
976. Mann, Otto "Ernst Barlach" in *Expressionismus* (Friedmann and Mann, ed.) Heidelberg 1956 s. 296 - 313, 351.
977. Martius, Lilli "Landschaftszeichnungen von Ernst Barlach" *Die Kunst und das schöne Heim* (München) 51. Jg. 3. Heft s. 96 (1952).
978. Michelsen, Peter "Der Unfrieden Gottes. Zur Seinsdeutung Ernst Barlachs" *Deutsche Universitätszeitung* (Göttingen) 8. Jg. NR. 2 s. 12 - 15 (1953).
979. Minte, Herbert "Ernst Barlach" *Wochenpost* (Stuttgart) 1. Jg. NR. 3 s. 6 (1946).
979A. Muschg, Walter "Ernst Barlachs Briefe" *Neue deutsche Hefte* (Gütersloh) 41. Heft s. 776 - 91 (1957).
980. Passarge, W. "Der Geisteskämpfer von Ernst Barlach" *Mannheimer Hefte* Jg. 1952 3. Heft s. 20 - 22.
981. Pechel, R. "Ernst Barlach" (zum 80. Geburtstag) *Deutsche Rundschau* 76. Jg. s. 81 - 82 (January/February 1950).
982. Pechel, Rudolf "Ernst Barlach" in R. Pechel: *Deutsche Gegenwart. Aufsätze und Vorträge 1945 - 1952* Darmstadt 1953 s. 158 - 60.
983. Piper, Reinhard "Bei Barlach in Güstrow" *Der Wagen* (Lübeck) 1954 s. 95 - 103.
984. Reidemeister, L. "Barlachs Ehrenmal in der Antoniterkirche zu Köln" *Die Kunst und das schöne Heim* (München) 50. Jg. 12. Heft s. 456 (1952).
985. Reidemeister, L. "Barlach in Köln" *Köln. Vierteljahrsschrift für die Freunde der Stadt* 1955 NR. 1 s. 22 - 25.
986. Reuter, Gerhard "Diskussion um Barlach. Eine grundlegende Auseinandersetzung in den Diskussions-Matineen der Städtischen Bühnen Essen" *Kulturarbeit* (Stuttgart) 8. Jg. 8. Heft s. 148 (1956)
987. Roh, Fr. "Zum 80. Geburtstag Ernst Barlachs" *Kunstchronik* (Nürnberg) 3. Jg. 1. Heft s. 15 - 17 (1950).
988. Sackarndt, P. "Barlachania" *Stuttgarter Rundschau* 3. Jg. 8. Heft s. 16 - 18 (1948).
989. Scheck, Hanns "Ernst Barlach - Bildhauer, Dichter, Mensch" *Die Kommenden* (Freiburg/Br.) 4. Jg. NR. 1 s. 5 (1950).
990. Schütz, Paul "In Memoriam Ernst Barlach" *Lübeckische Blätter* 86. Jg. NR. 1 s. 2 (1950).
991. Schumacher, F. "Aus Ernst Barlachs Werkstatt" *Die Sammlung* (Göttingen) 1. Jg. s. 586 - 92 (1945/46).

992. Schurek, P. "Das Hamburger Ehrenmal" *Die Zeit* 3. Jg. NR. 43 s. 5 (1948).
993. Schurek, P. "Aus Barlachs Nachlass. Romane" *Die Zeit* 4. Jg. NR. 8 s. 4 (1949).
994. Schurek, P. "Ernst Barlach. Mahner und Künder in schwerer Zeit" *Niedersachsen* (Hildesheim) 51. Jg. 11. Heft s. 376 (1951) and *Ostdeutsche Monatshefte* (Stollhamm/Oldbg.) 24. Jg. 2. Heft s. 91 - 98 (1957).
995. Schurek, P. "Letzter Besuch bei Barlach" *Begegnungen* (2. Jahrbuch der Freien Akadamie der Künste, Heidelberg) 1953 s. 62 - 70.
996. Schwank, F. H. "Ernst Barlach" (Bildhauer und Holzschnitzer) *Das Kunstwerk* (Baden-Baden) 2. Jg. 1./2. Heft s. 19 - 26 (1948).
997. Schwartzkopff, J. "Das Ewige ist stille, laut die Vergänglichkeit" (Ansprache am 23.10.38 zu Güstrow an der Bahre Barlachs) *Athena* (Berlin) 2. Jg. NR. 3 s. 36 - 40 (1947).
998. Schwartzkopff, J. "Ernst Barlach" *Evangelische Kirche* Berlin-Dahlem) 5. Jg. 4. Heft s. 97 (1950).
999. Schwerte, Hans "Bemerkungen zu Barlachs Drama" *Die Erlanger Universität* 6. Jg. Beilage 7 (1953).
1000. Schwerte, Hans "Über Barlachs Sprache" *Akzente* (München) Jg. 1954 NR. 3 s. 219 - 25.
1000A. Seitz, G. "Barlachs Ehrenmal im Magdeburger Dom" *Bildende Kunst* (Dresden) 1957 NR. 6 s. 384 - 86.
1000B. Steffen, Uwe "Ernst Barlach. Zum Erscheinen der Gesamtausgabe seines dichterischen Werkes" *Monatsschrift für Pastoraltheologie* 46. Jg. s. 483 - 91 (1957).
1001. Teut, A. "Prophetische Existenz" *Sonntagsblatt* (Hamburg) 6. Jg. NR. 8 s. 24 (1953).
1002. Teut, A. "Wir sind Bettler - das ist wahr! Ernst Barlach - Mensch und Werk aus niederdeutscher Landschaft" *Sonntagsblatt* (Hamburg) 6. Jg. NR. 33 s. 7 (1953).
1003. Theunissen, Gert H. "Ein typischer Spielverderber. Ernst Barlach" *Sonntagsblatt* (Hamburg) 3. Jg. NR. 48 (1950).
1004. Thoms, L. "Auf den Spuren Barlachs" *Sonntag* (Berlin) 2. Jg. NR. 32 (1947).
1005. Torsten, E. H. "Barlach zwischen Ost und West. Ausstellung in Ostberlin" *Der freie Mensch* (Hagen) 6. Jg. NR. 5 s. 3 (1952).
1006. Urban, Martin "Ernst Barlach - heute" *Schleswig-Holstein* (Rendsburg) Jg. 1952 s. 138 - 39.
1007. Urban, Martin "Ernst Barlach" *Kunst in Schleswig-Holstein* (Flensburg) 3. Jg. s. 112 - 25 (1953).
1008. Vietta, Egon "Das Bildnis nicht von Menschenhand. Zum Christophorus von Barlach" *Das Neue Forum* (Berlin) 1951/52 s. 154.
1009. Wienhausen, H. "Das Bild des Menschen. (Eine Betrachtung des bildnerischen Werkes Barlachs)" *Situation und Entscheidung* (Warendorf) 2. Folge s. 158 - 63 (1948).

1010. Wilckens, Leonie von "Ernst Heinrich Barlach, Bildhauer, geb. 1870, gest. 1938" *Neue deutsche Biographie* (Berlin) 1. Band s. 591 - 93 (1953).

1011. Winzinger, Franz "Eine Erinnerung an Barlach" *Die Kunst und das schöne Heim* (München) 48. Jg. 7. Heft s. 253 (1950).

1012. Wulffen, Christian "Ernst Barlachs Verdammung . . . Eine 'Sprachregelung' für die Sowjetzone" *Die Zeit* 7. Jg. NR. 2 s. 4 (1952).

## IX. Books and dissertations on Barlach (English)

1012A. Jackson, Naomi C. A. *Ernst Barlach: the Development of a Versatile Genius* (Diss. Radcliffe) 1950.

## X. Articles on Barlach (English)

1012B. --- "Barlach Exhibits" *New York Times* April 20, 1930 (Sec. VII, p. 10:3); August 12, 1934 (Sec. IX, p. 7:6); February 7, 1937 (Sec. X, p. 10:1) - illustrated; November 29, 1938 (p. 20:5); December 4, 1938 (Sec. X, p. 13:2) - illustrated.

1012C. --- "Mister Barlach" *Spectator* 161: 814 (November 11, 1938).

1012D. Cheney, S. "Ernst Barlach, Sculptor in Wood" *International Studio* 75: 529 - 33 (September 1922).

1012E. Dresdner, A. "Ernst Barlach" *Studio* November 1926 p. 338 - 42.

1012F. Hauch, E. F. "Ernst Barlach and the Search for God" *Germanic Review* 2: 157 - 66 (1927).

1012G. Keiler, Manfred L. "Ernst Barlach, Sculptor and Dramatist" *College Art Journal* 15: 313 - 26 (1956).

1012H. Mann, Thomas "German Letter" *Dial* 77: 416 - 19 (November 1924).

1012I. McFarlane, J. W. "Plasticity in Language. Some Notes on the Prose Style of Ernst Barlach" *Modern Language Review* 49: 451 - 60 (October 1954).

## BERTOLT BRECHT

(Note: Because of Walter Nubel's excellent and exhaustive bibliography of works in German by and about Brecht (*Sinn und Form* 9. Jg. [1957] s. 481 - 623), only literature in English concerning Brecht is presented below.)

### III. Translations of Plays into English

1013. *The Caucasian Chalk Circle* in *Parables for the Theater* (E. Bentley, ed.) Minneapolis-London 1948.
1014. *The Exception and the Rule* in *New Directions in Prose and Poetry* New York 1955 vol. 15 p. 45 - 69.
1015. *Fear and Misery in the Third Reich* Moscow 1942 (Published in America as *Private Life of the Master Race*).
1016. *Galileo* (trans. Charles Laughton) in *From the Modern Repertoire* (E. R. Bentley, ed.) Series 2 Univ. of Denver Press 1952.
1017. *The Good Woman of Sezuan* in *Parables for the Theater* (E. R. Bentley, ed.) Minneapolis-London 1948.
1018. *The Horatians and the Curatians;* a play for school children in *Accent* 8: 1 - 22 (Fall 1947).
1019. *The Informer;* one-act play (trans. Ruth Norden) *Living Age* 355: 35 - 42 (September 1938) (Included in *Private Life of the Master Race*).
1020. *The Informer;* one-act anti-nazi play (trans. Ruth Norden) in *Six Anti-Nazi One-Act Plays* (Stephen Moore, ed.) New York 1939 (Included in *Private Life of the Master Race*).
1021. *The Informer* (trans. Ruth Norden) New York New Theatre League 194 - (typescript) (Included in *Private Life of the Master Race.*)
1022. *The Measure Taken* (*Die Massnahme*) (trans. E. Bentley) in *Colorado Review* 1: 1 (Winter 1956 - 57) p. 50 - 72.
1023. *Mother.* A Play with Music. Based on Gorki's novel. Music by Hanns Eisler. Adapted by Paul Peters. New York 1935.
1024. *Mother Courage* (trans. H. Hays) Norfolk, Conn. New Direcitions 1941.
1025. *Mother Courage* (trans. E. Bentley) in *The Modern Theater* (E. Bentley, ed.) Garden City, N. Y. 1955 Vol. 2 p. 235 - 346.
1026. *Private Life of the Master Race;* a documentary play (includes essay on Brecht's work by E. R. Bentley) Norfolk, Conn. New Directions 1944.
1027. *Private Life of the Master Race;* drama; 5 scenes (trans. E. R. Bentley) in *Theater Arts* 28: 512 - 20 (September 1944).
1028. *Private Life of the Master Race* in *Treasury of the Theater* (John Gassner, ed.) vol. 2 Simon and Schuster 1950.
1029. *Puntila* (Episodes VIII and IX) (trans. G. Nellhaus and R. Gunier) in *Accent* 14: 124 - 147 (Spring 1954).

1030. *Round Heads, Peak Heads or Rich and Rich Make Good Company* (trans. N. Goold-Verschoyle) *International Literature* (Moscow) 1937 May p. 3 - 54.
1031. *Saint Joan of the Stockyards* (trans. F. Jones) in *From the Modern Repertoire* (E. R. Bentley, ed.) Series 3 Univ. of Denver Press 1956.
1032. *Senora Carrara's Rifles.* A Play in One Act. in *Theater Workshop* 2: 30 - 50 (April-June 1938).
1033. *Sixth Column* by Ruth Holden (adaptation of Brecht's *The Informer*) New York 194-(typescript).
1034. *The Three Penny Opera* (trans. D. Vesey and E. Bentley) in *From the Modern Repertoire* (E. R. Bentley, ed.) Series 1 Univ. of Denver Press 1949.
1035. *The Three Penny Opera* (trans. D. Vesey and E. Bentley) in *The Modern Theater* (E. Bentley, ed.) New York Garden City, N. Y. 1955 Vol I. p. 109 - 93.
1036. *The Trial of Lucullus;* a play for the radio (trans. H. R. Hays) Norfolk, Conn. New Directions 1943.
1037. *Yes, I'm Going Away . . .;* one-act play (trans. R. Norden) in *Living Age* 356: 238 - 42 (May 1939) (From *Private Life of the Master Race*).

IV. Reviews and articles on specific plays, a novel, and a book of verses (English)

### The Caucasian Circle of Chalk
1038. *Illustrated London News* 229: 436 (September 15, 1956).
1039. *Nation* 183: 202 (September 8, 1956).
1040. *New Republic* 119: 27 (September 6, 1948) H. Clurman.
1041. *New Statesman* 52: 40 July 14, 1956).
1042. *New Yorker* 31: 62 - 64 (July 16, 1955).
1043/8. *Spectator* 197: 322 (September 7, 1956).

### The Days of the Commune
1049. *New York Times* November 20, 1956 (p. 44:4) - reaction to Berlin premiere.

### Galileo
1050. *Catholic World* 166: 74 (October 1947).
1051. *Commonweal* 47: 255 (December 19, 1947); correction 47: 286 (December 26, 1947).
1052. *New Republic* 117: 36 (December 29, 1947) I. Shaw.
1053. *New York Times* August 1, 1947 (p. 21:4); October 28, 1947 (p. 29:1); November 2, 1947 (Sec. II, p. 2:4) - letters; November 9, 1947 (Sec. II, p. 2:4) - letters; December 7, 1947 (Sec. II, p. 6:1) - scene illustr.; December 8, 1947 (p. 34:2) - review; February 8, 1948 (Sec. II, p. 3:7) - letter.
1054. *Newsweek* 30: 60 (December 29, 1947).
1055. *Theater Arts* 31: 68 - 70 (December 1947).
1056. *Theater Arts* 32: 12 (February 1948).

1057. *Vogue* 111: 192 (April 1, 1948) Allene Talmy.
1058. Nathan, G. J. "Galileo" in *Theater Book of the Year 1947 - 48* Knopf p. 177 - 80.

## The Good Woman of Sezuan

1059. *Catholic World* 184: 385 - 86 (February 1957).
1060. *Christian Century* 74: 138 (January 30, 1957).
1061. *Illustrated London News* 229: 854 (November 17, 1956).
1062. *Nation* 184: 27 (January 5, 1957).
1063. *New York Times* December 16, 1956 (Sec. II, p. 3:6) - Bentley on his adaptation; December 19, 1956 (p. 41:2) - review; December 30, 1956 (Sec. II, p. 1:1) - review.
1064. *New Yorker* 32: 45 - 46 (December 29, 1956).
1065. *Saturday Review* 40: 24 (January 5, 1957).
1066. *Spectator* 197: 648 (November 9, 1956).
1067. *Theater Arts* 41: 26 (February 1957).

## Happy End

1068. *New York Times* October 27, 1929 (Sec. IX, p. 4:1).

## Lindbergh's Flight...Cantata by Bert Brecht and Kurt Weill.

1069. *New York Times* February 2, 1930 (Sec. VIII, p. 8:7).

## Mann ist Mann

1070. *New York Times* April 15, 1928 (Sec. IX, p. 4:8).

## The Measure

1071. *Drama* 21: 16 - 17 (April 1931) J. Bab.

## The Mother

1072. *Catholic World* 142: 469 (January 1936).
1073. *Commonweal* 23: 162 (December 6, 1935).
1074. *Nation* 141: 659 - 60 (December 4, 1935). J. W. Krutch.
1075. *New Republic* 85: 175 (December 18, 1935). S. Young.
1076. *New Statesman* 10: 772 (November 23, 1935).
1077. *New York Times* November 20, 1935 (p. 26:3).
1078. *Theater Arts Monthly* 20: 13 - 15 (January 1936) E. J. R. Isaacs.
1079. *Time* 26: 68 (December 2, 1935).

## Mother Courage and Her Children

1080. *Cambridge Review* 78: 43 - 45 (1956) Ronald Gray.
1081. *Illustrated London News* 229: 400 (September 8, 1956).
1082. *Nation* 182: 557 - 58 ((June 30, 1956).
1083. *New Statesman* 50: 66 - 68 (July 16, 1955).
1084. *New Statesman* 52: 274 + (September 8, 1956).
1085. *Spectator* 196: 579 (April 27, 1956).
1086. *Spectator* 197: 322 (September 7, 1956).
1087. *Theater Arts* 26: 251 - 52 (April 1942) (review of original German).
1088. *Theater Arts* 33: 26 - 27, 30 (June 1949).

1089. *World Review* January 1951 p. 65 - 67 Geoffrey Skelton.
1090. Blaw, H. "Brecht's *Mother Courage:* the Rite of War and the Rythym of Epic" *Educational Theater Journal* 9: 1 - 10 (March 1957).

## Private Life of the Master Race

1091. *Book Week* November 26, 1944 p. 3.
1092. *Booklist* 41: 167 (February 1, 1945).
1093. *Canadian Forum* 24: 243 (January 1945).
1094. *Commonweal* 42: 262 - 63 (June 29, 1945).
1094A. *Modern Language Quarterly* 9: 119 - 21 (1948) Günther Keil.
1095. *New Republic* 112: 871 (June 25, 1945).
1096. *New Republic* 113: 48 (July 9, 1945).
1097. *New York Times Book Review* December 17, 1944 p. 6.
1098. *New York Times* June 13, 1945 (p. 28:3); June 17, 1945 (Sec. II, p. 1:1).
1099. *New York Times* January 5, 1956 (p. 27:1) - production plans; January 31, 1956 (p. 33:3) - review.
1100. *Saturday Review* 28: 12 (January 27, 1945).
1101. *Theatre Arts* 29: 64 (January 1945).
1102. Nathan, G. J. "Private Life of the Master Race" *Theater Book of the Year 1945 - 46* Knopf p. 27 - 29.

## Herr Puntila und sein Knecht Matti

1103. Nellhaus, Gerhard "Introductory Notes to Bert Brecht, *Puntila:* Two Episodes" *Accent* 14: 122 - 24 (Spring 1954).

## Senora Carrara's Rifles

1104. *New Statesman* 16: 417 (September 17, 1938).

## The Three Penny Opera (adapted by Cochran and Krimsky)

1105. *Nation* 136: 512 (May 3, 1933) J. W. Krutch.
1106. *Nation* 136: 540 (May 10, 1933) J. W. Krutch.
1107. *New Outlook* 161: 46 (May 1933) C. Caldwell.
1108. *Stage* 10: 13 - 15 (May 1933) H. Motherwell.
1109. *Time* 21: 21 (April 24, 1933).

## The Three Penny Opera (adapted by Marc Blitzstein)

1110. *Catholic World* 179: 226 (June 1954).
1111. *Commonweal* 60: 118 (May 7, 1954).
1112. *Musical America* 74: 14 (April 1954).
1113. *Nation* 178: 265 - 66 (March 27, 1954).
1114. *New York Times* March 7, 1954 (Sec. II, p. 3:1)-compared to Gay's original; March 11, 1954 (p. 26:5)-review; March 21, 1954 (Sec. II, p. 1:1)-comment; April 4, 1954 (Sec. II, p. 7:1)-adaptation compared with original; September 21, 1955 (p. 38:1); February 12, 1956 (p. 83:1); February 12, 1956 (Sec. VI, p. 28)-scene illustr.; March 11, 1956 (Sec. II, p. 1:1)-comment; November 11, 1956 (Sec. VI, p. 34:3)-scene illustr.
1115. *New Yorker* 30: 62 (March 20, 1954).

1116. *Newsweek* 46: 54 (October 3, 1955).
1117. *Saturday Review* 37: 22 (March 27, 1954) and 37: 21 (April 17, 1954).
1118. *Saturday Review* 39: 47 (September 15, 1956).
1119. *Time* 63: 46 (March 22, 1954).
1120. Gorelik, M. "Brecht's Notes on the Three Penny Opera" *Theater Workshop* 1: 29 - 41 (April - July 1937).
1121. --- RE: Translation of *Dreigroschenoper* *Twentieth Century* 159: 281 - 83 (March 1956).
1122. Lenya, L. "That was a time! Origin of the Brecht-Weill *Threepenny Opera*" *Theater Arts* 40: 78 - 80 (May 1956).

*Trial of Lucullus*
1123. *Christian Science Monitor* July 31, 1943 p. 11.
1123A. *Library Journal* 68: 727 (September 15, 1943).
1124. *Nation* 157: 130 - 31 (July 31, 1943) E. R. Bentley.
1125. *New York Times* April 25, 1951 (p. 33:8)-banning in East Berlin; April 29, 1951 (Sec. II, p. 3:1)-comment.
1126. *New York Times Book Review* July 25, 1943 p. 19.
1127. Mendelssohn, P. de "Bert Brecht Produces an Opera" *Nation* 172: 471 - 72 (May 19, 1951).

*A Penny for the Poor* (a novel translated by D. I. Vesey)
1128. *Boston Transcript* November 5, 1938 p. 1.
1129. *London Times Literary Supplement* July 17, 1937 p. 527.
1130. *Nation* 147: 571 (November 26, 1938).
1131. *New Republic* 97: 82 (November 23, 1938).
1132. *New York Times Book Review* November 20, 1938 p. 6.
1133. *Spectator* 158: 486 (March 12, 1937).

*Selected Poems* (translated by H. R. Hays)
1134. *Chicago Sun* January 5, 1948 p. 24.
1135. *Nation* 167: 80 (July 17, 1948) R. Jarrell.
1136. *New York Herald Tribune Weekly Book Review* February 24, 1948 p. 5 M. L. Rosenthal.
1137. *New York Times Book Review* June 27, 1948 S. Spender.
1138. *New Yorker* 23: 98 (December 20, 1947).
1139. *Saturday Review* 31: 19 (March 20, 1948).

VI. Non-fictional Publications of Brecht (English).
1140. Brecht, Bertolt "New Technique of Acting" (trans. E. Bentley) *Theater Arts* 33: 38 - 40 (January 1949).
1141. Brecht, Bertolt "Model for Epic Theater" (trans. E. Bentley) *Sewanee Review* 57: 425 - 36 (July 1949).
1142. Brecht, Bertolt "Alienation Effect" in *Actors on Acting* (T. Cole and H. Chinory, ed.) Crown 1950 p. 280 - 85.
1143. Brecht, Bertolt "A Little Organum for the Theatre" *Accent* Winter 1951 p. 13 - 40.
1144. Brecht, Bertolt "Brecht Directs" in *Directing the Play* (T. Cole and H. Chinory, ed.) Bobbs 1953 p. 291 - 95.

1145. Brecht, Bertolt "Short Description of a New Technique of the Art of Acting Which Produces an Effect of Estrangement" *World Theatre* IV No. 1: 15 - 29 (1954).

## IX. Books and Dissertations on Brecht (English)

1146. Heller, Peter *The Writer's Image of the Writer: A Study in the Idealogies of Six German Authors, 1918 - 1933* (Diss. Columbia) Microfilm Abstracts (Ann Arbor) XI p. 1062 - 64 (1951).

## X. Articles on Brecht (English)

1147. --- RE: Brecht-Weill Suit over Filming Rights of Opera *New York Times* November 23, 1930 (Sec. IX, p. 10:4).
1148. --- "New Experimental Stagecraft" *New York Times* November 24, 1935 (Sec. IX, p. 1:4).
1149. --- "Brecht Testifies before House Unamerican Activities Committee' *New York Times* October 31, 1947 (p. 1:8).
1150. --- "Letters on Theatrical Talent" *New York Times* April 18, 1948 (Sec. II, p. 3:2); April 25, 1948 (Sec. II, p. 3:1).
1151. --- "Bert Brecht Letter to Hemingway over Harry Gold Case" *New York Times* January 7, 1953 (p. 3:1).
1152. --- "Stalin Peace Prize Winners Named" *New York Times* December 21, 1954 (p. 5:5).
1153. --- "Bertolt Brecht: An Iconoclast in the Theatre" *London Times Literary Supplement* March 9, 1956 p. 141 - 42 (Subsequent comments by: H. F. Garten, March 16, p. 165; John Parry, March 23, p. 181; Richard Courtney, April 13, p. 221; James Stern, April 20, p. 237; Eric Bentley, April 27, p. 253; John Lehrmann, May 4, p. 269; Louis A. Haselmeyer, June 22, p. 377).
1154. --- "Brecht's East Berlin Theatre Group to Visit Great Britain" *New York Times* May 30, 1956 (p. 5:3).
1155. --- "The Man Who Has Everything" *New Statesman* 51: 730 - 32 (June 23, 1956). Reply by E. Bentley 52: 16 (July 7, 1956).
--- OBITUARY (1156 - 1161):
1156. *Drama* 42: 58 (Fall 1956).
1157. *Musical America* 76: 32 (September 1956).
1158. *New York Times* August 16, 1956 (p. 25:5).
1159. *Spectator* 197: 262 (August 24, 1956) A. Hartley.
1160. *Time* 68: 72 (August 27, 1956).
1161. *Wilson Library Bulletin* 31: 126 (October 1956).
1162. --- "Wreath for Bert Brecht" *Spectator* 197: 252 - 53 (August 24, 1956).
1163. --- "Choice and Climax" *Newsweek* 48: 68 (August 27, 1956).
1164. --- "Portrait" *Time* 68: 108 (December 10, 1956).
1165. --- "In Memoriam Bertolt Brecht" *Act* (Leeds, England) Act 2 Scene 3 (Winter 1956/57) p. 3 - 15. (Articles by E. Bentley, T. Evens, G. W. Weber and W. H. Winge).
1166. Adler, Henry "Bert Brecht's Contribution to Epic Drama (in Germany)" *Listener* January 12, 1956 p. 51 - 52.
1167. Adler, Henry "Bert Brecht's Theater (in East Berlin)" *Twentieth Century* 160: 114 - 23 (August 1956).

1168. Adler, Henry "The Art of Bert Brecht" *Nation* 183: 201 - 2 (September 8, 1956).
1169. Becker, W. "Position of Bert Brecht" *New Republic* 129: 16 - 17 (October 26, 1953).
1170. Becker, W. "Position of Bert Brecht" in *Arts at Mid-Century* (R. Richman, ed.) Horizon Press 1954 p. 196 - 202.
1171. Bentley, Eric R. "Brecht: Poetry, Drama, and the People" *Nation* 157: 130 - 31 (July 31, 1943).
1172. Bentley, Eric R. "Bert Brecht and His Work" *Theater Arts* 28: 509 - 12 (September 1944).
1173. Bentley, Eric R. "From Strindberg to Brecht" in E. R. Bentley: *The Playwright as Thinker* Reynal 1946 p. 249 - 272.
1174. Bentley, Eric R. "A Traveler's Report" *Theater Arts* January 1949 p. 38.
1175. Bentley, Eric R. "German Stagecraft Today" *Kenyon Review* XI No. 4: 630 - 48 (1949).
1176. Bentley, Eric R. "Stagecraft of Brecht" in E. R. Bentley: *In Search of Theater* Knopf 1953 p. 144 - 60.
1177. Bentley, Eric R. "Bert Brecht (1898 - 1956)" *New Republic* 135: 19 (August 27, 1956).
1178. Boeninger, Helmuth R. "The Dilemma of Bert Brecht" *Monatshefte für deutschen Unterricht* 47: 387 - 92 (1955).
1179. Bryher, C. "Bert Brecht" *Life and Letters Today* 33: 97 - 103 (May 1942).
1180. Clurmann, H. "Theater in Germany" *Nation* 182: 557 - 58 (June 30, 1956).
1181. Cole, T. and Chinory, H. K. "From the Hamburg Dramaturgie to Epic Theatre" in *Actors on Acting* (T. Cole and H. Chinory, ed.) Crown 1950 p. 234 - 40.
1181A. Feeny, M.M. "Bouquets for Brecht" *Tablet* 208: 176 - 77 (Sept. 8, 1956)
1182. Fergusson, Francis "Three Allegorists: Brecht, Wilder, and Eliot" *Sewanee Review* 64: 544 - 73 (1956).
1183. Feuchtwanger, L. "The Great Experimenter" *Nation* 183: 386 - 88 (November 10, 1956).
1184. Findlater, R. "No Time for Tragedy" (Brechtian Theatre) *Twentieth Century* 161: 62 - 66 (January 1957).
1185. Fuller, E. "Analysis of Brecht's Work" *One Act Play Magazine* 1: 1124 - 30 (April 1938).
1186. Garten, H. F. "The Drama of Bert Brecht" *German Life and Letters* New Series 5 p. 126 - 34 (January 1952).
1187. Gassner, John "A Modern Style of Theatre" *Quarterly Journal of Speech* (Columbus) 1952 February p. 63 - 73.
1188. Gassner, John "Drama and Detachment: a View of Brecht's Style of Theater" in J. Gassner: *Theater in Our Times* Crown 1954 p. 82 - 96.
1189. Gold, H. "Brecht's English Vogues" *Nation* 184: 24 (January 5, 1957).
1190. Goodman, Henry "Bertolt Brecht as a 'Traditional' Dramatist"

*Educational Theatre Journal* vol. IV No. 2 p. 109 - 14 (May 1952).

1191. Gorelik, M. "Brecht: I am the Einstein of the New Stage Forum" *Theater Arts* 41: 72 - 73 (March 1957).
1192. Greenberg, C. "Bert Brecht's Poetry" *Partisan Review* 8: 114 - 27 (1941).
1193. Gross, F. "Literature of Exiles" *Contemporary Review* 165: 169 (March 1944).
1194. Hartley, A. "Diable au Corps" *Spectator* 197: 383 (September 21, 1956).
1195. Hayman, Ronald "A Last Interview with Brecht" *London Magazine* III xi p. 47 - 52 (1956).
1195A. Heller, Peter "The Masochistic Rebel in Recent German Literature" *Journal of Aesthetics and Art Criticism* 11: 198 - 213 (1952/53).
1196. Hewes, H. "Berlin and Brecht" *Saturday Review* 38: 42 (January 22, 1955).
1197. Litvinoff, E. "Interview with Brecht" *Spectator* 194: 288 + (March 11, 1955).
1198. Lumley, F. E. "Forward to Brecht - From Expressionism to Epic Theatre" in F. E. Lumley: *Trends in Twentieth Century Drama* Essential Books 1956 p. 91 - 98.
1199. Luthy, Herbert " 'Of Poor Bert Brecht' " *Encounter* VII p. 33 - 53 (July 1956). (Rejoinder by E. J. Holsbaum and rebuttal by H. Luthy, ibid., September 1956, p. 69 - 71).
1200. Mann, Thomas "German Letter" *Dial* 77: 416 - 19 (November 1924).
1201. Mendelssohn, P. de "Case of Bert Brecht" *New Statesman and Nation* 41: 444 - 45 (April 21, 1951). Discussion 41: 654 (June 9, 1951) and 42: 16, 72 (July 7, 21, 1951).
1202. Nicholson, Hubert "The Beggars are Coming to Town" in H. Nicholson: *A Voyage to Wonderland and Other Essays* London 1947 p. 77 - 91.
1203. Slochower, Harry "Masses and Man" in H. Slochower: *No Voice is Wholly Lost* Creative Age 1945 p. 278 - 91.
1204. Thompson, L. "Bert Brecht" *Kenyon Review* II p. 319 - 24 (1940).
1205. Tretyakow, Sergei "Bert Brecht" *International Literature* 1937 No. 5 p. 65 - 70.
1206. Viertel, B. "Bert Brecht, Dramatist" *Kenyon Review* VII p. 467 - 475 (1945).
1207. Watt, D. "Anti-Brecht" *Spectator* 198: 812 (June 21, 1957).
1208. White, Eric Walter "Bert Brecht" *Life and Letters Today* XIII No. 1 p. 65 - 76 (September 1935).

# ARNOLT BRONNEN

## I. Plays (in order of publication)

1209. *Vatermord.* Schauspiel Berlin S. Fischer 1920 (Republished by Lechte Verlag as No. 9 in Series *Dramen der Zeit* 1954).
1210. *Die Geburt der Jugend.* Bühnendichtung Berlin E. Rowohlt 1922.
1211. *Katalaunische Schlacht.* Schauspiel Berlin E. Rowohlt 1924.
1212. *Anarchie in Sillian.* Schauspiel Berlin E. Rowohlt 1924.
1213. *Die Exzesse.* Lustspiel Berlin E. Rowohlt 1925.
1214. *Rheinische Rebellen.* Schauspiel Berlin E. Rowohlt 1925.
1215. *Reparationen.* Lustspiel Berlin E. Rowohlt 1926.
1216. *Ostpolzug.* Schauspiel Berlin E. Rowohlt 1926.
1217. *Michael Kohlhaas.* Schauspiel Für Funk und Bühne bearbeitet. Berlin E. Rowohlt 1929 (Neubearbeitung 1948: Salzburg, Wien Pallas Verlag 1948).
1218. *Sonnenberg.* Hörspiel Berlin R. Hobling 1934.
1219. *"N"* Schauspiel Unverkäufliches Bühnen-manuskript München Kurt Desch.
1220. *Gloriana.* Lustspiel Unverkäufliches Bühnenmanuskript München Kurt Desch n.d. (Written 1941 and privately mimeographed shortly thereafter).
1221. *Die Kette "Kolin"* Schauspiel (c. 1950) In Manuscript form at Kurt Desch Verlag München (?).
1222. *Die jüngste Nacht* (c. 1952) In Manuscript form at Kurt Desch Verlag München (?).

## II. Reviews and articles on specific plays (German)

### Anarchie in Sillian
1223. *Hellweg* 4. Jg. s. 298, 533, 914 (1924).
1224. *Das literarische Echo* 26. Jg. s. 486 (1924) E. Heilborn (Uraufführung).
1225. *Ostwart* (Breslau) 1. Jg. s. 74 (1924) V. Kulczak (under "Anarchie im Drama").
1226. *Die schöne Literatur* 25. Jg. s. 199 (1924) Knudsen.
1227. *Weltbühne* 20. Jg. s. 630 - 31 (1924).
1228. *Berliner Börsenzeitung* July 5, 1924 H. Stroh.
1229. *Berliner Tageblatt* April 9, 1924 F. Engel.
1230. *Deutsche Zeitung* April 8, 1924 Günther.
1231. *Frankfurter Zeitung* April 8, 1924 E. Heilborn.
1232. *Frankfurter Zeitung* June 19, 1924 B. Diebold.

### Exzesse
1233. *Die Literatur* 27 Jg. s. 612 (1925) E. Heilborn (Uraufführung).
1234. *Das Tagebuch* (Berlin) 6. Jg. s. 908 S. Grossmann.
1235. Felix Hollaender: *Lebendes Theater: Eine Berliner Dramaturgie* Berlin 1932 s. 88 - 91.

1236. *Deutsche Allgemeine Zeitung* June 9, 1925 Fechter.
1237. *Tägliche Rundschau* (Berlin) June 9, 1925 H. M. Elster.

## Die Geburt der Jugend
1238. *Die deutsche Kritik* (Chemnitz) 2. Jg. A. s. 734 (1926) Fechter and Bormann (Uraufführung).
1239. *Gral* 20. Jg. s. 302 (1926) F. Muckermann.
1240. *Hellweg* 5. Jg. s. 920 (1925) H. Knudsen.
1241. *Die Literatur* 28. Jg. s. 289 (1926) E. Heilborn.
1242. Felix Hollaender: *Lebendes Theater: Eine Berliner Dramaturgie* Berlin 1932 s. 70 - 74.
1243. *Berliner Tageblatt* December 14, 1925 A. Kerr.
1244. *Frankfurter Zeitung* December 17, 1925 E. Heilborn.
1245. *Neue Freie Presse* December 31, 1925 P. Goldmann.

## Katalaunische Schlacht
1246. *Gral* 19. Jg. s. 544 (1925).
1247. *Hellweg* 4. Jg. s. 953 (1924).
1248. *Die Literatur* 27. Jg. s. 231 (1925) B. Diebold (Uraufführung).
1249. *Zeitschrift für Bücherfreunde* N. F. 18. Jg. Beiblatt s. 68 (1926).
1250. *Berliner Tageblatt* December 2, 1924 F. Hildenbrandt.
1251. *Frankfurter Zeitung* November 29, 1924 B. Diebold.
1252. *Vossische Zeitung* December 2, 1924 M. Jacobs.

## Michael Kohlhaas
1253. *Das deutsche Drama* N. F. 2. Jg. s. 222 (1930).

## Ostpolzug
1254. *Die deutsche Kritik* (Chemnitz) 2. Jg. A. s. 788 (1926) Bormann und Servaes (Uraufführung).
1255. *Deutsche Rundschau* 206: 255 - 56 (March 1926).
1256. *Die Literatur* 28. Jg. s. 357 (1926) E. Heilborn (Uraufführung).
1257. *Weltbühne* 22. Jg. s. 222 (1926).

## Rheinische Rebellen
1258. *Deutsche Rundschau* 203: 302 - 3 (June 1925).
1259. *Gral* 19. Jg. s. 544 (1925).
1260. *Hellweg* 5. Jg. s. 405 (1925) H. Knudsen.
1261. *Die Literatur* 27. Jg. s. 612 (1925) (Uraufführung).
1262. *Das Tagebuch* (Berlin) 6. Jg. s. 746 H. Ihering.
1263. *Westdeutsche Blätter des Bühnenvolksbunds.* 3. Jg. s. 177 Th. Hüpgens (Uraufführung).
1264. *Berliner Tageblatt* May 18, 1925 F. Hildenbrandt.
1265. *Deutsche Allgemeine Zeitung* May 19, 1925 Fechter.
1266. *Deutsche Zeitung* May 18, 1925 A. Mühr.
1267. *Frankfurter Zeitung* May 19, 1925 E. Heilborn.
1268. *Leipziger Neueste Nachrichten* May 20, 1925 H. Kienzl.
1269. *Vossische Zeitung* May 19, 1925 A. Klaar.

*Reparationen*
1270. *Das deutsche Drama* N. F. 2. Jg. s. 261 (1930).
1271. *Die Literatur* 32. Jg. s. 410 (1930) P. Scheidweiler (Uraufführung).
1272. *Schöne Literatur* 31. Jg. s. 152 (1930) W. Deubel.

*Vatermord*
1273. *Das deutsche Drama* 5. Jg. s. 158 (1922) R. Dohse.
1274. *Das literarische Echo* 24. Jg. s. 695 (1922) H. Franck.
1275. *Das literarische Echo* 24. Jg. s. 1117 (1922) E. Heilborn (Uraufführung).
1276. *Das Tagebuch* (Berlin) 6. Jg. s. 227 - 31 Rosenberger (Ulmer Aufführung).
1277. *Zeitschrift für Sexualwissenschaft* (Bonn) 9. Jg. s. 312 (1923) F. Dehnow.
1278. *Hamburger Nachrichten* September 25, 1922 W. Ehlers (Uraufführung).
1279. *Leipziger Neueste Nachrichten* October 2, 1922 E. Delpy (Uraufführung).

IV. Reviews and articles on specific plays (English)

*Exzesse*
1280. *New York Times* June 9, 1925 (p. 23:2).

V. Non-fictional publication of Arnolt Bronnen (German)
1281. Bronnen, A., Brod, M., Eggebracht, A., u.a. *Die Frau von Morgen, wie wir sie wünschen* Leipzig E. A. Seemann 1929.
1282. Bronnen, Arnolt *Arnolt Bronnen gibt zu Protokoll. Beiträge zur Geschichte des modernen Schriftstellers* Hamburg Rowohlt 1954.
1283. Bronnen, Arnolt *Deutschland, kein Wintermärchen; eine Entdeckungsreise durch die Deutsche Demokratische Republik* Berlin 1956.
1284. Bronnen, Arnolt "Allgemeine Ansichten über neue Dramatik" *Die Scene* 15. Jg. NR. 5 (1925).
1285. Bronnen, Arnolt "Jugend und Theater" *Die Freude* 2. Jg. s. 392 - 96 (1926).
1286. Bronnen, Arnolt "Sport und Risiko" in W. Meisl: *Der Sport am Scheidewege* Heidelberg 1928 s. 140 - 43.
1287. Bronnen, Arnolt "Neues Drama und Theater der Gegenwart" *Blätter der württ. Volksbühne.* 10. Spieljahr s. 43f (1929).
1288. Bronnen, Arnolt "Mein 'O/S'. Notiz über einige Etappen" *Der Oberschlesier* 12. Jg. s. 482 (1930).
1289. Bronnen, Arnolt "Gallien, Frankreich, Sorella Latina" *Widerstand* (Berlin) 5. Jg. s. 112 (1930).
1290. Bronnen, Arnolt "Die Reichswehr siedelt" *Die Woche* 1931 s. 1525.

VIII. Articles on Arnolt Bronnen (German)
1291. --- "Ernst Toller und Arnolt Bronnen" *Bücherwelt* 22. Jg. s. 48 (1925).

1292. --- "Der Kampf an den Grenzen" *Die Scene* 17. Jg. NR. 12 (1927).
1293. --- "Arnolt Bronnen: Empfehle Vatermord" *Der Spiegel* 5. Jg. NR. 47 s. 23 - 28 (1951).
1294. Anheisser, S. "Arnolt Bronnen" *Kölnische Zeitung* May 25, 1926 ff.
1295. Bachmann, H. "Arnolt Bronnen" *Orplid* 3. Jg. 7. Heft s. 49 - 56 (1926).
1296. Elster, H. M. "Der Fall Arnolt Bronnen" *Hannoverscher Kourier* June 11, 1925.
1297. Fischer, Ernst "Der Wert des Ganzen" (RE: *Arnolt Bronnen gibt zu Protokoll*) *Neue deutsche Literatur* (Berlin) 1954 10. Heft s. 137 - 39.
1298. Frischauer, Willi "Arnolt Bronnen macht Karriere" *Wiener Sonn- und Montagszeitung* 1935 NR. 18.
1299. Gallwitz, S. D. "Arnolt Bronnen" in S. D. Gallwitz: *Der neue Dichter und die Frau* Berlin 1927 s. 66 - 79.
1300. Grossmann, Stephen "Arnolt Bronnen" *Das Tagebuch* (Berlin) 1923/24 s. 1726.
1301. Heynan, W. "Jüdische und antijüdische Literaturbetrachtungen" *Preussische Jahrbücher* 223: 89 - 92 (January 1931).
1302. Jäger, Gerhard "Wiedersehen mit Arnolt Bronnen" *Sonntag* (Berlin) 1955 NR. 17 s. 9.
1303. Kahn, H. "Bronnen und Bruckner" *Weltbühne* 24. Jg. s. 687 - 89 (1928).
1304. Kornfeld, Paul "Arnolt Bronnen als Femesänger" *Das Tagebuch* (Berlin) 10. Jg. s. 829 (1929).
1305. Lhermann, J. "Arnolt Bronnen" *Berliner Börsenzeitung* December 2, 1924.
1306. Liepmann, H. "Inflationsdramatik, Studie über Bronnen" *Der Kreis* (Hamburg) 3. Jg. s. 200 - 203 (1926).
1307. Luma. "Brecht, Bronnen und ihre Kritiker" *Deutschen-Spiegel* (Berlin) 1924 16. Heft s. 49 - 53.
1308. Ossietzky, C. von "Amnestie" *Weltbühne* 26. Jg. I. s. 219 (1930).
1309. Pinthus, Kurt "Arnolt Bronnen" *Vossische Zeitung* July 7, 1923.
1310. Rein, L. "Arnolt Bronnen, Maler" *Das Kunstblatt* 9. Jg. s. 257 - 63 (1925).
1311. Servaes, F. "Arnolt Bronnen: Promenade" *Berliner Börsenzeitung* December 10, 1922.
1312. Stiemer, F. "Nachtrag zu Bronnens Wallenstein Bearbeitung" *Die deutsche Rundfunk* (Berlin) 5. Jg. s. 654 (1927).
1312A. Tschörtner, Heinz-Dieter "Unser Porträt: Arnolt Bronnen" *Börsenblatt für den deutschen Buchhandel* (Frankfurt/Main) 124. Jg. s. 489 (1957).
1313. Weigel, Hans "Unternehmen Vatermord. Bemerkungen über den Schriftsteller Arnolt Bronnen" *Der Monat* (Frankfurt a. M.) 6. Jg. 69. Heft s. 300 - 8 (1954).

1314. Weltmann, Lutz "Arnolt Bronnen" *Die Literatur* 30. Jg. s. 628 - 32 (1928).
1315. Wiegenstein, Roland H. "Die Exzesse des A. Bronnens" *Frankfurter Hefte* 9. Jg. NR. 8 s. 624 - 27 (1954).

# REINHARD GOERING

(Note: Since Reinhard Goering has been much neglectced by literary scholars, all of his known publications including stories and poems are listed in section I in order to make bibliographical information on him complete.)

## I. Plays and other fictional writings (in the order of publication)

1316. *Jung Schuk.* (Novel) München Delphin-Verlag 1913.
1317. *Seeschlacht.* Tragödie Berlin S. Fischer 1917. (Republished by Lechte Verlag as No. 11 in Series *Dramen der Zeit* 1954).
1318. *Der Erste.* Schauspiel Berlin S. Fischer 1918 (Also appeared in *Neue Rundschau* 30. Jg. (1919) s. 1630 - 54).
1319. *Der Zweite.* Tragödie Berlin S. Fischer 1919 (60 copies of this drama were printed in revised form as "letzte Fassung" under the title *Dahin?* Berlin S. Fischer 1919).
1320. *Die Retter.* Tragisches Spiel Berlin S. Fischer 1919 (Also appeared in *Neue Rundschau* 30. Jg. (1919) 2. Bd. s. 831 - 48).
1321. *Scapa Flow* Berlin S. Fischer 1919 (Also appeared in *Neue Rundschau* 30. Jg. (1919) 2. Bd. s. 1104 - 22).
1322. *Die Südpolexpedition des Kapitän Scott.* Spiel in 3 Teilen Berlin Propyläen Verlag 1930.
1323. *Der Vagabund und das Mädchen* (c. 1931) Unpublished (?) play written in conjunction with R. Büschgens. First performed in Oldenburg, April 23, 1931.
1324. "Der Westliche Buddha" (short story) *Neue Rundschau* 37. Jg. s. 637 - 44 (1926).
1325. "Nachlass Stücke" (stories and poems) *Neue Rundschau* 48. Jg. pt. 1: 591 - 603 (June 1937) (1. "Die verlorene und wiedergefundene Musik" 2. Gedichte ("Die Quelle" "Mosel") 3. "Ein Mann erfährt die Gerechtigkeit").

## II. Reviews and articles on specific plays (German)

### Der Erste

1326. *Hochland* December 1918 s. 339 R. Klein-Diepold.

### Scapa Flow

1327. *Die schöne Literatur* 21. Jg. s. 52 (1920) R. Dohse.
1328. *Leipziger Zeitung* January 31, 1920 F. Hildenbrandt.
1329. *Vossische Zeitung* November 28, 1919 (Uraufführung).

### Seeschlacht

1330. *Das deutsche Drama* (Berlin) 2. Jg. s. 211 (1919) Theodor Lessing.

1331. *Die Furche* (Berlin) 9. Jg. s. 192.
1332. *Der Kunstwart* 31. Jg. (April 8, 1918) F. Düsel.
1333. *Neuphilologische Blätter* 26. Jg. s. 30 (1919).
1334. *Preussische Jahrbücher* 172. Band s. 258 - 65 (1918) M. Havenstein.
1335. *Die Schaubühne* 1918 s. 252.
1336. *Die schöne Literatur* 19. Jg. s. 59 (1918) E. Busse.

*Die Südpolexpedition des Kapitän Scott*

1337. *Bücherwelt* 28. Jg. s. 306 (1931).
1338. *Christliche Welt* 44. Jg. s. 1027 (1930) Knevels.
1339. *Das deutsche Drama* N.F. 2. Jg. s. 262 (1930).
1340. *Die Literatur* 32. Jg. s. 409 (1930) E. Heilborn.
1341. *Die schöne Literatur* 31. Jg. s. 217 (1930) H. Knudsen.
1342. *Westermanns Monatshefte* 148: 179 - 81 (April 1930) F. Düsel.
1343. Felix Hollaender: *Lebendes Theater. Eine Berliner Dramaturgie* Berlin 1932 s. 268 - 73.

*Der Vagabund und das Mädchen* (with Robert Büschgens)

1344. *Die Literatur* 33. Jg. s. 580 (1931) F. Lindemann (Uraufführung).
1345. *Die schöne Literatur* 32. Jg. s. 299 (1931) A. Hinrichs.

*Der Zweite*

1346. *Hellweg* 3. Jg. s. 911 (1923).
1347. *Das literarische Echo* 23. Jg. s. 208 (1920) H. Franck.

VIII. Articles on Reinhard Goering (German)

1348. — "Gedanken über *Seeschlacht* und *Retter* (Regie)" *Das junge Deutschland* 1919 NR. 9.
1349. Benzmann, H. "Reinhard Goering, Schriftsteller" *Das deutsche Drama* 3. Jg. s. 241 - 52 (1920).
1349A. Gottlieb, E. "Reinhard Goering, der Dramatiker des ersten Weltkrieges" *Theater und Zeit* (Wuppertal) 4. Jg. s. 21 - 23 (1956/57).
1349B. Hauptreif, Karl-Heinz "Reinhard Goering. Der Dichter der *Seeschlacht* zu seinem 70. Geburtstag am 23. Juni" *Welt-Stimmen* (Stuttgart) 26. Jg. s. 246 (1957).
1350. Raymann. H. "Die Gestaltung der modernen Seeschlacht bei Lersch, Goering, und Winckler" *Das literarische Echo* 21. Jg. s. 13 (1918).

X. Articles on Reinhard Goering (English)

1351. Clark, B. H. "Reinhard Goering" *The Freeman* 7: 302 - 5 (June 6, 1923).

# WALTER HASENCLEVER

## I. Plays and other dramatic creations (in the order of publication)

1352. *Nirwana.* Eine Kritik des Lebens in Dramaform Berlin Modernes Verlag-Bureau 1909.
1353. *Das unendliche Gespräch.* Eine nächtliche Szene (dramatic poetry) Leipzig Kurt Wolff 1913.
1354. *Die Hochzeitsnacht.* Ein Film in drei Akten in *Das Kinobuch* Leipzig Kurt Wolff 1914 s. 19 - 30.
1355. *Der Sohn.* Ein Drama in 5 Akten Leipzig Kurt Wolff 1914.
1356. *Antigone.* Tragödie in 5 Akten Berlin P. Cassirer 1917.
1357. *Die Menschen.* Schauspiel in 5 Akten Berlin P. Cassirer 1918.
1358. *Der Retter.* Dramatische Dichtung Berlin E. Rowohlt 1919. (Privately printed, Leipzig, 1917)
1359. *Die Entscheiung.* Komödie Berlin P. Cassirer 1920.
1360. *Jenseits.* Drama in 5 Akten Berlin P. Cassirer 1920.
1361. *Die Pest.* Ein Film Berlin P. Cassirer 1920.
1362. *Gobseck.* Drama in 5 Akten Berlin Propyläen Verlag 1922.
1363. *Mord.* Ein Stück in 2 Teilen Berlin Propyläen Verlag 1926.
1364. *Ein besserer Herr.* Lustpiel in 2 Teilen Berlin Propyläen Verlag 1927.
1365. *Ehen werden im Himmel geschlossen.* Komödie in 4 Akten Berlin Propyläen Verlag 1929 (originial title: *Doppelspiel*).
1366. *Bourgeois bleibt Bourgeois* (with Ernst Toller) (Unpublished (?) play premiered in 1929).
1367. *Napoleon greift ein.* Ein Abenteuer in 7 Bildern Berlin Propyläen Verlag 1930.
1368. *Kommt ein Vogel geflogen.* Komödie in 6 Bildern Berlin Arcadia Verlag 1931.
1369. *Kulissen.* Komödie Berlin Arcadia Verlag 1932 (?) (Excerpt printed in *Weltbühne* 28. Jg. I. s. 894 - 95).
1370. *Christoph Kolumbus oder die Entdeckung Amerikas.* Komödie in einem Vorspiel und sechs Bildern. Written with P. Panter (Kurt Tucholsky) Berlin-Wilmersdorf F. Bloch Erben 193-? (typewritten) (First performed September 24, 1932. Excerpt published in *Weltbühne* 28. Jg. II. s. 506 - 508 (1932)).
1371. *Münschhausen.* Schauspiel in 5 Akten Nice, France (19--). In manuscript form; film reproduction of original in possession of Dr. Kurt Pinthus, Columbia University.
1372. *Dramen* Berlin Verlag die Schmiede 1924 (Contents: *Der Sohn Die Menschen Jenseits*).

## II. Reviews and articles on specific plays (German)

### Antigone
1373. *Das deutsche Drama* 3. Jg. s. 126 R. Volz.
1374. *Der deutsche Herold* 51. Jg. s. 126 - 34 (1920) S. Jacobsohn.

1375. *Jahrbuch deutscher Bibliophilen* 6. Jg. s. 151 (1917).
1376. *Der Kampf* (Wien) 12. Jg. s. 427 - 28 I. L. Stern.
1377. *Der Kunstwart* 31. Jg. (April 29, 1918) Schumann.
1378. *Nord und Süd* (Breslau) July 1918 s. 106 - 8 H. Brömse.
1379. *Die Scene* 19. Jg. NR. 10 und 11 (1929).
1380. Weichert, Richard "Hasenclevers Antigone als Stilproblem" *Die neue Schaubühne* 1. Jg. NR. 4 s. 118 (1919).

### Ein besserer Herr

1381. *Gral* 22. Jg. s. 251 (1927).
1382. *Die Literatur* 29. Jg. s. 353 (1927) B. Diebold (Uraufführung).
1383. *Die schöne Literatur* 28. Jg. s. 93 (1927) W. Deubel.
1384. *Weltbühne* 23. Jg. I. s. 510 - 12 (1927) A. Eloesser.
1385. Felix Hollaender: *Lebendes Theater. Eine Berliner Dramaturgie* Berlin 1932 s. 153 - 60.
1386. *Frankfurter Zeitung* January 13, 1957 B. Diebold.

### Bourgeois bleibt Bourgeois (with Ernst Toller)

1387. *Die schöne Literatur* 30. Jg. s. 186 (1929) H. Knudsen.

### Christoph Kolumbus oder die Entdeckung Amerikas (with P. Panter)

1388. *Die Literatur* 35. Jg. s. 108 (1932) G. Witkowski (Leipziger Urauff.).
1389. *Die schöne Literatur* 33. Jg. s. 532 (1932) F. Michael.

### Ehen werden im Himmel geschlossen

1390. *Christliche Welt* 42. Jg. s. 1204 (1928) Fricke.
1391. *Das deutsche Drama* N.F. 1. Jg. s. 206 (1929).
1392. *Der Fels* (Frankfurt) 23. Jg. s. 99 - 106 (1928) Aspel.
1393. *Goetheanum* 8. Jg. s. 14 (1929) Fränkl.
1394. *Die Literatur* 31. Jg. s. 159 (1928) E. Heilborn (Uraufführung in Berlin).
1395. *Die schöne Literatur* 29. Jg. s. 555 (1928) H. Knudsen.
1396. *Schönere Zukunft* (Wien) 4. Jg. s. 454 (1928/29) K. Aspel.
1397. *Weltbühne* 24. Jg. II. s. 888 (1928).
1398. Felix Hollaender: *Lebendes Theater. Eine Berliner Dramaturgie* Berlin 1932 s. 204 - 8.
1399. Dibelius, M. "Kunst und Moral" *Die Literatur* 31. Jg. s. 181 (1929).
1400. Foerster, Erich "Streit um Hasenclevers Komödie" *Die christliche Welt* 43. Jg. s. 48 (1929).

### Die Entscheidung

1401. *Das deutsche Drama* 2. Jg. s. 190 (1919).
1402. *Die schöne Literatur* 20. Jg. s. 236 (1919) H. Knudsen.
1403. *Zeitschrift für Bücherfreunde* N.F. 12. Jg. Beiblatt s. 113 (1920).
1404. *Schlesische Zeitung* December 3, 1919 (under "Ein Bekehrter?").

## Gobseck

1405. *Das deutsche Drama* 5. Jg. s. 115, 119 (1922).
1406. *Das literarische Echo* 24. Jg. s. 667 (1922) C. Gaehde (Uraufführung).
1407. *Die neue Schaubühne* (Dresden) 4. Jg. s. 51 (1922) A. Günther.
1408. *Die schöne Literatur* 23. Jg. s. 60 (1922) R. Dohse.
1409. *Zeitschrift für Bücherfreunde* N.F. 15. Jg. Beilage s. 16 (1923).

## Jenseits

1410. *Das deutsche Drama* 4. Jg. s. 106 (1921).
1411. *Die neue Dichtung* 1922/23 s. 335 H. D. Kenter.
1412. *Die schöne Literatur* 21. Jg. s. 260 (1920) A. Pache.

## Kommt ein Vogel geflogen

1413. *Das deutsche Drama* N.F. 3. Jg. s. 274 (1931).
1414. *Die Literatur* 33. Jg. s. 457 (1931).
1415. *Preussische Jahrbücher* 224: 214 (May 1931) H. Knudsen.
1416. *Die schöne Literatur* 32. Jg. s. 247 (1931) H. Knudsen.

## Kulissen

1417. *Weltbühne* 28. Jg. I. s. 891 - 94 (1932) P. Panter.

## Die Menschen

1418. *Die deutsche Bühne* (Berlin) 12. Jg. s. 249 (1920) F. Maerker (Regieproblem).
1419. *Das deutsche Drama* 2. Jg. s. 187 - 90 (1919) K. von Felner.
1420. *Das deutsche Drama* 3. Jg. s. 195 (1920) W. Michalitschke.
1421. *Die Grenzboten* 1920 NR. 14 s. 28 - 31.
1422. *Die Hilfe* 1920 s. 415.
1423. *Die schöne Literatur* 21. Jg. s. 40 (1920) I. Berstle.
1424. *Zeitschrift für Literaturfreunde* N.F. 11. Jg. II. Beiblatt s. 302 (1919) F. Schwiefert.
1425. *Schlesische Zeitung* March 12, 1919 (under "Irrwege der Bühnenkunst").

## Mord

1426. *Die deutsche Kritik* (Chemnitz) 2. Jg. A. s. 818 Sternoux (Uraufführung).
1427. *Hellweg* 6. Jg. s. 218 (1926) H. Knudsen.
1428. *Die Literatur* 28. Jg. s. 484 (1926) E. Heilborn (Uraufführung).
1429. *Preussische Jahrbücher* 204: 105 - 6 (April 1926) H. Knudsen.
1430. *Westermanns Monatshefte* 140: 339 - 40 (May 1926) F. Düsel.
1431. Felix Hollaender: *Lebendes Theater. Eine Berliner Dramaturgie* Berlin 1932 s. 107.
1432. *Berliner Börsenzeitung* March 24, 1926 F. Köppen.
1433. *Deutsche Allgemeine Zeitung* March 25, 1926 Fechter.

1434. *Frankfurter Zeitung* March 26, 1926   E. Heilborn.
1435. *Tägliche Rundschau* March 25, 1926   K. Aram.

### Münschhausen

1436. *Die Bühnenkritik* (Augsburg) 1948 NR. 4 s. 3 (Uraufführung in Leipzig).
1437. *Theater der Zeit* (Berlin) 3. Jg. 3. Heft s. 34 (1948) (Uraufführung in Leipzig).

### Napoleon greift ein

1438. *Bücherwelt* 28. Jg. s. 305 (1931) Klöckner.
1439. *Das deutsche Drama* N.F. 2. Jg. s. 265 (1930).
1440. *Die Literatur* 32. Jg. s. 409 (1930) R. Geck (Uraufführung).
1441. *Die schöne Literatur* 31. Jg. s. 215 (1930) W. Deubel.
1442. *Weltbühne* 26. Jg. I. s. 664 (1930) A. Polgar.

### Die Pest

1443. *Das literarische Echo* 23. Jg. s. 820 (1921) H. Franck.
1444. *Die neue Dichtung* 1922/23 s. 335 H. D. Kenter.
1445. *Die schöne Literatur* 22. Jg. s. 61 (1921) Michalitschke.
1446. *Wissen und Leben* (Zürich) 1920 s. 45 - 46 E. Wiedmer.

### Der Retter

1447. *Das deutsche Drama* 2. Jg. s. 190 (1919).
1448. *Die Grenzboten* 1920 NR. 14 s. 28 - 31 C. Hille.
1449. *Die schöne Literatur* 20. Jg. s. 213 (1919) M. Koch.
1450. *Die schöne Literatur* 20. Jg. s. 236 (1919) H. Knudsen.

### Der Sohn

1451. *Deutsche Internierten-Zeitung* (Bern) NR. 103 s. 22 (1920) A. Halm.
1452. *Die Grenzboten* 1920 NR. 14 s. 28 - 31 C. Hille.
1453. *Imago* 5. Jg. s. 43 - 48 (1917).
1454. *Das Reich* (München) 1. Jg. s. 608 (1917).
1455. *Die Schaubühne* 1918 s. 325.
1456. *Zeitschrift für Sexualwissenschaft* 9. Jg. s. 312 F. Dehnow.
1457. Ritter, F. "Meine Neuinszenierung von Hasenclevers Drama *Der Sohn*" *Die Scene* 16. Jg. s. 228 (1926).
1458. Weichert, R. "Hasenclevers *Sohn* als expressionistisches Regieproblem" *Die Scene* 8. Jg. 5./6. Heft s. 65 (1918).

## IV. Reviews and articles on specific plays (English)

### Ein Besserer Herr

1459. *New York Times* May 29, 1927 (Sec. VII, p. 2:1).

### Ehen werden im Himmel geschlossen

1460. *New York Times* December 7, 1928 (RE: tear bomb attack by Nationalists, p. 2:3).

*Her Man of Wax* (adapted by J. Thompson from Hasenclever's *Napoleon greift ein*, q.v.)

1461. *Nation* 137: 494 (October 25, 1933) J. W. Krutch.
1462. *New Outlook* 162: November 1933 p. 43 C. Caldwell.
1463. *New York Times* October 12, 1933 (p. 32:3); cf. also July 29, 1933 (p. 14:4).

*Jenseits* (Beyond)

1464. *New York Times* January 27, 1925 (p. 14:1).

*Kommt ein Vogel geflogen*

1465. *New York Times* May 10, 1931 (Sec. VIII, p. 1:3).

*Mord*

1466. *New Statesman* 6: 634 (November 18, 1933).

*Napoleon greift ein* (See also *Her Man of Wax*)

1467. *Living Age* 337: 433 - 40 (December 1, 1929).
1468. *New York Times* June 1, 1930 (Sec. VIII, p. 2:2).

V. Non-fictional publications of Hasenclever (German)

1469. Hasenclever, Walter *Der politische Dichter* 2. Flugschrift of series *Umsturz und Aufbau* Berlin E. Rowohlt 1919.
1470. Hasenclever, Walter "Das Theater von Morgen" *Schaubühne* 1916 s. 453, 474, 499.
1470A. Hasenclever, Walter "Kunst und Definition" *Neue Blätter für Kunst und Dichtung* 1. Jg. s. 40 (1918).
1471. Hasenclever, Walter "Fern Andra" *Die neue Schaubühne* (Dresden) 1. Jg. s. 297 - 300 (1919).
1472. Hasenclever, Walter "Die Bühne als Vorstellung" *Das grosse Schauspielhaus* Berlin 1920 s. 55 - 59.
1473. Hasenclever, Walter "Wie ich Filmschauspieler wurde?" *Bohemia* (Prag) February 1, 1923.
1474. Hasenclever, Walter "Welt und Drama" *Prager Theaterbuch* 1924 I. s. 92 - 96.
1475. Hasenclever, Walter "Geburt des Dramas" *Die Rampe* 1. Jg. 2. Heft s. 3 (1924).
1476. Hasenclever, Walter "Mein Weg zur Komödie" *Hamburger Fremdenblatt* November 6, 1927.
1476A. Hasenclever, Walter "Ich kann keinem mehr helfen." *Blätter des deutschen Theaters in Göttingen* 8. Jg. 115. Heft s. 22, 27 (1957/58).

VI. Non-fictional publications of Hasenclever (English)

1477. Hasenclever, Walter "Nature of Tragedy" *English Review* (London) 33: 403 - 4 (November 1921).

VII. Books and dissertations on Hasenclever (German)

1478. Cremers, Paul Joseph and Brües, Otto *Walter Hasenclever* Köln 1922 (Rheinische Sammlung NR. 2).
1479. Schümer, W. *Walter Hasenclever* Place of publication (?) 1929.

## VIII. Articles on Hasenclever (German)

1480. --- "Dramen" *Zeitschrift für Bücherfreunde* N.F. 17. Jg. Beiblatt s. 192 (1925).
1481. --- "Von Hasenclever bis Georg Grosz" *Eckart* 1928/29 s. 46.
1482. --- "Walter Hasenclever" *Die Juden in Deutschland* (hrsg. vom Institut zum Studium der Judenfrage) München 1939 s. 300 - 15.
1483. Benzmann, H. "Walter Hasenclever, der Dichter" *Hochland* 17. Jg. II. s. 194 - 209 (1921).
1484. Bergwald, J. "Nochmal Hasenclever" *Die christliche Welt* 43. Jg. s. 395 (1929).
1485. Bieber, H. "Literarische Chronik" (contains review of *Der politische Dichter*) *Der Tag* (Berlin) December 18, 1919.
1486. Blos. W. "Walter Hasenclever" *Die neue Zeit* 32. Jg. NR. 14 (1914).
1487. Cremers, P. J. "Bankrott" *Hellweg* 1. Jg. s. 410 (1921).
1487A. Falkenberg, Hans-Geert "Das Leben und Werk Walter Hasenclevers" *Blätter des deutschen Theaters in Göttingen* 8. Jg. 115. Heft s. 30 - 36 (1957/58).
1488. Flemming, H. "Walter Hasenclever" *Almanach 1920* (Mosse, Berlin), s. 162.
1489. Gallwitz, S. D. "Walter Hasenclever" in S. D. Gallwitz: *Der neue Dichter und die Frau* Berlin 1927 s. 22 - 27.
1490. Grossman, S. "Der neue Hasenclever" *Das Tagebuch* (Berlin) 1920 s. 1399 - 1402.
1491. Hamburger, M. "Walter Hasenclever" *Heimatbuch des Kreises Landeshut in Schlesien* 2. Jg. s. 436 - 40 (1929).
1492. Harbeck, H. "Walter Hasenclever" *Der Freihafen* 1. Jg. 4. Heft s. 59 - 63 (1919).
1492A. Hilpert, H. "Brief an Walter Hasenclever" *Blätter des deutschen Theaters in Göttingen* 8. Jg. 115. Heft s. 14 - 15 (1957/58).
1493. Hoffman, C. "Walter Hasenclever" *Das junge Deutschland* 1. Jg. I. s. 82 - 85 (1919).
1493A. Kesten, Hermann "Walter Hasenclever" *Theater und Zeit* (Wuppertal) 5. Jg. NR. 2 s. 5 - 8 (1957/58).
1494. Knevels, W. "Walter Hasenclever" *Die christliche Welt* 43. Jg. s. 1052 - 57 (1929).
1495. Leschnitzer, Franz "Jüngling Hasenclever" *Neue deutsche Literatur* 1957 s. 123 - 31.
1496. Merbach, Paul Alfred "Walter Hasenclever" *Neue Theaterzeitschrift* 1919 NR. 19/20.
1497. Ould, H. "Deutsche Begegnungen. Walter Hasenclever und Leopold Jessner" *Das literarische Deutschland* 2. Jg. NR. 19 s. 1 (1951).
1497A. Pinthus, Kurt "Der Freund Walter Hasenclever" *Blätter des deutschen Theaters in Göttingen* 8. Jg. 115. Heft s. 28 - 29 (1957/58).
1498. Quandt, C. U. "Dem Gedächtnis Hasenclevers" *Zwiebelturm* (Regensburg) 25. Jg. 3. Heft s. 14 (1946/48).

1499. Soergel, A. "Walter Hasenclever" in A. Soergel: *Im Banne des Expressionismus* Leipzig 1925 s. 706 - 716.
1500. Stahl, E. L. "Hasenclever, der Dramatiker" *Die deutsche Bühne* (Frankfurt) 1919 s. 253 - 59.
1501. Vielhaber, Gerd "Wedekind, Hasenclever, und Borchert in einem Atem. Ein erschütterndes Experiment bei Gustaf Gründgens" *Der Ruf* (München) 3. Jg. NR. 21 s. 14 (1948).

## X. Articles on Hasenclever (English)

1502. Boyd, E. A. "Hasenclever" in E. A. Boyd: *Studies from Ten Literatures* New York 1925 p. 245 - 250.
1503. Chandler, F. W. "Irrepressibles of the German theater: Wedekind and Hasenclever" in F. W. Chandler: *Modern Continental Playwrights* New York and London 1931 p. 366 - 82.
1504. Goldberg, Isaac "Walter Hasenclever" in I. Goldberg: *Drama of Transition* Cincinnati 1922 p. 286 - 302.

# HANS HENNY JAHNN

## I. Plays (in order of publication)

1505. *Heinrich von Kleist - Eine jämmerliche Tragödie* (dramatic fragment) 1917 (no record of publication found).
1506. *Pastor Ephraim Magnus.* Drama Berlin S. Fischer 1919.
1507. *Die Krönung Richards III.* Historische Tragödie Hamburg K. Hanf 1921.
1508. *Des Buches erstes und letztes Blatt.* Drama in einem Prolog und zwei Teilen 1921 (no record of publication found).
1509. *Der Arzt, sein Weib, sein Sohn.* Drama Klecken Ugrino Verlag 1922.
1510. *Der gestohlene Gott.* Tragödie Potsdam Gustav Kiepenheuer 1924.
1511. *Medea.* Tragödie Leipzig Horen Verlag 1926.
1512. *Strassenecke, Ein Ort Eine Handlung* Berlin G. Kiepenheuer 1931.
1513. *Neuer Lübecker Totentanz* (Gemeinsam hrsg. mit Werner Helwig) Musik von Yngve Jan Trede Hamburg Rowohlt 1954 (First appeared in *Neue Rundschau* 42. Jg. II. s. 748 - 76 December 1931).
1514. *Armut, Reichtum, Mensch und Tier.* Ein Drama München Weismann 1948.
1515. *Spur des dunklen Engels.* Drama. Musik von Yngve Trede Hamburg Ugrino Verlag 1952.
1516. *Thomas Chatterton.* Eine Tragödie Berlin und Frankfurt a. M. Suhrkamp 1955 (Excerpt published in *Akzente* 1955 s. 156 - 64).
1517. Libretto zu Mozarts Oper *Gärtnerin aus Liebe* mit Ernst Legal place of publication (?) 1956.

## II. Reviews and articles on specific plays (German)

### Armut, Reichtum, Mensch und Tier
1518. *Die Fähre* (later called *Literarische Revue*) 2. Jg. s. 537 - 40 (1947) W. Muschg.
1519. Kreuder, Ernst "Weltschwermut. Ein Drama und sein Publikum. Hans Henny Jahnn: *Armut, Reichtum, Mensch und Tier*" *Die Zeit* 4. Jg. NR. 1 s. 4 (1949).

### Der Arzt, sein Weib, sein Sohn
1520. *Das deutsche Drama* 7. Jg. s. 184 (1928) P. Wittko.
1521. *Die schöne Literatur* 24. Jg. s. 337 (1923) J. Oven.

### Der gestohlene Gott
1522. *Universum* 1925 NR. 49 s. 1085 W. Heise.

### Krönung Richard III
1523. *Das deutsche Drama* 5. Jg. s. 125 (1922).

1524. *Das literarische Echo* 24. Jg. s. 733 (1922) G. Witkowski.
1525. *Die schöne Literatur* 23. Jg. s. 108 (1922) F. Michael.
1526. *Die schöne Literatur* 23. Jg. s. 215 (1922) M. Koch.
1527. *Deutsche Allgemeine Zeitung* December 14, 1926 Fechter.
1528. *Deutsche Tageszeitung* December 14, 1926 E. Krafft.

## Medea

1529. *Das deutsche Drama* 6. Jg. s. 175 R. Elsner.
1530. *Das deutsche Drama* 7. Jg. s. 146 (1928) P. Wittko.
1531. *Hellweg* 6. Jg. s. 327 (1926) H. Knudsen.
1532. *Der Kreis* 5. Jg. s. 598 - 606 (1928) L. Benningshof.
1533  Die Literatur 28. Jg. s. 541 (1926) E. Heilborn (Uraufführung).
1534. *Preussische Jahrbücher* 204. Band s. 389 - 91 (June 1926) H. Knudsen.
1535. *Die Scene* 19. Jg. NR. 10 und 11 (1929).
1536. *Berliner Tageblatt* May 5, 1926 A. Kerr.
1537. *Deutsche Allgemeine Zeitung* May 6, 1926 Fechter.
1538. *Deutsche Zeitung* May 6, 1926 A. Mühr.
1539. *Frankfurter Zeitung* May 13, 1926 E. Heilborn.
1540. *Tägliche Rundschau* (Berlin) May 6, 1926 K. Aram.
1541. *Vossische Zeitung* May 6, 1926 A. Klaar.
1543. --- "Jahnn über seine *Medea*" *Die Scene* 16. Jg. s. 55 1926).
1542. --- "Hans Henny Jahnn über seine *Medea*" *Die Scene* 19. Jg. s. 316 (1929).
1544. Hauser, H. R. "Zu Jahnns *Medea*" *Radio-Jahrbuch* 1926/27 s. 133 - 36.
1545. Prehm, F. H. "Zu Jahnns *Medea*" *Radio-Jahrbuch* 1926/27 s. 177 - 81.
1546. Wittenberg, K. "Zu Jahnns *Medea*" *Radio-Jahrbuch* 1926/27 s. 183.

## Neuer Lübecker Totentanz

1547. *Der Kreis* 8. Jg. s. 618 - 24 (1931) P. T. Hoffmann.

## Pastor Ephraim Magnus

1548. *Hellweg* 3. Jg. s. 634 (1923).
1549. *Das literarische Echo* 23. Jg. s. 968 (1921) E. Gross (under "Erotomanendrama").

## Thomas Chatterton

1550. Nossack, Hans Erich "Vorwort zu *Thomas Chatterton* von Hans Henny Jahnn" *Akzente* 1955 s. 152 - 55.

V. Non-fictional publications of Jahnn (German)

1551. Jahnn, H. H. *Klopstocks 150. Todestag am 14. März 1953* Mainz 1953; Wiesbaden 1953.
1552. Jahnn, H. H. *Über den Anlass. Vortrag* München Weissmann 1954.
1552A. Jahnn, H. H. *Lessings Abscheid* Hamburg E. Hauswedell 1957.

1553. Jahnn, H. H. "Die Orgel" *Melos* 4. Jg. s. 391 - 98 (1925).
1554. Jahnn, H. H. "Spätgotische Umkehr" *Der Kreis* 4. Jg. s. 305 - 11 (1927).
1555. Jahnn, H. H. "Thomas Mann als Slandglut auf der Insel der 30 Särge" *Hellweg* 7. Jg. s. 171 (1927).
1556. Jahnn, H. H. "Orgelbauer bin ich auch" *Kirchenmusik* (Berlin) 9. Jg. s. 121 - 25 (1928).
1557. Jahnn, H. H. "Gedanken zu einer Hamburger Festrede über Lessing" *Der Kreis* 6. Jg. s. 7 - 10 (1929).
1558. Jahnn, H. H. "Kleistpreis 1928" *Der Kreis* 6. Jg. s. 137 - 41 (1929).
1959. Jahnn, H. H. "Heinrich Stegemann malt mich" *Der Kreis* 8. Jg. s. 21 - 23 (1931).
1560. Jahnn, H. H. "Aufgabe des Dichters in dieser Zeit" *Der Kreis* 9. Jg. s. 266 - 75 (1932).
1561. Jahnn, H. H. "Sinn des Essens und Trinkens" *Der Kreis* 9. Jg. s. 549 - 53 (1932).
1562. Jahnn, H. H. "Mein Werden und mein Werk" *Hamburger Jahrbuch für Theater und Musik* 1949 s. 92 - 111.
1563. --- "Fragmente eines Briefwechsels mit Werner Helwig über Jahnns Triologie *Fluss ohne Ufer*" *Literarische-Revue* (München) 4. Jg. 5. Heft s. 267 - 80 (1949).
1564. Jahnn, H. H. "Klopstock" *Sinn und Form* (Berlin) 1954 2. Heft s. 165 - 89.
1565. Jahnn, H. H. "Zur Tragödie Thomas Chatterton" *Sinn und Form* (Berlin) 6. Jg. s. 805 - 29 (1954) and *Jahrbuch der Akademie der Wissenschaften und der Literatur* (Mainz) 1954 s. 280 - 99.
1566. Jahnn, H. H. "Kleine Rede auf Hans Erich Nossack" *Sinn und Form* (Berlin) 7. Jg. 2. Heft s. 213 - 19 (1955).
1567. Jahnn, H. H. "Frühe Begegnung mit Günther Ramin" (Thomaskantor) *Sinn und Form* (Berlin) 8. Jg. s. 425 - 63 (1956).
1567A. Jahnn, H. H. "Der Dichter im Anfang des Atomzeitalters" *Die neue Gesellschaft* 1956 Sonderheft: Der Mensch im Atomzeitalter.
1567B. Jahnn, H. H. "Vom armen Bert Brecht" *Sinn und Form* (Berlin) 9. Jg. s. 424 - 29 (1957).

VII. Books and dissertations on Jahnn (German)

1568. Italiaander, Rolf (ed.) *Hans Henny Jahnn* Hamburg Freie Akademie der Künste 1954. Contributions:
   a. Benninghof, H. "Der Dramatiker Hans Henny Jahnn" s. 24 - 31.
   b. Helwig, W. "Missverständnisse um Hans Henny Jahnn' s. 45 - 48.
   c. Ihering, H. "Hans Henny Jahnn, die Sprache und das Theater" s. 20 - 24.
   d. Italiaander, R. "Hans Henny Jahnn, geb. 17. Dezember 1894" s. 3 - 9.
   e. Kreuder, Ernst "Weltschwermut" s. 38 - 45.

f. Maack, R. "Hans Henny Jahnn und die Orgel" s. 50 - 53.
g. Nossack, Hans Erich "Die Fuge wozu?" s. 32 - 36.
h. Ramin, Günther "Wiedererwecker alter Musik" s. 53.
i. Thiess, Frank "Versuche einer Porträtsskizze" s. 10 - 12.
j. Weissenfels, Fr. "Jahnns Beitrag zur Erkenntnis der Hormone als Wirkstoff in der Natur" s. 55 - 65.
k. Wolfheim, H. "Zum Werk Hans Henny Jahnns" s. 13 - 18.
(Also short pieces by B. Brecht, G. Gründgens, P. Huckel, P. Jordan and T. Mann)

VIII. Articles on Jahnn (German)

1569. — "Hans Henny Jahnn" *Weltwoche* (Zürich) 18. Jg. NR. 860 s. 2 (1950).
1570. Hartmann, Horst "Hans Henny Jahnn. Ein Schriftstellerporträt" *Der Jungbuchhandel* (Köln) 8. Jg. NR. 8 s. 237 - 40 (1954).
1571. Hölscher, W. "Von religiöser Kunst" (Jahnn und die Glaubensgemeinde Ugrino) *Freideutsche Jugend* (Hamburg) 8. Jg. s. 113 - 22 (1922).
1572. Lennartz, Franz "Hans Henny Jahnn" in F. Lennartz: *Die Dichter unserer Zeit* 5. Auflage 1952 s. 220 - 23.
1573. Liepmann, H. "Hans Henny Jahnn, Schriftsteller" *Weltbühne* 26. Jg. I. s. 879 - 82 (1930).
1574. Lober, H. "Hans Henny Jahnn als Dramatiker" *Die Quelle* (Urach) 2. Jg. 6. Heft s. 54 - 62 (1948).
1575. Lober, H. "Hans Henny Jahnn. Der Mensch im Strom der Schöpfung" *Das goldene Tor* (Lahr) 4. Jg. NR. 1 s. 39 - 49 (1949).
1575A. Loerke, Oskar "Hans Henny Jahnn" in O. Loerke: *Reden und kleinere Aufsätze* (Herman Kasack, ed.) Mainz, Wiesbaden 1957 s. 7 - 11.
1576. Lohner, Edgar "Hans Henny Jahnn" in *Expressionismus* (H. Friedmann and O. Mann, ed.) Heidelberg 1956 s. 314 - 37.
1577. Lund, R. *"Perrudja.* Ein Werk Hans Henny Jahnns' *Literarische Revue* (München) 4. Jg. 5. Heft s. 262 - 66 (1949).
1578. Maack, R. "Harmonia" (zu Jahnns Orgelbau) *Der Kreis* 9. Jg. s. 213 - 22 (1932).
1579. Melchinger, Siegfried "Der verdrängte Gott. Zum Phänomen Hans Henny Jahnn" *Wort und Wahrheit* (Wien) 5. Jg. s. 857 - 61 (1950).
1580. Prehm, F. H. "Zum Schaffen des Dramatikers Hans Henny Jahnn" *Der Kreis* 3. Jg. s. 30 (1926).
1581. Roth, Stefan "Hans Henny Jahnn und seine Romantrilogie *Fluss ohne Ufer*" *Die Zeit* 7. Jg. NR. 28 s. 4 (1952).
1582. Steinfeld, J. "Hans Henny Jahnn" *Radio-Jahrbuch* 1926/27 s. 230 - 34.
1583. Weiss-Mann, E. "Hans Henny Jahnn" (Ugrino) *Der Kreis* 2. Jg. 10. Heft s. 44 (1925).
1584. Weltmann, L. "Hans Henny Jahnn" *Die Literatur* 32. Jg. s. 445 - 48 (1930/31).

X. Articles on Jahnn (English)

1585. Lohner, Edgar "Hans Henny Jahnn: A Note on His Latest Novels" *Symposium* 6: 375 - 79 (1952).

# HANNS JOHST

(Note: Reviews of Johst's autobiographical works are included in section II. — In view of the author's political development which made him the highest literary official of the Nazi regime and which started with his position of *Chefdramaturg* of the State Theater in Berlin in 1932, most of the later literature on Johst tends to be of questionable interest to students of Expressionism. Consequently, the relatively large section VIII has been divided into: 1. Literature to 1932, 2. Literature after 1932.)

## I. Plays (in the order of publication)

1586. *Die Stunde der Sterbenden* (Szene) Leipzig Verlag der Weissen Bücher 1914.
1587. *Der junge Mensch.* Ein ekstatisches Szenarium München Delphin-Verlag 1916.
1588. *Der Ausländer.* Ein bürgerliches Lustspiel Leipzig K. Wolff 1916.
1589. *Stroh.* Eine Bauernkomödie Leipzig Verlag der Weissen Bücher 1916.
1590. *Der Einsame.* Ein Menschenuntergang München Delphin-Verlag 1917.
1591. *Der König.* Schauspiel München A. Langen 1920.
1592. *Propheten.* Schauspiel München A. Langen 1923 (cf. also *Propheten.* Für das Laienspiel bearbeitet von Rudolf Mirbt München Chr. Kaiser 1932).
1593. *Wechsler und Händler.* Komödie München A. Langen 1923.
1594. *Die fröhliche Stadt.* Schauspiel München A. Langen 1925.
1595. *Der Herr Monsieur.* Nach Holbergs *Jean de France* München A. Langen 1926.
1596. *Marmelade.* Komödie München A. Langen 1926.
1597. *Thomas Paine.* Schauspiel München A. Langen 1927.
1598. *Komödie am Klavier* - 1928. Not published.
1599. *Schlageter.* Schauspiel München Langen-Müller 1933.

## II. Reviews and articles on specific plays and non-fictional works (German)

*Der Einsame*
1600. Gottesehr 1919 s. 67.

*Die fröhliche Stadt*
1601. Das deutsche Drama 7. Jg. s. 47.
1602. Die Literatur 27. Jg. s. 545 (1925) H. W. Klein Uraufführung).
1603. Zeitschrift für Bücherfreunde N.F. 18. Jg. Beiblatt s. 224 (1926).

1604. *Deutsche Tageszeitung* September 20, 1925 B. Litzmann.
1605. *Rheinisch-Westfälische Zeitung* April 20, 1925 H. Stolz.

Der junge Mensch

1606. *Das deutsche Drama* 2. Jg. s. 208 (1919) F. Ph. Baader.
1607. *Die literarische Gesellschaft* 1916 s.242.
1608. *Neuphilologische Blätter* 24. Jg. s. 226 (1917) E. Lemke.
1609. *Zeitschrift für Bücherfreunde* N.F. 9. Jg. I. Beiblatt s. 39 (1917) K. Pinthus.
1610. *Hamburger Fremdenblatt* March 14, 1919 L. Sachs.
1611. *Kölnische Zeitung* April 9, 1919 D. Hornicke (under "Expressionistische Dramen").
1612. *Vossische Zeitung* March 19, 1919.

Komödie am Klavier

1613. *Das deutsche Drama* N.F. 1. Jg. s. 211 (1929).
1614. *Die Literatur* 31. Jg. s. 163 (1928) H. W. Keim (Uraufführung in Düsseldorf).
1615. *Schöne Literatur* 29. Jg. s. 604 (1928) K. Lehmann.

Der König

1616. *Das literarische Echo* 22. Jg. s. 1182 (1920) Ch. Gaehde (Uraufführung).
1617. *Die schöne Literatur* 21. Jg. s. 939 (1920) A. Pache.
1618. *Zeitschrift für Bücherfreunde* N.F. 13. Jg. I. Lit. s. 163 (1921).

Propheten

1619. *C. V. Zeitung* 13. Jg. NR. 3 1. Beilage H. Lachmannski.
1620. *Hellweg* 3. Jg. s. 732 (1923).
1621. *Hellweg* 5. Jg. s. 30 (1925).
1622. *Jüdische Rundschau* 39. Jg. s. 1, 5 (1934) (Staatstheater, Berlin).
1623. *Kirchenblatt* (Evangelische Monatsschrift in Polen) 12. Jg. s. 35 (1932/33) E. Kaschik.
1624. *Die Literatur* 36. Jg. s. 282 (1934) W. Fiedler (Berliner Uraufführung).
1625. *Die schöne Literatur* 23. Jg. s. 380 (1922) A. Pache.
1626. *Die schöne Literatur* 24. Jg. s. 248 (1923) A. Pache.
1627. *Die Wartburg* 27. Jg. s. 80 (1928) Schmidt (under "Reformations-Dramen").
1628. *Zeitschrift für Bücherfreunde* N.F. 15. Jg. Beiblatt s. 220 (1924).
1629. *Allgemeine Zeitung* (München) November 12, 1923 G. G. Wiessner (Uraufführung).
1630. *Deutsche Allgemeine Zeitung* November 19, 1922 W. Vesper.
1631. *Deutsche Zeitung* November 7, 1922 E. Busse.
1632. *Dresdner Anzeiger* November 4, 1922 F. Kummer.
1633. *Dresdner Nachrichten* November 4, 1922 F. Zimmermann.
1634. *Frankfurter Zeitung* February 12, 1923 B. Diebold.

1635. *Kölner Volkszeitung* NR. 354 1933.
1636. *Rhein-Westfälische Zeitung* November 4, 1922.
1637. *Sächsische Staatszeitung* November 3, 1922.

## Schlageter

1638. *Academia* 46. Jg. s. 19 (1933) Wahner.
1639. *Deutsche Rundschau* 59. Jg. s. 134 (May 1933).
1640. *Deutschlands Erneuerung* 17. Jg. s. 447 (1932).
1641. *Eiserne Blätter* 15. Jg. s. 235 (1933).
1642. *Gral* 28. Jg. s. 566 (1934).
1643. *Höhere Schule* (Sachsen) 11. Jg. s. 292 (1933).
1644. *Die Literatur* 35. Jg. s. 526 (1933) J. Bab (Berliner Uraufführung).
1645. *Die schöne Literatur* 34. Jg. s. 291 (1933) H. Knudsen.
1646. *Unitas* 73. Jg. s. 92 (1933) A. Dietrich.
1647. *Volk und Heimat* (München) 9. Jg. NR. 16 s. 4 Barthel.
1648. *Westermanns Monatshefte* 154: 380 - 81 (June 1933) F. Düsel.
1649. Eggert, O. "Schlageter" *Der deutsche Erzieher*. Beilage:*Mitteilungsblatt der NSLB Gauwaltung Pommern (Pommersche Blätter)* 1940 s. 9 - 12.
1650. Oelsner, A. "Johsts *Schlageter* im Deutschunterricht der Oberstufe" *Zeitschrift für deutsche Bildung* 9. Jg. s. 641 - 46 (1933).
1651. Sommer, Paul "Erläuterungen zu Hanns Johsts *Schlageter*" *Königs Erläuterungen* Leipzig H. Beyer 1933 NR. 248.

## Stroh

1652. *Zeitschrift für Bücherfreunde* N.F. 7.Jg. II.Beiblatt s. 472 (1916).

## Die Stunde der Sterbenden

1653. *Neuphilologische Blätter* 22. Jg. s. 381 E. Lemke.

## Thomas Paine

1654. *Das deutsche Drama* N.F. 1. Jg. s. 211 (1929).
1655. *Hochwart* (Leipzig) 6. Jg. s. 8 (1936) J. Günther.
1656. *Die Literatur* 29. Jg. s. 474 (1927) P. Bourfeind (Uraufführung).
1657. *Die schöne Literatur* 28. Jg. s. 235 (1927) R. Raab.
1658. *Königsberger Hartungsche Zeitung* April 13, 1927 W. Omankowski.
1659. Gross, Edgar "Typen des geschichtlichen Dramas der Gegenwart" *Zeitschrift für Deutschkunde* 42. Jg. s. 263 - 68 (1928).

## Wechsler und Händler

1660. *Hellweg* 3. Jg. s. 512 (1923).
1661. *Das literarische Echo* 25. Jg. s. 1002 (1923) G. Witkowski (Uraufführung).
1662. *Die schöne Literatur* 24. Jg. s. 237 (1923) F. Michael.
1663. *Die schöne Literatur* 24. Jg. s. 290. (1923) O. E. Hesse.
1664. *Zeitschrift für Bücherfreunde* N.F. 15. Jg. Beiblatt s. 220 (1924).

1665. *Berliner Börsenzeitung* July 8, 1923 H. Tessmer.

*Ich glaube!*
1666. *Die Literatur* 31. Jg. s. 77 (1928) Kenter.
1667. *Ostland* (Hermannstadt) 4. Jg. s. 131.
1668. *Der Ring* (Berlin) 1. Jg. s. 710 G. Steinbömer.
1669. *Die schöne Literatur* 30. Jg. s. 428 (1929) H. Koergel.

*Maske und Gesicht*
1670. *Baltische Monatshefte* (Riga) 1935 s. 700.
1671. *Buchbesprechung* (Leipzig) 1938 s. 191.
1672. *Deutsche Zukunft* (Berlin) 4. Jg. NR. 1 s. 20 (1936).
1673. *Deutsches Adelsblatt* 53. Jg. s. 1246 - 48 (1935) Möbius.
1674. *Die Literatur* 38. Jg. s. 246 (1936).
1675. *Die schöne Literatur* 36. Jg. s. 740 (1935) H. Franke.
1676. *Weltkampf* (München) 13. Jg. s. 189 (1936).
1677. *Wirtschaftsring* (Berlin) 10. Jg. s. 1392 (1937) Loets.
1678. *Dresdner Nachrichten* October 15, 1936 C. Treitschke.
1679. *Leipziger Neueste Nachrichten* November 17, 1935 E. Meckel.
1680. *Magdeburger Zeitung* December 4, 1935 C. D. Carls.
1681. *Stuttgarter Neues Tageblatt* October 26, 1935 S. Melchinger.

*Ruf des Reiches - Echo des Volkes*
1682. *Die Literatur* 42. Jg. s. 437 (1940).
1683. *Nationalsozialistische Landpost* 1940 NR. 22 s. 11.
1684. *Neue Literatur* 41. Jg. s. 188 (1940) J. Oven.
1685. *Weltliteratur* N.F. 15. Jg. s. 91 (1941) H. W. Hagen.

IV. Reviews and articles on specific plays (English)

*Thomas Paine*
1686. *New York Times* April 10, 1927 (Sec. II, p. 9:4); March 21, 1930 (p. 30:7); September 20, 1938 (p. 27:1).
1687. *Theater Arts* 25: 84 (February 1941).
1688. *Theater Arts* 25: 318 (April 1941) Winifred Smith.

V. Non-fictional publications of Johst (German)
1689. Johst, Hanns *Dramatisches Schaffen. Eine Ansprache* Chemnitz 1922.
1690. Johst, Hanns *Wissen und Gewissen* Essen O. Schlingloff 1924 (Buch 2 of Sammlung Schollenbücher; containing: Einleitung. Vom Ethos der Begrenzung. Vom neuen Drama. Über das Schöne, Gute, und Wahre. Vom Glauben.)
1691. Johst, Hanns *Consuela. Aus dem Tagebuch einer Spitzbergenfahrt* München 1925.
1692. Johst, Hanns *Briefe und Gedichte von einer Reise durch Italien und die Wüste* Gesellschaft der Bücherfreunde zu Chemnitz 1926.
1693. Johst, Hanns *Ich glaube! Bekenntnisse.* (Erweiterte Auflage von *Wissen und Gewissen*) München A. Langen 1928 (Additions to *Wissen und Gewissen*: Weg und Werk; Von Sinn und Sendung des Theaters; Religiöse Kunst; Kleist).

1694. Johst, Hanns *Standpunkt und Fortschritt* Oldenburg Stalling 1933 (*Schriften an die Nation* No. 58) (Contents: Standpunkt und Fortschritt; Die Heiligkeit des Wortes; Tragödie und Gestalt; Der Begriff des Bürgers).
1695. Johst, Hanns *Maske und Gesicht. Reise eines Nationalsozialisten von Deutschland nach Deutschland* München Langen-Müller 1935.
1696. Johst, Hanns *Meine Erde heisst Deutschland; aus dem Leben und Schaffen des Dichters* (mit einem Vorwort von Walter Horn) Berlin 1938.
1697. Johst, Hanns *Ruf des Reiches, Echo des Volkes. Ostfahrt* München Eher 1940.
1698. Johst, Hanns *Erkenntnis und Bekenntnis. Kernsätze aus den Werken und Reden* Ausgewählt von Georg von Kommerstädt München Langen-Müller 1940.
1699. Johst, Hanns *Hanns Johst spricht zu dir. Eine Lebenslehre aus seinen Werken und Reden* (Siegfried Casper, ed.) Berlin Nordland Verlag 1944.
1700. Johst, Hanns "Goethe und der Expressionismus" *Neue Rundschau* 27. Jg. s. 717 - 18 (May 1916).
1701. Johst, Hanns "Persönliches" *Masken* 13. Jg. 4. Heft s. 53 - 55 (1917/18).
1702. Johst, Hanns "Tragödie der Zeit" *Münchner Blätter für Dichtung und Graphik* 1. Jg. 1. Heft s. 14 - 16 (1919).
1703. Johst, Hanns "R. Kobler und seine Rede" *Freie Bahn* 1920 s. 38.
1704. Johst, Hanns "Zum König" *Der Freihafen* (Hamburg) 4. Jg. 1. Heft s. 4 - 5 (1921).
1705. Johst, Hanns "Drama und nationale Idee" *Berliner Tageblatt* October 25, 1922.
1706. Johst, Hanns "Die deutsche Sprache" *Hellweg* 3 Jg. s. 1 (1923).
1707. Johst, Hanns "Bekenntnis zur Bühne" *Das literarische Echo* 25. Jg. s. 681 (1923).
1708. Johst, Hanns "Pegauer Giftmischerin vor 200 Jahren" *Mark-Zeitz* 1924 s. 238.
1709. Johst, Hanns "Wesen des wahrhaften Theaters" *Ostwart* (Breslau) 1. Jg. s. 205 (1925).
1710. Johst, Hanns "Wesen des christlichen Dramas" *Ostwart* (Breslau) 1. Jg. s. 205 (1925).
1711. Johst, Hanns "Echtes Führertum" *Ostwart* (Breslau) 1. Jg. s. 264 (1925).
1712. Johst, Hanns "Vom neuen Drama" *Schulbewegung* 3. Jg. s. 133 - 36 (1925).
1713. Johst, Hanns "Zu den Bemühungen Thomas Manns" *Hellweg* 5. Jg. s. 822 (1925) (see also: *Hamburger Nachrichten* December 1, 1922 (RE: open letter to Mann) and *Hannoverscher Kourier* December 3, 1922).
1714. Johst, Hanns "Vom Sinn und Sendung des Theaters" *Ostwart-Jahrbuch* (Breslau) 1926 s. 121 - 26.

1715. Johst, Hanns "Erinnerung an Carl Hauptmann" *Das deutsche Theater* (Bonn) 2. Jg. s. 3 and *Blätter der württ. Volksbühne* 7. Spieljahr s. 67 (1926).
1716. Johst, Hanns "Zur Freilichtbühne" *Hellweg* 6. Jg. s. 353 (1926).
1717. Johst, Hanns "'Ich glaube!' Bermerkungen zu meinem Bekenntnis Buch" *Der Bücherwurm* 13. Jg. 9. Heft s. 270 (1928).
1718. Johst, Hanns "Vom neuen Drama" *Der Scheinwerfer* (Essen) 2. Jg. 6. Heft s. 7 (1928).
1719. Johst, Hanns "Volk, Sprache, Führertum" *Niederdeutsche Heimatblätter* (since 1928 *Die Tide*) 5. Jg. s. 603 (1928).
1720. Johst, Hanns "Die Tragödie und die Gestalt" *Zeitwende* 5. Jg. February s. 147 - 58 (1929) and *Deutsches Theater am Rhein* (Düsseldorf) 1930 s. 66 - 77.
1721. Johst, Hanns "Spitzbergen" *Velhagen und Klasings Monatshefte* 43. Jg. II. s. 521 - 28 (1929).
1722. Johst, Hanns "Das Theater und die Nation" *Süddeutsche Monatshefte* 27. Jg. April s. 477 1929) and *Nationalsozialistische Monatshefte* 2. Jg. s. 97 (1931) and *Völkische Kultur* (Dresden) 1933 April s. 39.
1723. Johst, Hanns "Bekenntnis" in *Dichterglaube* Berlin Eckardt Verlag 1931 s. 147 - 48.
1724. Johst, Hanns "Der Weg zum Nationaltheater" *Deutscher Theaterdienst* (Berlin) February 22, 1932.
1725. Johst, Hanns "Ein Bild" *Die neue Literatur* 33. Jg. s. 247 - 48 (1932).
1726. Johst, Hanns "Was ist Kulturbolschewismus? Aufgabe der deutschen Bühne" *Die Propyläen* 30. Jg. s. 266 (1933).
1727. Johst, Hanns "Vom neuen Drama" *Hochschule und Ausland* 11. Jg. 11. Heft s. 5 - 11 (1933).

VII. Books and dissertations on Johst (German)

1728. Casper, Siegfried *Der Dramatiker Hanns Johst* München 1935.
1729. Casper, Siegfried *Hanns Johst* München Langen-Müller 1940.
1730. Heering, H. *Idee und Wirklichkeit bei Hanns Johst* (Diss. Münster) 1938.
1731. Horn, W. *Hanns Johst* München 1938 (Also in *Künder und Kämpfer. Die Dichter des neuen Deutschlands* München 1939 s. 77 - 113).
1732. Hotzel, Curt *Hanns Johst. Der Weg des Dichters zum Volk* (Series: *Die deutsche Innerlichkeit*) Berlin 1933.

VIII. Articles on Johst (German)
  1. Literature to 1932.

1733. --- "Der einsame Weg' *Die Weltbühne* 20. Jg. NR. 45 s. 707 - 9 (1924).
1734. --- Sonderheft "Weihnachten" of *Orplid* 1927 s. 86 - 93.
1735. --- "Hanns Johst" *Die neue Literatur* 33. Jg. s. 247 (1931).
1736. Adler, Jacques "Hanns Johst und die Juden" *Leipziger Jüdische Familienblatt* 5. Jg. NR. 1 s. 5 (January 1926).

1737. Bie, R. "Hanns Johst" *Der Scheinwerfer* (Essen) 2. Jg. 6. Heft s. 3 - 6 (1928).
1738. Bolze, Wilhelm "Hanns Johst" *Die Gegenwart* 47. Jg. s. 295 - 97 (1918).
1739. Bornmann, H. "Hanns Johst" *Der Tag* (Berlin) November 2, 1923.
1740. Brandt, O. H. "Hanns Johst" *Die Flöte* 4. Jg. 1. Heft s. 22 - 27 (1921).
1741. Brües, O. "Anmerkungen zu Hanns Johst" *Ostwart* (Breslau) 1. Jg. s. 202 - 3 (1924).
1742. Doderer, Otto "Hanns Johst" *Die Rheinlande* 21. Jg. s. 169 - 71 (1921).
1743. Doderer, Otto "Hanns Johst" *Die Propyläen* 22. Jg. s. 114 - 15 (1925).
1744. Franck, Hans "Hanns Johst" *Das deutsche Drama* 4. Jg. 2. Heft s. 49 - 55 (1921).
1745. Gäfgen, H. "Der neue Bühnendichter" *Theateralmanach Frankfurt 1920/21* s. 115 - 20.
1746/7. Hoppenheit, R. "Hanns Johst" *Politische Wochenschrift* 6. Jg. s. 424 - 28 (1930).
1748. Hülscher, A. "Hanns Johst" *Die Propyläen* 25. Band s. 226 (1928).
1749. Hülscher, Arthur "Hanns Johst" *Münchener Dichterbuch* 1929 s. 77.
1750. Keim, H. W. "Ein Bekenntnis zu junger Kunst" (RE: *Der Anfang*) *Das literarische Echo* 20. Jg. s. 440 - 43 (1918).
1751. Keim, H. W. "Hanns Johst" *Die schöne Literatur* 23. Jg. s. 97 - 99 (1922).
1752. Kleibömer, Georg "Komödien von Hanns Johst" *Die Stätte* (Hamburg) 1. Jg. 4. Heft s. 32 - 38 (1924).
1753. Kleibömer, George "Hanns Johst" *Deutsches Volkstum* 6. Jg. 3. Heft s. 121 - 23 (1924).
1754. Klepper, Jochen "Dichter und Volkstum. Zu Hanns Johst" *Der Türmer* 32. Jg. s. 349 - 52 (January 1930).
1755. Knevels, W. "Dramatisches Werk von Hanns Johst" *Geisteskampf der Gegenwart* 1928 s. 385 - 90.
1756. Kordt, W. "Hanns Johsts Lyrik" *Hellweg* 2. Jg. s. 276 (1922).
1757. Kordt, W. "Der Dramatiker Hanns Johst" *Das deutsche Theater* 1. Bd. s. 15 - 30 (1922/23).
1758. Kubczak, V. "Ein Bekenntnis zu Hanns Johst" *Eckart* 3. Jg. s. 50 - 52 (1926) and *Deutsche Zeitung* (Berlin) January 19, 1927.
1759. Lehmann, Karl "Hanns Johst" *Die Theaterwelt* (Düsseldorf) 2. Jg. s. 322 - 24 (1927).
1760. Märker, Friedrich "Hanns Johst" *Masken* 13. Jg. 4. Heft s. 49 - 53 (1917/18).
1761. Märker, Friedrich "Hanns Johst" *Weimarer Blätter* 2. Jg. 3. Heft s. 145 - 51 (1920).

1762. Märker, Friedrich "Hanns Johst" *Hellweg* 1. Jg. s. 242 (1921).
1763. Melchinger, S. "Heldisches Drama" *Deutsche Zeitung* January 4, 1925.
1764. Melchinger, S. "Johsts neue Dichtung" *Deutsche Zeitung* July 14, 1925.
1765. Melchinger, S. "Hanns Johst und seine sächsische Heimat" *Sächsische Heimat* 9. Jg. s. 230 - 33 (1926).
1766. Meridies, Wilhelm "Hanns Johst" *Der Bühnenvolksbund* 2. Jg. 3. Heft s. 14 - 18 (January 1927).
1767. Mühr, A. "Erlebnisse um Hanns Johst" *Deutsche Zeitung* February 18, 1926.
1768. Müller, A. "Neue Schauspiele von B. Frank, H. Johst, und Fritz v. Unruh" *Der getreue Eckart* (Wien) 1927 s. 313 - 21.
1769. Naumann, I. "Hanns Johst" *Die astrologische Rundschau* 23. Jg. s. 264 - 66 (1931).
1770. du Prel, M. "Offener Brief an Hanns Johst" *Deutsches Adelsblatt* (Berlin) 49. Jg. s. 6 (1931).
1771. Rockenbach, Martin "Hanns Johst" *Orplid* 4. Jg. 7./8. Heft s. 86 - 93 (1927).
1772. Schäferdieck, W. "Überwindung des Expressionismus" (Zum Schaffen H. Johsts) *Deutsche Kunstschau* 1. Jg. s. 425 (1924).
1773. Schäferdieck, W. "Hanns Johst" *Zeitschrift für deutsche Bildung* 2. Jg. s. 332 - 39 (1926).
1774. Schmitz, P. A. "Hanns Johst und sein Werk" *Das Gegenspiel* (München) 1. Jg. s. 199 - 200 (1925) and *Germania* May 13, 1925.
1775. Schneider, F. "Hanns Johst" *Saarbrücker Blätter für Theater und Kunst* 2. Jg. s. 97 - 100 (1923/24).
1776. Schulze, F. "Des jungen Dichters Johsts Zeitbekenntnis" *Die Heimat* 3. Jg. 3. Heft.
1777. Sexan, Richard "Vom 'sterbenden' Adel?" *Deutsches Adelsblatt* 48. Jg. s. 665 - 67 (1930).
1778. Soergel, A. "Hanns Johst" in A. Soergel: *Im Banne des Expressionismus* Leipzig 1927 s. 717 - 728.
1779. Sprengler, J. "Hanns Johst, der Dramatiker des Glaubens" *Hochland* 24. Jg. I. s. 215 - 23 (November 1926).
1780. Stahl, E. L. "Hanns Johst" *Bühne und Volk* (Leipzig) 1. Jg. 1. Heft s. 4 - 13 (1919).
1781. Sturm, Hans "Hanns Johst" *Das literarische Echo* 25. Jg. s. 675 (1923).
1782. Tannenbaum, E. "Hanns Johst" *Die literarische Gesellschaft* 4. Jg. s. 320 - 23 (1917/18).
1783. Voss, K. "Johst der Dramatiker" *Hannoversche Gesellschaft* September 23, 1923.
1784. Wiessner, Georg Gustav "Hanns Johst sein Werk und seine Bedeutung, insbesondere für den Wandervogel" *Der Bund* (Nürnberg) 2. Jg. 4./6. Heft s. 104 - 6 (1920).
1785. Wocke, H. "Hanns Johst" *Bücher der Bildung* 32. Band s. 97 - 114 (1930).

## 2. Literature after 1932.

1786. — "Hanns Johst" *Der deutsche Almanach für Kunst und Wissenschaft* (Berlin) 1. Jg. s. 123 (1933).

1787. — "Hanns Johst, ein Kämpfer für deutsche Art und deutsche Kultur" *Börsenblatt für den deutschen Buchhandel* September 14, 1935.

1788. — "Auch aus dem Bauerntum des Oschatzer Landes stammen tüchtige Männer: Hanns Johst und Karl W. Hiersemann" *Das oschatzer Land* 1936 s. 775.

1789. — "Der Gedank des Führertums bei Hanns Johst" *Der ostpreussische Erzieher* 1938 s. 17.

1790. — "Hanns Johst, Dramatiker, beim Führer" *Die Bühne* (Berlin) 1939 s. 190.

1791. — "Hanns Johst, 50 Jahre alt" *Der Autor* (Berlin) 15. Jg. s. 89 (1940).

1792. — "Hanns Johst, zum 50. Geburtstag am 8.7.40" *Der Buchhändler* (Berlin) 5. Jg. s. 82 (1940).

1793. — "Bäuerlicher Ursprung. Zum 50. Geburtstag von Hanns Johst" *Nationalsozialistische Landpost* 1940 NR. 27 s. 11.

1794. — "Hanns Johst Weg und Werk" *Die Bühne* (Berlin) 1940 s. 178 - 81.

1794A. — "Hanns Johst und seine Heimat" *Kalender für das Erzgebirge und das übrige Sachsen* 36. Jg. s. 37 (1940).

1795. — "Hanns Johst" *Fortbildung* (Berlin) 48. Jg. s. 116 (1940).

1796. — "Hanns Johst zum 50. Geburtstag" *Münchner Mosaik* 3. Jg. s. 230 (1940).

1797. — "Unser Nachbar der Dichter! Johst an seinem 50. Geburtstag" Wochenblatt des Landbauernschaft *Alpenland* 3. Jg. s. 514 (1940); *Baden* 108. Jg. s. 551 (1940); *Hessen-Nassau* 7. Jg. s. 564 (1940); *Mecklenburg* 24. Jg. s. 394 (1940); *Niedersachsen* 93. Jg. s. 551 (1940); *Danzig-Westpreussen* 1. Jg. s. 505 (1940); *Schleswig-Holstein* 7. Jg. s. 556 (1940); *Pommern* 7. Jg. s. 599 (1941); *Schlesien* 7. Jg. 28. Heft (1940).

1798. — "Hanns Johst. Zu seinem 50. Geburtstag am 8. Juli" *Börsenblatt für den deutschen Buchhandel* (Leipzig) 107. Jg. s. 249 (1940).

1799. — "Hanns Johst, Dichter der deutschen Gegenwart" *Neue Ordnung* (Zagreb) 2. Jg. NR. 70 s. 11 (1942).

1800. Arens, H. "Johst, der Lyriker" *Freibürger Theaterblätter* 1932/33 s. 250.

1801. Barthel, L. F. "Der Dramatiker Hanns Johst" *Das Volk* (Berlin) 1936 April s. 37 - 42.

1802. Barthel, L. F. "Hanns Johst" *Das innere Reich* (Berlin) 6. Jg. NR. 1 s. 26 - 39 (1939/40).

1803. Baur, Jos. "Johst gegen Johst. Entnazifizierung" *Die Zeit* 4. Jg. NR. 28 s. 3 (1949).

1804. Bie, Richard und Mühr, Alfred "Das Nationaltheater. Plan und Verwirklichung. An Hanns Johst" *Die Kulturwaffen des neuen Reiches* Jena C. Diedrichs 1933 s. 52 - 82.

1905. Brawmüller, Wolf "Hanns Johst" *Nationalsozialistische Monatshefte* (München) 6. Jg. s. 928 - 31 (1935).
1806. Brües, O. "Johsts dramaturgische Sendung" *Bausteine zum deutschen Nationaltheater* (München) 1. Jg. s. 79 - 83 (1933).
1807. Casper, S. "Johsts Gestaltung des Heroischen" *Die Erziehung* (Journal of the NSDAP Lehrerbund) 1. Jg. s. 341 - 45 (1933/34).
1808. Casper, S. "Hanns Johst" *Pädagogische Warte* 41. Jg. s. 220 - 31 (1934).
1809. Casper, S. "Deutscher Dichter Johst" *Mitteilungen für die Gesellschaft der Freunde Wilhelm Raabes* 25. Jg. s. 88 (1935).
1810. Casper, S. "Hans Johst als Lyriker" *Contra-Komintern* (earlier *Das Volk*, Berlin) 1937 s. 537 - 47.
1811. Cremers, P. J. "Bei Johst in Oberallmannshausen" *Die neue Linie* 1937 NR. 8.
1812. Duwe, G. "Hanns Johst der Deutsche. Zum 50. Geburtstag" *Deutscher Glaube* (Karlsruhe) 7. Jg. s. 127 (1940).
1813. Eck, B. "Hanns Johst, Kämpfer und Künder" *Ich Lese* (Berlin) 6. Jg. NR. 6/7 s. 13 (1940).
1814. Eck, B. "Johst zum 50. Geburtstag" *Der deutsche Erzieher* Beilage: *Mitteiligungsblatt der NSLB Gauwaltung Württemberg* 1940 s. 48.
1815. Elster, H. M. "Hanns Johst" *Monatshefte für Literatur, Kunst und Wissenschaft* 10. Jg. s. 374 - 78 (1933) and *Der Scheinwerfer* (Essen) 6. Jg. 16./17. Heft s. 164 (May 1933).
1816. Findeisen, K. A. "Hanns Johst der Kämpfer" *Weltwacht der Deutschen* (Dresden) 7. Jg. NR. 14 s. 3 (1940).
1817. Findeisen, K. A. "Hanns Johst der Kämpfer. Zum 50. Geburtstag des sächsischen Dichters am 8. Juli" *Sächsische Heimatblätter* 16. Jg. NR. 7 s. 3 (1940).
1818. Franke, Hans "Hanns Johst" *Die neue Literatur* 36. Jg. s. 459 69 (1935) (with bibliography by E. Metelmann).
1819. Hellwig, L. W. "Hanns Johst" *Persönlichkeiten der Gegenwart* Berlin 1940.
1820. Herbst, W. "Hanns Johst und sein dramatisches Schaffen" *Der Hammer* (Leipzig) 36. Jg. s. 159 - 63 (1937).
1821. Horn, W. "Hanns Johst" *Odal* (Berlin) 7. Jg. s. 692 - 702 (1938).
1822. Horn, W. "Der Dichter Johst zum 50. Geburtstag" *Grossdeutsches Leihbücherblatt* (Leipzig) 2. Jg. s. 97 (1940).
1823. Hotzel, C. "Johst, ein Dichter der deutschen Revolution" *Der deutsche Erzieher* (Stuttgart) Beilage: *Kurhessischer Erzieher* 82. Jg. s. 183 (1938).
1824. Hotzel, C. "Hanns Johst. Ein Dichter der deutschen Revolution" *Reichsnachrichtenblatt der Buchverleihe* 9. Jg. NR. 7 s. 1 (1940).
1825. Jenssen, Christian "Hanns Johst" *Der deutsche Buchhandlungsgehilfe* 3. Jg. NR. 4 s. 97 - 100 (1934).
1826. Jenssen, Christian "Hanns Johst" *Hochschule und Ausland* 12. Jg. March s. 29 - 36 (1934).

1827. L., W. von "Hanns Johst wird entnazifiziert" *Der Standpunkt* (Meran) NR. 14 (1949).
1828. Langenbucher, H. "Hanns Johst" *Deutsche Akademiker-Zeitung* (Wien) 25. Jg. NR. 17/18 s. 5 (1933).
1829. Langenbucher, H. "Hanns Johst" *Das Echo* (Berlin) 54. Jg. NR. 2529 s. 15 (1935).
1830. Langenbucher, H. "Wer wahrhaft glaubt - uberwältigt. Hans Johst, 5 Jahre Präsident der Reichsschriftumkammer" *Grossdeutsches Leihbücherblatt* (Leipzig) 2. Jg. s. 155 (1940).
1831. Lemke, E. "Johst in der Schule" *Zeitschrift für deutsche Bildung* 12. Jg. s. 432 - 43 (1936).
1832. Märker, F. "Ethos der Begrenzung. Johsts Grundproblem" *Die Literatur* 40. Jg. s. 594 - 96 (1938); *Die Propyläen* (München) 37. Jg. s. 137 (1940); *Das Reich* (Berlin) 4. Jg. 7. Heft s. 17. (1940).
1833/4. Metzner, K. O. "Johst zum 50. Geburtstag" *Der deutsche Schriftsteller* (Berlin) 5. Jg. s. 69 (1940).
1835. Naso, E. v. "Hanns Johst" *Velhagen und Klasings Monatshefte* 54. Jg. s. 672 (1939/40).
1836. Ochsenius, K. "Johst als Heilgehilfe" *Hygiene-Korrespondenz* (Berlin) 10. Jg. NR. 4/5 (1933).
1837. Oster, O. "Hanns Johst und das deutsche Drama" *DEVLAG* (Köln) 5. Jg. s. 499 (1942/43).
1838. Paulsen, Rudolf "Hanns Johst. Ein Überblick über sein Schaffen" *Weltstimmen* 1933 s. 217 - 21.
1839. Paulsen, Rudolf "Hanns Johst" *Reichsnachrichtenblatt der Buchverleihe* 9. Jg. NR. 7 s. 1 (1940).
1840. Reichelt, Johannes "Erinnerungen an Hanns Johst" *Kreuz-Zeitung* NR. 113 1933.
1841. Reichelt, Johannes "Johst, Dichter des neuen Deutschlands" *Universum* 1937 s. 969.
1842. Reichelt, Johannes "Hanns Johst" in J. Reichelt: *Sehnsüchtige. Bekenntnisse von Dichtern und Schauspielern* Leipzig 1937 s. 39 - 68.
1843. Reinfeldt. 'Hanns Johst" *Fortbildung* (Berlin) 48. Jg. s. 126 (1940).
1844. Reinfeldt. "Johsts Gedanken bei einer Ostfahrt" *Fortbildung* (Berlin) 49. Jg. s. 65 (1941).
1845. Schäfer, W. E. "Der Dramatiker Hanns Johst" *Deutsches Volkstum* (Hamburg) 15. Jg. s. 861 - 65 (1933).
1846. Thiel, H. "Hanns Johst" *Scholle* (München) 9. Jg. s. 535 - 37 (1933).
1847. Tumler, F. "Gruss an Johst zu seinem 50. Geburtstag" *Das innere Reich* (Berlin) 7. Jg. s. 179 (1940/41).
1848. Vogelpohl, W. "Das Ethos der Begrenzung bei Hanns Johst" *Die Mittelschule* (Halle/Saale) 49. Jg. s. 523 (1936).
1849. Watzinger, C. H. "Der Dramatiker Hanns Johst" *Die Weltliteratur* (Berlin-Dahlem) Neue Folge 15. Jg. s. 120 (1940).

X. Articles on Johst (English)

1850. --- "Portrait" *Time* 33: 83 (June 5, 1939).
1851. Willoughby, L. A. "Hanns Johst" *German Life and Letters* 1: 73 - 76 (1936/37).

## GEORG KAISER

(Note: Since most of the many articles on Kaiser appeared either in the decade following World War I or after the Nazi era that had forced the playwright into self-imposed exile, section VIII has been divided into two parts: 1. Literature to 1945, 2 Literature after 1945.)

### I. Plays (in the order of publication)

1852. *Tantalus oder Hungrige Liebe.* Schwank Berlin Bloch's Dilettanten-Bühne 1897 (Theater Korrespondenz, NR. 297).
1853. *Reden ist Silber, Schweigen ist Gold.* Scherz Mühlheim/Thüringen G. Danner 1898 (Thalia, NR. 41).
1854. *"Mein Ideal."* Schwank Mühlheim/Thüringen G. Danner 1899 (Thalia, NR. 54).
1855. *Die jüdische Witwe.* Biblische Komödie Berlin S. Fischer 1911.
1856. *König Hahnrei* Berlin S. Fischer 1913.
1857. *Der Fall des Schülers Vehgesack.* (Szenen einer kleinen deutschen Komödie) Weimar R. Wagner Sohn 1914 (?) (privately printed).
1858. *Die Bürger von Calais.* Bühnenspiel in 3 Akten Berlin S. Fischer 1914 (republished in 1953 with introduction by Walter Urbanek, Bamberg Bayerische Verlagsanstalt).
1859. *Europa.* Spiel und Tanz in 5 Aufzügen Berlin S. Fischer 1915.
1860. *Von Morgen bis Mitternachts.* Stück in 2 Teilen Berlin S. Fischer 1916.
1861. *Der Zentaur.* Lustspiel in 5 Aufzügen (see *Konstantin Strobel*) Berlin S. Fischer 1916.
1862. *Die Versuchung.* Eine Tragödie unter jungen Leuten aus dem Ende des vorigen Jahrhunderts in 5 Akten Berlin S. Fischer 1917.
1863. *Die Sorina.* Komödie in 3 Akten Berlin S. Fischer 1917.
1864. *Die Koralle.* Schauspiel in 5 Akten Berlin S. Fischer 1917.
1865. *Rektor Kleist.* Tragikomödie in 4 Akten Berlin S. Fischer 1918 (Note: original version published privately by R. Wagner Sohn, Weimar in (?) 1914).
1866. *Das Frauenopfer.* Schauspiel in 3 Akten Berlin S. Fischer 1918.
1867. *Gas* (I). Schauspiel in 5 Akten Berlin S. Fischer 1918.
1868. *Claudius. Friedrich und Anna. Juana.* (Drei Einakter) Weimar G. Kiepenheuer 1918 (R. Wagner Sohn, Weimar, published first two plays privately in 1914 in a volume entitled *Hyperion*. Original titles were *La Fanciulla* and *Monna Nonna* respectively.)
1859. *Die Erneuerung.* Skizze für ein Drama in *Die Dichtung* erste Folge 4. Buch (1919).
1870. *Der Brand im Opernhaus.* Ein Nachtstück in 3 Aufzügen Berlin S. Fischer 1919.

1871. *Juana.* Einakter München Roland Verlag 1919 (15. Band of *Die neue Reihe;* misprinted as 14. Band). (Published privately in 1918 by R. Wagner Sohn, Weimar).
1872. *Hölle, Weg, Erde.* Stück in 3 Teilen Potsdam G. Kiepenheuer 1919 (*Der dramatische Wille,* Band 2).
1873. *Odyssee.* Schauspiel in 5 Akten (only the beginning of the first act) in *Theaterzeitung der Staatlichen Bühnen Münchens* 1. Jg. 4. Heft (January 1920).
1874. *Der gerettete Alkibiades.* Stück in 3 Teilen Potsdam G. Kiepenheuer 1920.
1875. *Der Protagonist.* Einakter Potsdam G. Kiepenheuer 1920 (Bühnenmanuskript).
1876. *Konstantin Strobel* (originally published in 1916 as *Der Zentaur)* Lustspiel in 5 Aufzügen Potsdam G. Kiepenheuer 1920.
1877. *Gas* (II). Schauspiel in 3 Akten Potsdam G. Kiepenheuer 1920.
1878. "*Er soll dein Herr sein.*" Schwank in 1 Akt (with Paul R. Lehnhard) Heidelberg Karl Hochstein 1920.
1879. *David and Goliath.* Lustspiel in 4 Akten Potsdam G. Kiepenheuer 1921 (Bühnenmanuskript).
1880. *Kanzlist Krehler.* Tragikomödie in 3 Akten Potsdam G. Kiepenheuer 1922.
1881. *Noli me tangere.* Stück in 2 Teilen Potsdam G. Kiepenheuer 1922.
1882. *Der Geist der Antike.* Komödie in 4 Akten Potsdam G. Kiepenheuer 1923.
1883. *Gilles und Jeanne.* Bühnenspiel in 3 Teilen Potsdam G. Kiepenheuer 1923.
1884. *Die Flucht nach Venedig.* Schauspiel in 4 Akten Berlin Verlag die Schmiede 1923.
1885. *Nebeneinander.* Volkstück 1925 in 5 Akten Potsdam G. Kiepenheuer 1923.
1886. *Kolportage.* Komödie in einem Vorspiel und 3 Akten nach 20 Jahren Berlin Verlag die Schmiede 1924.
1887. *Juana.* Oper in 1 Aufzug. Dichtung von Georg Kaiser. Musik von Max Ettinga. Wien Universal Edition 1925.
1888. *Gats.* 3 Akte Potsdam G. Kiepenheuer 1925.
1889. *Der Protagonist.* Ein-Akt-Oper (Musik: Kurt Weill) Wien Universal Edition 1925.
1890. *Zweimal Oliver.* Stück in 3 Teilen Berlin Verlag die Schmiede 1926.
1891. *Der mutige Seefahrer.* Komödie in 4 Akten Potsdam G. Kiepenheuer 1926 (Bühnenmanuskript).
1892. *Papiermühle.* Lustspiel in 3 Akten Potsdam G. Kiepenheuer 1927.
1893. *Der Präsident.* Komödie in 3 Akten Potsdam G. Kiepenheuer 1927 (entitled "*Der Kongress*" in the original draft).
1894. *Der Zar lässt sich photographieren.* Opera Buffa in 1 Akt (Musik: K. Weill) Wien Universal Edition 1927.
1895. *Die Lederköpfe.* Schauspiel in 3 Akten Berlin G. Kiepenheuer

1928 (Republished by Lechte Verlag in 1953 as No. 1 in Series *Dramen der Zeit*).
1896. *Oktobertag*. Schauspiel in 3 Akten Berlin G. Kiepenheuer 1928.
1897. *Zwei Krawatten*. Textbuch. Revuestück (Musik: Mischa Spoliansky) Berlin Abrobi 1929.
1898. *Hellseherei*. Gesellschaftspiel in 3 Akten Berlin G. Kiepenheuer 1929.
1899. *Mississippi*. Schauspiel in 3 Akten Berlin G. Kiepenheuer 1930.
1900. *Der Silbersee*. Ein Wintermärchen in 3 Akten Berlin G. Kiepenheuer 1933.
1901. *Der Gärtner von Toulouse*. Schauspiel in 5 Akten Amsterdam Querido Verlag 1938.
1902. *Der Schuss in die Öffentlichkeit*. 4 Akte Amsterdam Querido Verlag 1939.
1903. *Rosamunde Floris*. Schauspiel in 3 Akten Zürich, New York Oprecht 1940.
1904. *Der Soldat Tanaka*. Schauspiel in 3 Akten Zürich, New York Oprecht 1940.
1905. *Alain und Elise*. Schauspiel in 3 Akten Zürich, New York Oprecht 1940.
1906. *Klawitter*. Komödie in 5 Akten Berlin F. Bloch Erben (1947) (unverkäufliches Bühnenmanuskript - mimeographed).
1907. *Das Los des Ossian Balvesen*. Komödie in 5 Akten Berlin F. Bloch Erben n.d. (1947) (unverkäufliches Bühnenmanuskript - mimeographed).
1908. *Agnete*. Schauspiel in 3 Akten Berlin F. Bloch Erben 1948 (unverkäufliches Bühnenmanuskript - mimeographed).
1909. *Napoleon in New Orleans*. Schauspiel in 9 Szenen Berlin F. Bloch Erben n.d. (1948) (unverkäufliches Bühnenmanuskript - mimeographed).
1910. *Die Spieldose*. Schauspiel in 5 Akten Berlin F. Bloch Erben n.d. (1948) (unverkäufliches Manuskript - mimeographed).
1911. *Griechische Dramen. Pygmalion. Zweimal Amphytrion. Bellerophon*. (Erstveröffentlichung aus dem Nachlass) Nachwort von Cäsar von Arx. Zürich Artemis Verlag 1948.
1912. *Das Floss der Medusa*. Schauspiel Berlin F. Bloch Erben n.d. (Manuskript - typewritten). Also in *Die Wandlung* 3. Jg. s. 120 - 51 (1948) - minus Vorspiel and Nachspiel.
1913. *Die Ketten der Adrienne Ambrossat*. Schauspiel in 3 Akten Berlin F. Bloch Erben n.d. (unverkäufliches Manuskript - mimeographed).
1914. *Der englische Sender*. Schauspiel in vier Akten Berlin F. Bloch Erben n.d. (unverkäufliches Manuskript - mimeographed).
1915. *Pferdewechsel*. Berlin F. Bloch Erben n.d. (unverkäufliches Manuskript - typewritten).
1916. *Vinzent verkauft ein Bild*. 9 Szenen Berlin F. Bloch Erben n.d. (unverkäufliches Manuskript - **mimeographed**).

1917. *Schellenkönig* (an early unpublished play printed by R. Kauf in *Journal of English and German Philology* 55: 439 - 50 July 1956).
1918. *Gesammelte Werke.* Berlin G. Kiepenheuer 1928 - 31.
vol. I. (1928): *Die Koralle. Gas. Gas II. Gats.*
Vol. II. (1928): *Von Morgen bis Mitternachts. Kanzlist Krehler. Nebeneinander. Zweimal Oliver.*
vol. III. (1931): *Die Bürger von Calais. Der gerettete Alkibiades. Die jüdische Witwe.*

II. Reviews and articles on specific plays (German)

*Agnete*

1919. *Die Zeit* 5. Jg. NR. 1 s. 3 (1950) (Uraufführung).

*Brand im Opernhaus*

1920. *Das deutsche Drama* 2. Jg. s. 210 (1919) Th. Lessing.
1921. *Dresdner Nachrichten* October 26, 1919 F. Zimmermann.
1922. *Das literarische Echo* 21. Jg. s. 353 (1918) Th. Hampe.
1923. *Frankfurter Zeitung* February 9, 1925 B. Diebold.
1924. *Neue Freie Presse* July 16, 1925 P. Goldmann.

*Bürger von Calais*

1925. *Die Bühnenkritik* 1947 NR. 10 s. 10 (Auff. in Kiel).
1926. *Das deutsche Drama* 2. Jg. s. 210 (1919) Th. Lessing.
1927. *Hochland* July 1918 s. 446 Franz Herwig.
1928. *Das hohe Ufer* (Hannover) 1919 s. 185 J. Frerking.
1929. *Die schöne Literatur* 1917 Beiblatt s. 56.
1930. *Theater der Zeit* (Berlin) 9. Jg. 12. Heft s. 52 - 55 (1954) Martin Linzer.
1931. *Berliner Tageblatt* September 29, 1919 A. Kerr.
1932. *Deutsche Allgemeine Zeitung* September 29, 1919 Fechter.
1933. *Deutsche Zeitung* September 29, 1919 K. H. Böhmer.
1934. *Frankfurter Zeitung* February 6, 1916 G. Landauer.
1935. *Frankfurter Zeitung* September 30, 1919.
1936. *Schlesische Zeitung* October 5, 1919 W. Gröhm.
1937. *Der Tag* (Berlin) September 28, 1919 J. Hart.
1938. *Vossische Zeitung* September 29, 1919 M. Jacobs.
1939. *Weser-Zeitung* (Bremen) September 30, 1919 F. Graetzer.
1940. S. Jacobsohn: *Das Jahr der Bühne 1920* (Berlin) s. 16 - 22.
1941. Neumann, F. "Die Bürger von Calais und ihr Dichter" *Die literarische Gesellschaft* 5. Jg. s. 309 - 16 (1919).

*Claudius*

1942. *Das literarische Echo* 21. Jg. s. 287 (1918) B. Diebold.
1943. *Zeitschrift für Bücherfreunde* N.F. 11. Jg. Beilage s. 50 (1919).

*David und Goliath*

1944. *Das deutsche Drama* 5. Jg. s. 57 (1922).
1945. *Hellweg* 5. Jg. s. 65 (1925).

1946. *Die schöne Literatur* 25. Jg. s. 458 (1924) Knudsen.
1947. *Germania* November 2, 1924 H. Bachmann.

*Europa*
1948. *Freie deutsche Bühne* 1920 s. 268 A. Eloesser.
1949. *Das literarische Echo* 18. Jg. s. 701 (1916) H. Franck.
1950. *Das literarische Echo* 23. Jg. s. 348 (1920) E. Heilborn.
1951. *Berliner Tageblatt* November 6, 1920 F. Engel.

*Der Fall des Schülers Vehgesack*
1952. Schaubühne 11. Jg. 8. Heft s. 181 - 82 (1915) A. Polgar (Wiener Aufführung).

*Floss der Medusa*
1953. *Christenlehre* (Berlin) 1948 8. Heft s. 214 - 15 F. Schönfeld (under: "Kindernot - Erwachsenenschuld").
1954. *Monatshefte für deutschen Unterricht* 46. Jg. s. 299 - 301 (1954) Ulrich Weisstein.
1955. *Die Weltbühne* (Berlin) 2. Jg. s. 394 - 401 (1947) K. Seeger (under "Antigones kleiner Bruder").
1956. Bühler, H. E. "Das 'Medusenfloss' von J. L. A. Th. Gericault" *Atlantis* 22. Jg. s. 172 - 75 (1950).
1957. Savigny, J. B. H. and Corréard, A. "*Das Floss der Medusa*" (original report of the survivors) *Atlantis* 22. Jg. s. 166 - 72 (1950).

*Die Flucht nach Venedig*
1958. *Hellweg* 3. Jg. s. 139 (1923).
1959. *Hellweg* 5. Jg. s. 792 (1925) E. Scharrer.
1960. *Das literarische Echo* 25. Jg. s. 800 (1923) E. Heilborn.
1961. *Die schöne Literatur* 24. Jg. s. 117 (1923) G. Decker.
1962. *Die schöne Literatur* 25. Jg. s. 341 (1924) O. E. Hesse.
1962A. *Bohemia* (Prag) February 11, 1923.
1963. *Deutsche Allgemeine Zeitung* March 29, 1923 Fechter.
1964. *Deutsche Tageszeitung* March 28, 1923 H. Kubsch.
1965. *Deutsche Zeitung* March 29, 1923.
1966. *Germania* March 28, 1923 W. Spael.
1967. *Vorwärts* March 28, 1923 M. Hochdorf.
1968. *Vossische Zeitung* March 28, 1923 M. Jacobs.

*Frauenopfer*
1969. *Das deutsche Drama* 2. Jg. s. 210 (1919) Th. Lessing; 5. Jg. s. 124 (1922).
1970. *Das literarische Echo* 24. Jg. s. 988 (1922) W. Lolsien (Uraufführung).
1971. *Masken* 1917/18 15. Heft M. Jacobs.
1972. *Zeitschrift für Bücherfreunde* N.F. 10. Jg. II. Beiblatt s. 417 H. Knudsen.
1973. *Berliner Tageblatt* August 22, 1918 G. Landauer.
1974. *Leipziger neueste Nachrichten* November 13, 1922 E. Delpy.

## Friedrich und Anna

1975. *Das deutsche Drama* 5. Jg. s. 124 (1922).
1976. *Das literarische Echo* 21. Jg. s. 287 (1918) B. Diebold.
1977. *Zeitschrift für Bücherfreunde* N.F. 11. Jg. Beilage s. 50 (1919).

## Gas I.

1978. *Goetheanum* 7. Jg. s. 358 (1928) Metzner.
1979. *Das literarische Echo* 21. Jg. s. 480 (1919) B. Diebold.
1980. *Weltbühne* 20. Jg. NR. 26 (1924) A. Polgar.
1981. *Königsberger Hartungsche Zeitung* May 28, 1918 L. Goldstein.
1982. Anspach, R. "Milliardärsohn und Ingenieur in Kaisers *Gas* als Vertreter zweier Weltanschauungen" *Aufstieg* (Berlin) 5. Heft s. 8 (period February 1929 to June 1931, 5th of 8 Hefte).
1983. Fränkel, K. H. "Kaisers *Gas* und das Verbot von Theaterstücken" *Denkendes Volk* (Berlin) 1. Jg. s. 297 - 300 (1947).
1984. Neuweiler, A. "Anmerkungen zu meinem Regiebuch von Kaisers *Gas*" *Die Scene* 8. Jg. s. 59 (1918).

## Gas II.

1985. *Allgemeine Rundschau* (München) 17. Jg. s. 671 (1921).
1986. *Die Bücherhalle* (Leipzig) 1920 s. 289 - 92 Ch. P. Siemens.
1987. *Christliche Welt* 24. Jg. s. 761 (1920) G. Heine.
1988. *Freie deutsche Bühne* 1920 s. 348 F. Windisch.
1989. *Die Furche* (Berlin) 1920 s. 337 - 41 Ph. Krämer.
1990. *Das literarische Echo* 23. Jg. s. 393 (1921) B. Diebold (Uraufführung 1920).
1991. *Der Zwinger* 1920 NR. 6 O. Walzel.

## Gats

1992. *Das deutsche Drama* 6. Jg. s. 92 (1925).
1993. *Der deutsche Gedanke* 2. Jg. s. 70 (1925) W. Schendell (Uraufführung).
1994. *Hellweg* 5. Jg. s. 319 (1925).
1995. *Der Kreis* (Hamburg) 2. Jg. 6. Heft s. 66 (1925).
1996. *Die Literatur* 27. Jg. s. 544 (1925) R. F. Arnold (Uraufführung).
1997. *Berliner Tageblatt* April 29, 1925 E. Everth.
1998. *Frankfurter Zeitung* April 14, 1925 B. Diebold.
1999. *Neue Freie Presse* April 11, 1925 E. Lothar.

## Der gerettete Alkibiades

2000. *Das literarische Echo* 22. Jg. s. 733 (1920) E. A. Greeven.
2001. *Die schöne Literatur* 21. Jg. s. 76 (1920) L. Goberlaender.
2002. *Zeitschrift für Literaturfreunde* N.F. 12. Jg. I. Beiblatt s. 237 (1920).
2003. *Frankfurter Zeitung* February 21, 1925 B. Diebold.

## Gilles und Jeanne

2004. *Hellweg* 3. Jg. s. 425 (1923) E. Delpy.

2005.  *Das literarische Echo* 25. Jg. s. 1000 (1923) G. Witkowski (Uraufführung).
2006.  *Die schöne Literatur* 24. Jg. s. 259 (1923) Michael.
2007.  *Germania* August 29, 1925 W. Spael.

## Hellseherei
2008.  *Das deutsche Drama* N.F. 2. Jg. s. 217 (1930).
2009.  *Die Literatur* 32. Jg. s. 160 (1929).
2010.  *Die schöne Literatur* 30. Jg. s. 616 (1929) H. Burkert.

## Hölle, Weg, Erde
2011.  *Die deutsche Bühne* (Frankfurt) 1919 s. 538 - 43 W. Handl (under "Dichtungen der Erlösung").
2012.  *Das deutsche Drama* 4. Jg. s. 34 - 38 (1921) Baader; s. 224 (1921).
2013.  *Das literarische Echo* 22. Jg. s. 475 (1920) B. Diebold.
2014.  *Die schöne Literatur* 20. Jg. s. 295 (1919) R. Dohse.
2015.  *Sozialistische Monatshefte* 1920 s. 382 M. Hochdorf.
2016.  *Frankfurter Zeitung* December 6, 1919 B. Diebold.
2017.  *Magdeburger Zeitung* December 10, 1919.
2018.  S. Jacobsohn: *Das Jahr der Bühne 1920* (Berlin) s. 79 - 83.

## Juana
2019.  *Das literarische Echo* 21. Jg. s. 287 (1918) B. Diebold.
2020.  *Zeitschrift für Bücherfreunde* N.F. 11. Jg. Beilage s. 50 (1919).

## Jüdische Witwe
2021.  *Das deutsche Drama* 6. Jg. s. 83 (1925).
2022.  *Das literarische Echo* 14. Jg. s. 830 - 37 (1912) W. Rath.
2023.  *Preussische Jahrbücher* 202: 392 - 93 (December 1925).
2024.  *Westermanns Monatshefte* 139: 581 (January 1926) F. Düsel.
2025.  *Tägliche Rundschau* (Berlin) November 10, 1925 K. Aram.

## Kanzlist Krehler
2026.  *Das literarische Echo* 24. Jg. s. 795 (1922) E. Heilborn Uraufführung).
2027.  *Die schöne Literatur* 23. Jg. s. 108 (1922) H. Knudsen.
2028.  *Hamburger Fremdenblatt* April 4, 1922 M. Wagner.

## König Hahnrei
2029.  *Das literarische Echo* 24. Jg. s. 795 (1922) E. Heilborn.

## Kolportage
2030.  *Geisteskultur* 34. Jg. s. 285 (1925).
2031.  *Hellweg* 4. Jg. s. 269 (1924).
2032.  *Das literarische Echo* 26. Jg. s. 485 (1924) E. Heilborn (Uraufführung).
2033.  *Die neue Generation* 20. Jg. s. 271 (1925) H. Stöcker.
2034.  *Die schöne Literatur* 25. Jg. s. 202 (1924) W. Deubel.
2035.  *Weltbühne* 20. Jg. NR. 15 (1924).

*Konstantin Strobel (Der Zentaur)*
2036. Das deutsche Drama 5. Jg. s. 57 (1922).
2037. Das literarische Echo 20. Jg. s. 278 (1917) B. Diebold.

*Die Koralle*
2038. Donauland 1. Jg. II. s. 1361 J. Körner.
2039. Die Furche (Berlin) 1920 s. 337 - 41 Ph. Krämer.
2040. Das literarische Echo 20. Jg. s. 280 (1918) E. Steiger.
2041. Die Schaubühne 1918 s. 83.
2042. Die schöne Literatur 18. Jg. s. 349 (1917) R. Dohse.
2043. Die schöne Literatur 30. Jg. s. 19 (1929) H. Knudsen.
2044. Zeitschrift für Bücherfreunde N.F. 9. Jg. I. Beiblatt s. 140 (1918) H. Knudsen.

*Die Lederköpfe*
2045. Das deutsche Drama N.F. 1. Jg. s. 222 (1929).
2046. Die Literatur 31. Jg. s. 287 (1929) B. Diebold.
2047. Die schöne Literatur 30. Jg. s. 41 (1929) W. Deubel.
2048. Weltbühne 24. Jg. II. s. 898 (1928) M. M. Gerke.

*Das Los des Ossian Balvesen*
2049. Theater der Zeit (Berlin) 2. Jg. NR. 3 s. 33 - 36 (1947) Pollatschek (under "Kleine Chronik deutscher Uraufführungen").

*Mississippi*
2050. Christliche Welt 44. Jg. s. 1027 (1930) Knevels.
2051. Das deutsche Drama N.F. 3. Jg. s. 220 (1931).
2052. Die Literatur 33. Jg. s. 95 (1930) R. Geck (Frankfurter Uraufführung).
2053. Die schöne Literatur 31. Jg. s. 568 (1930) A. Mayerhofer.
2054. F. Hollaender: *Lebendes Theater. Eine Berliner Dramaturgie* Berlin 1932 s. 301.

*Der mutige Seefahrer*
2055. Das deutsche Drama 6. Jg. s. 96 (1925).
2056. Die Literatur 28. Jg. s. 231 (1926) J. Reichelt (Uraufführung).
2057. Weltbühne 22. Jg. s. 148 - 50 (1926).
2058. Berliner Tageblatt March 2, 1927 F. Engel.
2059. Leipziger neueste Nachrichten November 20, 1925 H. Zerkaulen.
2060. Neue Freie Presse January 12, 1926.

*Napoleon in New Orleans*
2061. Die Zeit 5. Jg. NR. 6 s. 5 (1950) K. F. Reinking.

*Nebeneinander*
2062. Bühnentechnische Rundschau 7. Jg. NR. 6 W. Hoffmann-Harnisch; 8. Jg. NR. 1 F. A. Ulm.
2063. Geisteskampt der Gegenwart 1930 s. 387 - 88 W. Knevels.
2064. Hellweg 3. Jg. s. 804 (1923).
2065. Hellweg 4. Jg. s. 49, 298, 847 (1924).

2066. *Die Literatur* 26. Jg. s. 236 (1923) B. Diebold.
2067. *Rampe* (Hamburg) 1927/28 s. 331.
2068. *Die Scene* 14. Jg. s. 123 - 24 (1924) F. Sebrecht.
2069. *Die schöne Literatur* 24. Jg. s. 439 (1923) H. Knudsen.
2070. *Weltbühne* 20. Jg. NR. 23 s. 780 - 82 (1924) A. Polgar.
2071. *Leipziger neueste Nachrichten* January 22, 1924 E. Delpy.

*Oktobertag*
2072. *Die Bühnenkritik* (Augsburg) 1947 NR. 2.
2073. *Das deutsche Drama* 7. Jg. s. 181 (1928) P. Wittko.
2074. *Die Hilfe* 35. Jg. s. 17 (1929) J. Bab.
2075. *Die schöne Literatur* 29. Jg. s. 268 (1928) H. Liepmann.
2076. *Weltbühne* 24. Jg. s. 460 (1928) A. Eloesser.
2077. *Westermanns Monatshefte* 145: 335 - 36 (November 1928) F. Düsel.

*Papiermühle*
2078. *Deutsche Rundschau* July 1927 s. 80.
2079. *Hellweg* 7. Jg. s. 47 (1927).
2080. *Die Literatur* 29. Jg. s. 354 (1926) J. Reichelt (Uraufführung).
2081. *Die schöne Literatur* 28. Jg. s. 142 (1927) H. Ch. Kaergel.
2082. *Weltbühne* 23. Jg. I. s. 267 (1927) A. Polgar.
2083. *Frankfurter Zeitung* May 18, 1927 B. Diebold.
2084. *Leipziger neueste Nachrichten* January 28, 1927 F. Mack.
2085. *Neue Freie Presse* September 23, 1927.

*Der Präsident*
2086. *Die Literatur* 30. Jg. s. 348 (1928) B. Diebold (Uraufführung).
2087. *Die schöne Literatur* 29. Jg. s. 152 (1928) W. Deubel.

*Der Protagonist*
2088. *Das deutsche Drama* 5. Jg. s. 155 (1922) E. Freund.
2089. *Die deutsche Kritik* (Chemnitz) 2. Jg. B. s. 737 (as a musical) (1926) Aberschönewolf und Schmitz.
2090. *Das literarische Echo* 24. Jg. s. 988 (1922) E. Freund (Uraufführung).
2091. *Leipziger Neueste Nachrichten* March 29, 1926 A. Aber (Oper).
2092. *Neue Preussische Zeitung* March 29, 1926 J. Reichelt (Oper).

*Rektor Kleist*
2093. *Das literarische Echo* 20. Jg. s. 717 (1918) H. Wyneken.

*Rosamunde Floris*
2094. Jacobi, Johannes "Aus Georg Kaisers Vermächtnis" *Die Zeit* (Hamburg) February 12, 1953.

*Der Silbersee*
2095. *Die Literatur* 35. Jg. s. 398 (1933) G. Witkowski.

### Der Soldat Tanaka
2096. *Die Bühnenkritik* (Augsburg) 1947 NR. 6 s. 10; NR. 10 s. 19 (Auff. in Mainz, Freiburg/Br., Bonn und Flensburg).

### Die Sorina
2097. *Donauland* 3. Jg. I. s. 398 (1919) F. Schmitz.
2098. *Das literarische Echo* 19. Jg. s. 811 (1917) E. Heilborn.
2099. *Zeitschrift für Bücherfreunde* N.F. 9. Jg. II. Beiblatt s. 411.
2100. *Reichspost* (Wien) April 26, 1919 H. Brecka.
2101. S. Jacobsohn: *Das Jahr der Bühne* 6. Jg. (1916/17) Berlin s. 123.

### Versuchung
2102. *Zeitschrift für Bücherfreunde* N.F. 9. Jg. II.Beiblatt s. 413.
2103. *Kölnische Zeitung* May 12, 1919 W. Schmits (Erstauff.).

### Von Morgen bis Mitternachts
2104. *Das junge Deutschland* 1919 1. Heft s. 25 - 26 F. Hollaender.
2105. *Das literarische Echo* 19. Jg. s. 1064 (1917) E. Steiger.
2106. *Der Orkan* (Leipzig) 1. Jg. 1. Heft s. 17 - 21.
2107. *Die schöne Literatur* 30. Jg. s. 19 (1929) H. Knudsen.
2108. *Weltbühne* 21. Jg. NR. 4 s. 207 - 8 (1925).
2109. *Zeitschrift für Bücherfreunde* N.F. 9. Jg. II. Beiblatt s. 411.
2110. *Zeitschrift für Literaturfreunde* N.F. 11. Jg. II. Beiblatt s. 398.
2111. *Leipziger Neueste Nachrichten* October 6, 1924 F. Mack.

### Der Zentaur (See Konstantin Strobel)
### Zwei Krawatten
2112. *Das deutsche Drama* N.F. 2. Jg. s. 213 (1930).
2113. *Goetheanum* 8. Jg. s. 63 (1929) Fränkl.
2114. *Gral* 24. Jg. s. 261 (1929).
2115. *Die Literatur* 32. Jg. s. 44 (1929) E. Heilborn (Berliner Urauff.).
2116. F. Hollaender: *Lebendes Theater. Eine Berliner Dramaturgie* Berlin 1932 s. 241.

### Zweimal Oliver
2117. *Das deutsche Drama* 6. Jg. s. 178 (1925) C. Röttger.
2118. *Die deutsche Kritik* (Chemnitz) 2. Jg. A. s. 839 - 42, 844, 846 F. Zimmerman, J. F. Wolff, et al.
2119. *Hellweg* 6. Jg. s. 273 (1926).
2120. *Die Literatur* 28. Jg. s. 542 (1926) J. Reichelt (Uraufführung).
2121. *Frankfurter Zeitung* April 17, 1926 B. Diebold.
2122. *Germania* April 17, 1926 H. H. Bormann.

### III. Translations of Plays into English
2123. Adrienne Ambrossat in *Continental Plays* (T. H. Dickinson, ed.) Boston 1935 vol. 2.

2124. *The Coral* in *Modern Continental Plays* (S. M. Tucker, ed.) New York 1929.
2125. *The Coral* in *Twenty-five Modern Plays* (S. M. Tucker, ed.) New York 1931, 1948 (Revised Edition), 1953 (Third Edition).
2126. *The Coral* in *Continental Plays* (T. H. Dickinson ,ed.) Boston 1935 vol. 2.
2127. *The Fire in the Opera House* in *Eight European Plays* (W. Katzin, comp.) New York 1927.
2128. *From Morn to Midnight.* A Play in 7 Scenes (trans. Ashley Dukes) Hendersons 1920.
2129. *From Morn to Midnight* in *Poet-Lore* 31: 317 - 63 (September 1920).
2130. *From Morn to Midnight* Brentano's 1922.
2131. *From Morn to Midnight* in *Chief Contemporary Dramatists* 3rd Series (T. H. Dickinson, ed.) Boston 1930.
2132. *From Morn to Midnight* in *Dramas of Modernism and their Forerunners* (M. J. Moses, ed.) Boston 1931; also revised edition 1941 (M. J. Moses and O. J. Campbell, ed.).
2133. *From Morn to Midnight* (trans. Ashley Dukes) in *Twenty Best European Plays on the American Stage* (John Gassner, ed.) New York 1957 p. 655 - 79.
2134. *Gas.* A Play in 5 Acts (trans. Hermann Scheffauer) Boston Small 1924.
2135. *Gas.* A Play in 5 Acts Boston Chapman and Dodd 1924.
2136. *Gas I.* (H. Scheffauer, trans.) in *Modern Continental Plays* (S. M. Tucker, ed.) New York 1929.
2137. *Gas I.* (H. Scheffauer, trans.) in *Twenty-five Modern Plays* (S. M. Tucker, ed.) New York 1931, 1948 (Revised Edition, 1953 (Third Edition).
2138. *Gas II.* (W. Katzin, trans.) in *Modern Continental Plays* (S.M. Tucker, ed.) New York 1929.
2139. *Gas II.* (W. Katzin, trans.) in *Twenty-five Modern Plays* (S. M. Tucker, ed.) New York 1931, 1948 (Revised Edition), 1953 (Third Edition).
2140. *Phantom Lover* (Oktobertag) Play in 3 Acts (trans. H. Bernstein and A. E. Mayer) Brentano's 1928.
2141. *Two Olivers* (translated by D. Joseph and performed at the Gate Theatre, New York City, in January 1932 - unpublished. Text available at New York Public Library).

## IV. Reviews and articles on specific plays (English)

### Das Floss der Medusa

2142. *New Statesman and Nation* 41: 156 (February 10, 1951).
2143. *Theater Arts* 33: 26 - 27 (June 1949).

### Gas I.

2144. *Boston Evening Transcript* February 7, 1925 p. 3.
2145. *Cleveland Open Shelf* January 1925 p. 93.
2146. *Drama* 16: 169 - 70 (February 1926) **Samuel Putnam.**

2147. *New York Evening Post Literary Review* December 27, 1924 J. Conn.

2148. *Saturday Review of Literature* 2: 414 (December 12, 1925).

## Griechische Dramen (Pygmalion, Zweimal Amphytrion, Bellerophon)

2149. Loram, Ian C. "Georg Kaiser's Swan Song: *Griechische Dramen*" *Monatshefte für deutschen Unterricht* 49. Jg. p. 23 - 30 (1957).

## Hellseherei

2150. *New York Times* June 7, 1931 (Sec. VIII, p. 2:5).

## Die Ketten der Adrienne Ambrossat

2151. *Theater Arts Monthly* 19: 264 - 67 (April 1935) V. Wittner.

## Mississippi

2152. *New York Times* January 11, 1931 (Sec. VIII, p. 1:6).

## Noli me tangere

2153. *Bookman* 56: 373 - 75 E. T. Scheffauer.

## Oktobertag (Phantom Lover)

2154. *Nation* 127: 277 (September 19, 1928).
2155. *New Statesman and Nation* 17: 494 (April 1, 1939).
2156. *New York Times* September 5, 1928 (p. 25:1).

## Der Präsident

2157. *Books Abroad* 2: 1, 81 (January 1929) Walter Kien.

## Der Soldat Tanaka

2158. *Theater Arts* 26: 251 (April 1942).
2159. Loram, Ian C. "Georg Kaiser's *Der Soldat Tanaka* 'vollendeter Woyzeck'?" *German Life and Letters* N.S. 10: 43 - 48 (October 1956).

## Von Morgen bis Mitternachts (From Morn to Midnight)

2160. *Dial* 73: 116 - 17 (July 1922).
2161. *Drama* 12: 342 (September 1922) J. Crawford.
2162. *Nation* 114: 726 (June 14, 1922) L. Lewisohn.
2163. *Nation* (London) 27: 13 - 14 (April 3, 1920) F. Swinnerton.
2164. *Nation* (London) 38: 860 (March 20, 1926) B. Dolree.
2165. *New Republic* 31: 189 - 90 (July 12, 1922).
2166. *New Statesman* 14: 769 (April 3, 1920) D. McCarthy.
2167. *New York Times* May 22, 1922 (Theater Guild: p. 17:2).
2168. *New York Times* September 22, 1931 (Yiddish Theater: p. 30:4).
**2169.** ***New York Times*** December 7, 1948 (Equity Library Theater: p. 41:6).
2170. *Outlook* (London) 57: 226 (March 20, 1926) N. G. Royde-Smith.
2171. *Spectator* 136: 164 (January 30, 1926).
2172. *Spectator* 147: 567 (October 31, 1931) B. Dolree.

2173. *Spectator* 148: 694 (May 14, 1932) D. Verschoyle.

*Zweimal Oliver*

2174. *New York Times* November 7, 1926 (Sec. VIII, p. 4:3).
2175. *Spectator* 148: 107 (January 23, 1932) D. Verschoyle.

## V. Non-fictional publications of Kaiser (German)

2176. Kaiser, Georg "Ein Stossseufzer" (RE: censoring of Kaiser's dramas) *Vossische Zeitung* March 9, 1917.
2177. Kaiser, Georg "Biographische Notiz" *Das literarische Echo* 20. Jg. s. 320 (1917).
2178. Kaiser, Georg "Notiz über mein Leben" *Blätter der Münchener Kammerspiele* 1. Jg. 14. Heft (1917).
2179. Kaiser, Georg "Vision und Figur" *Das junge Deutschland* 1. Jg. 10. Heft (October 1918).
2180. Kaiser, Georg "Der dramatische Dichter und der Zuschauer" *Der Zuschauer* (Blätter des Neuen Theaters, Frankfurt a. M.) 1. Jg. September (1919) and *Masken* 21. Jg. s. 362 (1926/27).
2181. Kaiser, Georg "Offener Brief" (RE: chronology of Kaiser's dramas) *Die neue Bücherschau* (Berlin) 1. Jg. 3. Heft (1919).
2182. Kaiser, Georg "Georg Kaiser über sein Werk" *Vossische Zeitung* (Evening Edition) May 2, 1921.
2183. Kaiser, Georg "Brief über sich selbst - (an Max Schach)" *Das Tagebuch* 2. Jg. 9. Heft s. 264 (1921).
2184. Kaiser, Georg "Einleitung" in Iwan Goll: *Methusalem oder der ewige Bürger*. Satirisches Drama Potsdam 1922.
2185. Kaiser, Georg "Ein Dichtwerk in der Zeit" *Blätter des deutschen Theaters* (Berlin) 8. Jg. 12. Heft (February 1922) and *Masken* 22. Jg. s. 65 - 66 (1928).
2186. Kaiser, Georg "Über Fred Antoine Angermayers *Raumsturz*" *Prager Presse* April 1922.
2187. Kaiser, Georg "Der kommende Mensch" *Hannoverscher Anzeiger* April 9, 1922 and (with title: "Dichtung und Energie") *Berliner Tageblatt* December 25, 1923 (English Translation: "The Energetics of Poetry," *English Review* 35: 533 - 37).
2188. Kaiser, Georg "Ein neuer Naturalismus?" (Antwort auf eine Rundfrage) *Das Kunstblatt* 6. Jg. s. 406 (1922).
2189. Kaiser, Georg "Historientreue: Am Beispiel der *Flucht nach Venedig*" *Berliner Tageblatt* September 4, 1923 and *Der Monat* (Berlin) 4. Jg. s. 523 - 25 (1952).
2190. Kaiser, Georg "Der Mensch im Tunnel (Der Dichter und das Drama)" *Das Kunstblatt* 8. Jg. January (1924) and *Masken* 20. Jg. s. 322 - 23 (1926/27).
2191. Kaiser, Georg "Beitrag (über die Unreife der Menschen von heute)" *Volkszeitung für das Vogtland* (Plauen) March 8, 1924.
2192. Kaiser, Georg "Brief an Hans Theodor Joel" (RE: *Von Morgen bis Mitternachts - Kanzlist Krehler - Nebeneinander*) *Die Kassette* (Düsseldorf) April 1924 and in Karl Lehmann: *Vom Drama*

*unserer Zeit. Führer zu den jungen deutschen Dramatikern* N.F. Leipzig 1924 s. 38 - 39.
2193. Kaiser, Georg "Die Sinnlichkeit des Gedankens" *Europa-Almanach des Verlages G. Kiepenheuer* Potsdam 1924 and *Der Monat* (Berlin) 4. Jg. s. 525 (1952).
2194. Kaiser, Georg "Woran arbeiten Sie?" (Antwort auf eine Rundfrage) *Neues Wiener Journal* April 1925.
2195. Kaiser, Georg "Bericht vom Drama" *Der Zuschauer (Blätter der Saltenburg-Bühnen,* Berlin) 2. Jg. 2. Heft (November 1925) and *Jahrbuch der Berliner Bühnen* 1. Jg. s. 42 - 43 (1925/26).
2196. Kaiser, Georg "Welche Stoffe liefert die Gegenwart dem Dramatiker?" (Antwort auf eine Rundfrage) *B. Z. am Mittag* December 10, 1925.
2197. Kaiser, Georg "Die zwölf unsterblichen Dichter der Weltliteratur" (Antwort auf eine amerikanische Rundfrage) *Ostsee Zeitung* (Stettin) August 19, 1926.
2198. Kaiser, Georg "Roswitha von Gandersheim" (including exchange of letters between Georg Kaiser and Hermann von Wedderkopp) *Das Stachelschwein* (Berlin) December 1926.
2199. Kaiser, Georg "Aus einem Interview mit George Kaiser im Jahre 1914" *Masken* 21. Jg. s. 336 - 38 (1926/27).
2200. Kaiser, Georg "Äusserung zum 150. Geburtstag Heinrich von Kleists" *Vossische Zeitung* October 16, 1927.
2201. Kaiser, Georg "Die Schaffensart bekannter Dramatiker" (Antwort auf eine Rundfrage) *Literarische Welt* 4. Jg. 6. Heft (1928).
2202. Kaiser, Georg "Antwort auf eine Rundfrage über Inspiration und Arbeitsweise" *Literarische Welt* 4. Jg. 39. Heft (1928).
2203. Kaiser, Georg "Ächtung des Kriegers" *Das deutsche Kunstblatt* NR. 1 (1929/30).
2204. Kaiser, Georg "Funkstundengespräch mit Hermann Kasack" *Der Kontakt* (Erfurter Bühnenblätter) NR. 6 (1929/30) and (with title: "Der Kopf ist stärker als das Blut") *Masken* 24. Jg. s. 22 - 25 (1930/31) and *Der Monat* (Berlin) 4. Jg. s. 527 - 29 (1952) and (with title: "Von Magdeburg nach Magdeburg") *Querschnitt* 10. Jg. s. 296 - 301 (1930).

VI. Non-fictional publications of Kaiser (English)

2205. Kaiser, Georg "Energetics of Poetry" *English Review* 35: 533 - 37 (December 1922) (translation of "Der kommende Mensch" in *Hannoverscher Anzeiger* April 9, 1922 and *Berliner Tageblatt* December 25, 1923).

VII. Books and dissertations on Kaiser (German)

2206. Beer, Willy *Untersuchungen zur Problematik des expressionistischen Dramas* (Diss. Breslau 1932) Breslau 1934.
2207. Diebold, Bernhard *Der Denkspieler Georg Kaiser* Frankfurt 1924.
2208. Fivian, E. A. *Georg Kaiser und seine Stellung im Expressionismus* (Diss. Harvard 1942) München 1947 (with bibliography).

2209. Fix, Wolfgang *Die Ironie im Drama Georg Kaisers* (Diss. Heidelberg) 1951 - typewritten.
2210. Freyhan, Max *Georg Kaisers Werk* Berlin Verlag die Schmiede 1926.
2211. Fritze, Hanns H. *Über das Problem der Zivilisation im Schaffen Georg Kaisers* (Diss. Freiburg/Breisgau) 1955 - mimeographed (with "Beitrag zur Bibliographie des Gesamtwerkes von Georg Kaiser" as appendix to the dissertation).
2212. Fürdauer, Viktor *Georg Kaisers dramatisches Gesamtwerk* (Diss. Vienna) 1949 typewritten.
2212A. Goulden, William Owen *Die Problematik der Wirklichkeit in den Dramen von Georg Kaiser* (Diss. Köln) 1953 - typewritten.
2213. Koenigsgarten, H. F. *Georg Kaiser* (with a bibliography by Alfred Löwenberg) Potsdam G. Kiepenheuer 1928.
2214. Landauer, Gustav *Ein Weg deutsches Geistes. Goethe - Stifter - Kaiser* München 1916.
2215. Lewin, Ludwig *Die Jagd nach dem Erlebnis: Ein Buch über Georg Kaiser* Berlin Verlag die Schmiede 1926.
2216. Linick, L. M. *Der Subjektivismus im Werke Georg Kaisers* (Diss. Zürich) Strassburg 1937.
2217. Neermann, Gerd *Stil und Dramenform der Hauptwerke Georg Kaisers* (Diss. Tübingen) 1951 - typewritten.
2218. Omankowski, W. *Georg Kaiser und seine besten Bühnenwerke* Berlin, Leipzig, Wien und Bern Franz Schneider Verlag 1922.
2219. Rosenthal, Helmut *Die Bürger von Calais* (Diss. Hamburg) 1922- typewritten.
2220. Schmitt, Norbert *Grundzüge der expressionistischen Dramatik in Deutschland und besondere Berüchsichtigung Georg Kaisers* (Diss. München) 1952 - typewritten.
2221. Schütz, Adolf *Georg Kaisers Nachlass. Eine Untersuchung über die Entwicklungslinien im Lebenswerk des Dichters* (Diss. Bern 1949) Basel 1951.
2221A. Trautmann, Werner *Untersuchungen zu einer Stilbestimmung des dramatischen Spätwerkes Georg Kaisers* (Diss. München) 1953 - typewritten.
2221B. Wiese, Peter von *Georg Kaiser und das Problem der dramatischen Form* (Diss. Köln) 1953 - typewritten.

## VIII. Articles on Kaiser (German)

### 1. Literature to 1945

2222. --- " 'Ein Dichter.' Betrachtungen eines Theaterfreundes XXXVI" *Berliner Börsencourier* February 25, 1917.
2223. --- "Georg Kaiser" *Deutsches Schrifttum* 1920 s. 91.
2224. --- "Kaisers soziale Schauspiele" (*Koralle* und *Gas*) *Die Furche* (Berlin) 9. Jg. s. 337 - 41 (1920).
2225. --- "Georg Kaiser" *Sozialistische Bildungsarbeit* (Bern) February, March, April 1923.
2226. --- Georg Kaiser-Heft der *Kassette* April 1924.
(Articles by B. Sandburg, Max Freyhan, Ernst Toller, F. A. Angermayer, Iwan Goll, Lugné Poe, F. T. Marinetti, G. Pitoieff).

2227. --- "Kaisers bürgerliche Komödien" *Die Rampe* (Hamburg) 1925/26 s. 233.
2228. --- "Ein Besuch bei Georg Kaiser" *Breslauer Zeitung* May 15, 1926.
2229. --- "Georg Kaiser, Dramatiker" *Menschen und Menschenwerke* (Wien) 2. Jg. s. 164 (1926).
2230. --- "Echo der Zeitgenossen zum 50. Geburtstag Kaisers" *Die Literatur* 31. Jg. s. 213 (1929).
2231. Die Redaktion. Zur Georg Kaisers 60.Geburtstag *Mass und Wert* 2. Jg. (1938/39) s. 343 - 44.
2232. Altheer, Paul "Georg Kaiser" *Das Buch* (Zürich) 1. Jg. 8. Heft (August 1917).
2233. Angermayer, Fred Antoine "Georg Kaiser" *8-Uhr Abendblatt* July 20, 1923.
2234. Angermeyer, Fred Antoine "Georg Kaisers Sprache" *Werden* (München-Gladbach) 1924 s. 144 and *Berliner Tageblatt* September 25, 1924.
2235. Angermeyer, Fred Antoine "Kaisers dramatische Sprache" *Die Freude* 3. Jg. s. 419 (1926).
2236. Angermeyer, Fred Antoine "Betrachtung Kaisers" *Berliner Börsenzeitung* April 8, 1926.
2237. Angermeyer, Fred Antoine "Georg Kaiser" *Der Scheinwerfer* (Essen) 2. Jg. 2. Heft s. 3 - 6 (October 1928).
2238. Bab, Julius "Georg Kaiser" *Die Schaubühne* 8. Jg. 5. Heft (1912).
2239. Bab, Julius "Georg Kaiser" *Die Schaubühne* 13. Jg. s. 35 - 40 (1917).
2240. Bab, Julius "Georg Kaiser" *Königsberger Allgemeine Zeitung* 1918 NR. 41 and *Weltbühne* 14. Jg. s. 412 - 15 (1918).
2241. **Bab, Julius** "Georg Kaiser" *Die Kunstgemeinde* 2. Jg. 3. Heft (1925).
2242. Bab, Julius "Georg Kaiser" *Die Hilfe* 1929 NR. 19.
2243. Bachler, K. "Georg Kaiser und das Drama Platons" *Die Literatur* 34. Jg. s. 549 - 50 (1932).
2244. Bartels, Adolf "Georg Kaiser und ich" *Deutsches Schrifttum* 1920 s. 35.
2245. Behl, C. F. W. "Georg Kaiser" *Blätter des deutschen Theaters* (Berlin) 14. Jg. 11. Heft (June 1927).
2246. Beierle, Alfred "Georg Kaiser" *Die Freiheit* November 3, 1920.
2247. Beyer, G. "Georg Kaiser" *Die Glocke* (München) 4. Jg. I. s. 704 - 8 (1919).
2248. Biedwzynski, R. "Kaisers diabolischer Talent" *Deutsche Zeitung* November 11, 1925.
2249. Born, Wolfgang "Georg Kaiser" *Reclams Universum* 43. Jg. s. 1125 (July 14, 1927).
2250. Brömse, H. "Georg Kaiser" *Allgemeine Zeitung* (München) 1918 4./5. Heft s. 30.
2251. Brook, R. "Problemkreis in Kaisers Werken" *Freie deutsche Bühne* (Berlin) 1921 s. 704.

2252. Cohn, E. "Georg Kaiser, der Dramatist und der Mensch" *Die Rampe* 1924 s. 16 - 17.
2253. Csokor, Franz Theodor "Georg Kaiser" *Neues Wiener Journal* April 12, 1925.
2254. Cyprian, M. F. "Der Dramatiker Georg Kaiser" *Hochland* December 1917 s. 357 - 60.
2255. Diebold, B. "Georg Kaiser" *Neue Blätter für Kunst und Literatur* 1. Jg. 8. Heft (1919).
2256. Diebold, B. "Künstlerischer Charakter Kaisers" *Wissen und Leben* (Zürich) 17. Jg. s. 1102.
2257. Diebold, B. "Denkdramaturgie" *Die Scene* 14. Jg. s. 130 (1924).
2258. Diebold, B. "Kaisers dramatische Technik" *Neue Freie Presse* August 3, 1924.
2259. Diebold, B. "Kaisers künstlerischer Charakter" *Saarbrücker Blätter* 3. Jg. NR. 2 s. 13 - 16 (1924/25).
2260. Diebold B. "Georg Kaiser" *Frankfurter Zeitung* 1925 NR. 106.
2261. Diebold, B. "Georg Kaiser und die Situation von heute" *Die literarische Welt* 4. Jg. NR. 47 (November 23, 1928).
2262. Edschmid, Kasimir "Georg Kaiser" *Neue Rundschau* 29. Jg. s. 373 (March 1918).
2263. Edschmid, Kasimir "Georg Kaiser" *8-Uhr Abendblatt* August 6, 1924.
2264. Ehrenstein, Albert "Georg Kaiser" *Neue Rundschau* 28. Jg. s. 1713 (December 1916).
2265. Fechter, Paul "Georg Kaiser: zum 50. Geburtstag" *Der Heimatdienst* 8. Jg. s. 365. (1928).
2266. Flemming, H. "Georg Kaiser: Dichter" *Almanach 1920* (Mosse, Berlin) s. 166.
2267. Franck, Hans "Georg Kaiser" *Das literaische Echo* 16. Jg. s. 571 (1914).
2268. Franck, Hans "Georg Kaiser" *Vossische Zeitung* March 4, 1917 and *Masken* (Düsseldorf) 12. Jg. 13. Heft (1918/19).
2269. Franck, Hans "Georg Kaiser" *Die Literatur* 27. Jg. s. 516 (1925).
2270. Frerking, Johann "Der Dramatiker Georg Kaiser" *Das hohe Ufer* (Hannover) October 1919.
2271. Friedell, Egon "Der Fall Georg Kaisers" *Freie deutsche Bühne* (Berlin) 2. Jg. s. 657 - 61 (1921).
2272. Friedell, Egon "Georg Kaiser" *Rheinische Thalia* 2. Jg. 9. Heft (1922).
2273. Gallwitz, S. D. "Georg Kaiser" in S. D. Gallwitz: *Der neue Dichter und die Frau* Berlin 1927 s. 28 - 54.
2274. Gerke, M. M. "Kaiser aechtet Krieg und Krieger" *Weltbühne* 24. Jg. II. s. 898 (1928).
2275. Glücksmann, Joseph "Über Georg Kaiser" *Masken* 20. Jg. s. 326 - 29 (1926/27).
2276. Graetzer, Frank "Georg Kaiser der Zeitdichter" *Das Primsa* 2. Jg. 26. Heft (1930).

2277. Von Grolmann. "Die Jagd nach dem Erlebnis und Georg Kaisers Werk" *Die schöne Literatur* October 1926.
2278. Hammes, Fritz "Georg Kaiser" *Saarbrücker Blätter* 2. Jg. 18. Heft (1924).
2279. Harbeck, Hans "Georg Kaiser" *Freihafen* (Hamburg) 5. Jg. 7. Heft (1923).
2280. Helwig, Paul "Georg Kaiser" *Masken* 20. Jg. NR. 17 (April 1926).
2281. Herler, H. F. "Georg Kaiser" *Freihafen* (Hamburg) 2. Jg. 4. Heft (1919).
2282. Hollaender, Felix "Georg Kaiser" *Das junge Deutschland* 2. Jg. 1. Heft (January 1919).
2283. Hollaender, Felix "Glückwunsch für Kaiser zu seinem 50. Geburtstag" in F. Hollaender: *Lebendes Theater. Eine Berliner Dramaturgie* Berlin S. Fischer 1932 s. 212 - 16.
2284. Hollander, Walter von "Georg Kaiser" *Feuer* 2. Jg. 1. Heft (October 1920).
2285. Hotzel, Curt "Georg Kaiser" *Hellweg* 6. Jg. s. 210 (1926).
2286. Ibel, R. "Georg Kaiser" *Der Kreis* (Hamburg) 7. Jg. s. 216 - 20 (1930).
2287. Jacobs, Monty "Georg Kaiser. Bühnendichter" *Das literarische Echo* 20. Jg. s. 313 (1917).
2288. Kainz, Friedrich "Georg Kaiser" *Westermanns Monatshefte* February 1926 s. 694.
2289. Kasack, H. "Gruss an Georg Kaiser" *Die literarische Welt* (Berlin) 4. Jg. NR. 47 s. 3 (November 23, 1928) and in H. Kasack: *Mosaiksteine. Beiträge zu Literatur und Kunst* Frankfurt am M. 1956 s. 236 - 46 (written in 1928).
2290. Kayser, Rudolf "Georg Kaiser" *Das junge Deutschland* 1. Jg. 5. Heft (May 1918).
2291. Keiler, W. "Georg Kaiser" *Allgemeine Künstlerzeitung* 9. Jg. NR. 80 (1919).
2292. Kenter, Heinz Dietrich "Georg Kaiser" *Dramaturgische Blätter* (Mannheim) 1925/26 NR. 32.
2293. Kesten, H. "Georg Kaiser" *Weltbühne* 24. Jg. II. s. 812 (1928).
2294. Kilian, E. "Zu Georg Kaisers Schaffen" *Baden-Badener Bühnenblatt* 4. Jg. NR. 53 (1924).
2295. Kläber, Kurt "Georg Kaiser" *Junge Menschen* 4. Jg. 1. Heft (January 1923).
2296. Knevels, W. "Georg Kaisers dramatisches Werk" *Geisteskampf der Gegenwart* 54. Jg. s. 140 - 46 (April 1928).
2297. Knudsen, Hans "Georg Kaiser" *Die literarische Gesellschaft* (Hamburg) 4. Jg. s. 249 - 56 (1918).
2298. Knudsen, Hans "Georg Kaisers Komödien" *Die deutsche Bühne* (Frankfurt) 1919 s. 245 - 51.
2299. Knudsen, Hans "Georg Kaiser" *Masken* 21. Jg. 18. Heft (April 1928).

2300. Knudsen, Hans "Georg Kaiser in der Zeit" *Blätter des Stadttheaters Würzburg* 1928/29 s. 34 - 36 and *Masken* (Berlin) 22. Jg. s. 66 - 72 (1929).

2301. Koenigsgarten, Hugo F. "Georg Kaiser" *Mannheimer Theater-Verkehrs-Zeitung* 1928 NR. 34.

2302. Kuckhoff, Adam "Georg Kaiser" *Der Zuschauer* (Frankfurt) 1. Jg. 7. Heft (November 1919).

2303. Landauer, Gustav "Fragment über Georg Kaiser" in *Die Gemeinschaft. Dokumente der geistigen Weltwende* (L. Rubiner, ed.) Jahrbuch des Verlages G. Kiepenheuer 1919 s. 157 - 65 and in *Der werdende Mensch. Aufsätze über Leben und Schrifttum* (M. Buber, ed.) Potsdam 1921 s. 349 - 55.

2304. Leonhard, R. "Georg Kaiser" *Freie deutsche Bühne* (Berlin) 1920 s. 249 - 54 and *Vossische Zeitung* November 4, 1920.

2305. Lewin, Ludwig "Das Erlebnis bei Georg Kaiser" *Masken* (Berlin) 22. Jg. s. 77 - 84 (1929).

2306. Lindenau, H. "Dichtung, Verbrechen und Wahrheit" *Die deutsche Juristenzeitung* 25. Jg. s. 904 (1920).

2307. Lipp, Herbert "Zum Fall Kaisers" *Das Protestantenblatt* 1921 s. 86.

2308. Loewenberg, Alfred "Georg Kaiser" *Berliner Börsencourier* April 23, 1927.

2309. Marcuse, Ludwig "Georg Kaiser" *Weltbühne* 16. Jg. NR. 46 (November 1920).

2310. Marcuse, Ludwig "Georg Kaiser" *Blätter des deutschen Theaters* (Berlin) 8. Jg. 12. Heft (February 1922).

2311. Marilaun, Karl "Georg Kaiser" *Neues Wiener Journal* February 6, 1924.

2312. Merbach, Paul Alfred "Georg Kaiser" *Theatergemeinde* (Stettin) 1. Jg. 6. Heft (March 1923).

2313. Milrath, Max "Georg Kaiser" *Die Wage* 21. Jg. NR. 34 (August 1918).

2314. Morack, Curt "Georg Kaiser" *Theaterzeitung der staatlichen Bühnen Münchens*. 1. Jg. 4. Heft (January 1920).

2315. Muhr, Adelbert "Georg Kaiser" *Prager Presse* 1922 NR. 20.

2316. Neumann, F. "Georg Kaiser" *Die neue Bücherschau* (München) 1. Jg. 3. Heft (March 1919).

2317. Nicolaus, P. "Georg Kaiser" *Die Hilfe* 1919 s. 460.

2318. Omankowski, W. "Georg Kaiser" *Danziger Zeitung* February 21, 1923.

2319. Papp, Desiderius "Georg Kaiser" *Prager Tag* December 22, 1921.

2320. Pirk, Robert "Georg Kaiser als Regieproblem" *Die deutsche Bühne* (Berlin) 11. Jg. s. 307 (1919) and *Die Rampe* 1920 NR. 15.

2321. Pirk, Robert "Georg Kaiser" *Masken* 14.Jg. 20. Heft March 1920).

2322. Plön, K. "Georg Kaiser" *Hagener Zeitung* September 18, 1924.

2323. Plotke, Georg J. "Georg Kaiser" *Das deutsche Drama* 1. Jg. 1. Heft s. 4 - 12 (1918) and *Masken* 13. Jg. 15. Heft.
2324. Plotke, Georg J. "Georg Kaiser" *Rheinische Thalia* 2. Jg. 9. Heft (1922).
2325. Polgar, A. "Georg Kaiser" in A. Polgar: *Stücke und Spieler* (vol. 2 of collected critical writings) Berlin 1926 s. 21 - 41.
2326. Rath, Willy "Georg Kaiser" *Das literarische Echo* 14. Jg. s. 836 (1912).
2327. Rein, Leo "Über Georg Kaiser" *Das junge Deutschland* 1920 4. Heft.
2328. Rein, Leo "Georg Kaiser" *Berliner Börsenzeitung* May 11, 1924 and *Volksbühne* (Berlin) Herbst 1924.
2329. Ritter F. "Zu Georg Kaisers 50. Geburtstag" *Der neue Weg* 57. Jg. NR. 24 (1928).
2330. Rosenfeld, Fritz "Georg Kaiser" *Sächsisches Volksbaltt* (Zwikkau) June 30, 1925.
2331. Russo, Wilhelm "Zum 50. Geburtstag des Dramatikers Kaiser" *Der Schatzgräber* 8. Jg. 2. Heft s. 22 - 25 (1928).
2332. Schendell, Werner "Georg Kaiser" *Der deutsche Gedanke* (Berlin) 2. Jg. 1. Heft (January 1925).
2333. Sinsheimer, Hermann "Es ist genug" *Berliner Tageblatt* December 16, 1931.
2334. Stahl, Ernst Leopold "Georg Kaiser" *Karlsruher Tageblatt* 1918 NR. 33.
2335. Stang, Carl "Georg Kaiser" *Flöte* 2. Jg. 2. Heft (February 1919).
2336. Stephan, Heinz "Georg Kaiser" *Westdeutsche Blätter des Bühnenvolksbands* 3. Jg. s. 192 - 97 (1927) and *Kölner Lokalanzeiger* July 2, 1927.
2337. Tannenbaum, Eugen "Georg Kaiser" *Berliner Börsenzeitung* 1918 NR. 25.
2338. Thaemerus, W. "Georg Kaiser" *Die allgemeine Rundschau* (München) 18. Jg. s. 105 (1921).
2339. Viëtor, Karl "Der Denkspieler Georg Kaiser" *Berliner Tageblatt* May 16, 1925 NR. 230.
2340. Wendriner, K. G. "Ein Dichterschicksal" *Weltrundschau* (Supplement of *Universum*) 37. Jg. s. 45 - 48 (1921).
2341. Witte, I. "Ein Dramatiker der Gegenwart im Spiegel seiner Werke" *Mitteldeutsche Monatshefte* 10. Jg. s. 316.
2342. Zoff, O. "Georg Kaiser" *Der Freihafen* 1. Jg. 3. Heft s. 34 - 35 (1919) and *Wieland* 1. Jg. 9. Heft( 1918).

2. Literature after 1945.

2343. --- "Georg Kaiser, Dichter + 4.6.45" *Das goldene Tor* (Lahr) 2. Jg. s. 1 (1947).
2344. --- "Georg Kaiser der Denkspieler" *Bühnenblätter des Lessingtheaters der Stadt Kamenz* 1948/49 NR. 21.
2345. --- "Georg Kaiser Preis: 6000 DM" *Die Literatur* (Stuttgart) 1. Jg. NR. 3 s. 1 (1952).

2346. --- Georg Kaiser-Heft der *Blätter des Bayerischen Staatsschauspiels* 5. Jg. NR. 7 (1952/53).
2347. --- "Die Sinnlichkeit des Gedankens" *Deutsche Rundschau* 79: 1183 f. (1953).
2348. --- "Über das Grab hinaus" *Stuttgarter Nachrichten* January 9, 1954.
2349. Adolph, R. "Das war verfemte Kunst XIX. Georg Kaiser" *Aussaat* (Lorch/Württ.) 2. Jg. NR. 1/2 s. 46 (1947).
2350. Adolph, R. "Kaiser im Exil" *Theater Almanach* (München) 2. Jg. 5. Heft s. 55 - 62 (1948).
2351. Adolph, R. "Georg Kaisers Exilschaffen" *Die Quelle* (Urach) 2. Jg. 5. Heft s. 55 - 62 (1948).
2352. Adolph, R. "Georg Kaisers letzte Jahre" *Das goldene Tor* (Lahr) 4. Jg. NR. 21 s. 131 - 33 (1949) and *Frankfurter Hefte* 8. Jg. NR. 5 s. 380 - 84 (1953).
2353. Anders, William "Heimkehrersituationen nach zwei Weltkriegen" *German Life and Letters* 7. Jg. s. 170 - 79.
2354. Arx, Cäsar von "Brief mit der Todesnachricht an Kaisers Frau" *Das goldene Tor* 2. Jg. s. 3 (1947).
2355. Beierle, A. "Begegnung mit Georg Kaiser" *Aufbau* (Berlin) 4. Jg. 11. Heft s. 988 - 90 (1948) and *Roland von Berlin* 1949 NR. 27 s. 9 - 12.
2356. Brinkmann, Egon "Georg Kaiser, der Dramatiker des schöpferischen Zorns" *Die Zeit* 8. Jg. NR. 49 s. 4 (1953).
2357. Dippel, Gerhardt "Erhabene Schöpferkunst" *Heute und Morgen* (Schwerin) 1950 8. Heft s. 485 - 87.
2358. Dippel, Gerhardt "Die Welt in den Händen von Menschen" *Neue Zeit* (Berlin) 1955 NR. 130.
2359. Dosenheimer, Elise "Georg Kaiser" in E. Dosenheimer: *Das deutsche soziale Drama von Lessing bis Sternheim* Konstanz 1949 s. 249 - 81.
2359A. Falkenberg, Hans-Geert "Leben und Werk Georg Kaisers" *Blätter des deutschen Theaters in Göttingen* 7. Jg. 111. Heft s. 195 - 200 (1956/57).
2360. Fix, W. "Es ist nichts so, wie es ist; das dramatische Werk Georg Kaisers" *Deutsche Rundschau* 76: 474 - 78 (June 1950).
2361. Friedrich, Heinz "Das Wort tötet das Leben. Georg Kaiser und die Idee der Liebe" *Das ganze Deutschland* (Detmold) 6. Jg. NR. 37 s. 5 (1954).
2362. Glücksmann, Joseph "Über Georg Kaiser" *Das festliche Haus. Das Düsseldorfer Schauspielhaus Dumont-Lindemann, Spiegel und Ausdruck der Zeit* (Kurt Loup, ed.) Köln 1955 s. 188 - 90.
2363. Hellmer, Arthur "55 Dramen, Komödien, Lustspiele und Farcen. Georg Kaiser 1878 - 1945" *Kulturarbeit* (Stuttgart) 2. Jg. 7. Heft s. 151 (1950).
2364. Huder, Walter "Vorstoss ins Religiöse: Zu Fragmenten Georg Kaisers aus dem Exil" *Welt und Wort* 12. Jg. s. 295 - 96 (1957).
2365. Jancke, Oskar "Ist eine Georg Kaiser-Renaissance möglich?" *Die Kultur* (Stuttgart) 1. Jg. (1952/53) NR. 4/5 s. 7.

2366. Kaempfer, Wolfgang "Georg Kaiser 25. November 1878 bis 4. Juni 1945" *Atoll* (Freiburg/Br.) 1953 NR. 11.
2367. Kaufmann, F. W. "Zum Problem der Arbeit bei Otto Ludwig, Gerhart Hauptmann und Georg Kaiser" *Monatshefte für deutschen Unterricht* 40. Jg. s. 321 - 27 (1948).
2368. Kesten, Hermann "Georg Kaiser" in H. Kesten: *Meine Freunde, die Poeten* Wien-München 1953 s. 93 - 98.
2369. Kesten, Hermann "Georg Kaiser" *Welt und Wort* (Tübingen) 8. Jg. s. 364 - 65 (1953).
2370. Kesten, Hermann "Georg Kaiser. Zu seinem 75. Geburtstag am 25. November" *Theater und Zeit* (Wuppertal) 1. Jg. s. 55 - 57 (1953/54).
2371. Koenigsgarten, H. F. "Georg Kaiser, Dichter - Der Mensch" *Blick in die Welt* (Bünde in Westfalen) 1947 NR. 8 s. 34.
2372. Koenigsgarten, H. F. "Georg Kaiser" *Berliner Hefte für geistiges Leben* 3. Jg. 6. Heft s. 531 - 38 (1948).
2373. Koenigsgarten, H. F. "Georg Kaisers Vollendung" *Die Weltwoche* (Zürich) 16. Jg. NR. 741 s. 5 (1948).
2374. Königsgarten, H. F. "Georg Kaiser, der Dramatiker des Geistes" *Der Monat* (München) 4. Jg. 41. Heft s. 516 - 37 (February 1952).
2374A. Landauer, Gustav "Fragment über Georg Kaiser." *Blätter des deutschen Theaters in Göttingen* 7. Jg. 111. Heft s. 187 - 89 (1956/57).
2375. Mann, Otto "Georg Kaiser" in *Expressionismus* (O. Mann and H. Friedmann, ed.) Heidelberg 1956 s. 264 - 79, 355.
2376. Merzbach, Margaret K. "Die Wandlungen des Doppelgängermotifs in Georg Kaisers letzten Werken" *German Quarterly* 28. Jg. s. 101 - 105 (1955).
2377. Opitz, Fritz "Der Dramatiker Georg Kaiser - 25.11.78 - 4.6.45" *Berliner Lehrerzeitung* 7. Jg. s. 472 (1953).
2378. Otto, Karl "Ein Jahr bei Georg Kaiser" (1923 am Müggelsee) *Aufbau* 2. Jg. s. 970 - 72 (1946).
2379. Otto, Karl "Hölle - Weg - Erde. Zum 75. Geburtstag Georg Kaisers am 25. November 1953" *Börsenblatt für den deutschen Buchhandel* 120. Jg. s. 1005 - 6 (1953).
2380. Otto, Karl "Eine persönliche Erinnerung an Georg Kaiser" *Börsenblatt für den deutschen Buchhandel* 120. Jg. s. 1006 (1953).
2381. Risti, T. "Georg Kaisers dramatische Sendung" *Schweizer Annalen* 2. Jg. s. 534 - 45 (1945).
2382. Schultze, Friedrich "Georg Kaiser. Überwinder des Naturalismus" *Der Start* (Berlin) 3. Jg. NR. 3 s. 4 (1948).
2383. Stolper, Armin "Der Dramatiker Georg Kaiser" *Theater der Zeit* (Berlin) 11. Jg. 6. Heft s. 2 - 7 (1956).
2383A. Wiese, Peter von "Georg Kaiser und der Konflikt mit der Wirklichkeit" *Das neue Forum* (Darmstadt) 6. Jg. s. 180 - 82 (1956/57).
2384. Wittner, V. "Georg Kaiser" *Neue Schweizer Rundschau* N.F. 13 s. 255 - 57 (1945/46).

2385. Zech, Paul "Der Dramatiker Georg Kaiser" *Deutsche Blätter* (Santiago, Chile) 26. Jg. s. 40 - 42 (1945).
2386. Ziegler, Klaus "Georg Kaiser und das neue Drama" *Hebbeljahrbuch* 1952 s. 44 - 68.

IX. Books and dissertations on Kaiser (English)

2387. Fruchter, M. J. *The Social Dialectics in Georg Kaiser's Works* (Diss. Pennsylvania); published as: *Georg Kaiser's Dramatic Works, His Social Dialectics* Philadelphia 1933.
2388. Kauf, Robert *Faith and Despair in Georg Kaiser's Works* (Diss. Chicago) 1955.
2389. Kenworthy, Brian J. *Georg Kaiser: a Study of Paradox in the Writer and his Work* (Diss. Aberdeen) 1951/52.
2390. Kenworthy, Brian J. *Georg Kaiser* Oxford: Blackwell 1957.

X. Articles on Kaiser (English)

2391. --- RE: Trial of Georg Kaiser *New York Times* October 27, 1920 p. 15:2); February 16, 1921 (p. 15:6); March 13, 1921 (Sec. II, p. 1:4).
2392. --- "Georg Kaiser" *The London Times* June 26, 1924.
2393. --- "Georg Kaiser" *Drama* 16: 164 - 70 (February 1926).
2394. --- "Career of Georg Kaiser" *New York Times* September 9, 1928 (Sec. IX, p. 2:3).
2395. --- Obituary *New York Times* June 6, 1945.
2396. Clark, B. H. "Georg Kaiser, Pioneer" *The Double Dealer* (New Orleans)) vol. 6 No. 32 p. 62 - 70 (March 1924).
2397. Cournos, John "Georg Kaiser" *New York Evening Post* December 27, 1924.
2398. Drake, Wm. "Georg Kaiser" in Wm. Drake: *Contemporary European Writers* New York 1928 p. 87 - 97.
2399. Dukes, A. "Contemporary German Drama" *New Statesman* 21: 13 - 14 (April 14, 1923).
2400. Frenz, H. "Georg Kaiser" *Poet-Lore* 52: 363 - 69 (1946).
2401. Garten, H. F. "G. Kaiser and the Expressionist Movement" *Drama* 37: 18 - 21 (Summer 1955).
2402. Goldberg, Isaac "Georg Kaiser" in I. Goldberg: *Drama of Transition* Cincinnati 1922 p. 302 - 313.
2403. ten Hoor, George J. "The Dramas of Georg Kaiser" *Western Reserve University Bulletin* XXXII No. 16 (September 15, 1930).
2404. Koenigsgarten, H. F. "The Leading Playwright of Expressionism" (with bibliography) *German Life and Letters* April 1939 p. 195 - 205.
2405. Walter, H. "New Writers" *Canadian Forum* 11: 299 - 301 (May 1931).
2406. Wittner, Victor "Georg Kaiser, Playwright" *Theater Arts Monthly* 15: 813 - 14 (October 1931).

## OSKAR KOKOSCHKA

(Note: Since literature by and on the painter and stage designer Kokoschka can be only arbitrarily divorced from the dramatist Kokoschka, this bibliography contains everything that may be of value to students who are primarily interested in Kokoschka as a literary artist. A comprehensive list of the author's writings on various topics beyond the scope of this book is to be found in: Kokoschka, Oskar: *Schriften 1907-1955,* edited by Hans Maria Wingler, München, 1956 (see No. 2436). — Since German articles on Kokoschka have become noticeably numerous since the end of World War II, section VIII has been divided into: 1. Literature to 1945, 2. Literature after 1945.)

I. Plays (in the order of publication)
The following four dramas (given here with the date of their first staging and original titles):
        1. *Sphinx und Strohmann* (1907)
        2. *Hoffnung der Frauen* (1908)
        3. *Schauspiel* (1917)
        4. *Orpheus und Eurydike* (1921)
appeared in the following publications:

2407. *Dramen und Bilder.* Mit einer Einleitung von Paul Stefan Leipzig K. Wolff 1913. Contents:
        1. *Hoffnung der Frauen*
        2. *Sphinx und Strohmann (Hiob)*
        3. *Schauspiel (Der brennende Dornbusch).*

2408. *Der brennende Dornbusch.* Schauspiel. *Mörder, Hoffnung der Frauen* Schauspiel München K. Wolff 1917 (41. Band of Series *Der jüngste Tag*).

2409. *Hiob.* Ein Drama . Mit Steinzeichnungen von Oskar Kokoschka Berlin P. Cassirer 1917 (Premiere date in contradistinction to *Sphinx und Strohmann*: 1917).

2410. *Vier Dramen.* Berlin Paul Cassirer 1919. Contents:
        1. *Orpheus und Eurydike*
        2. *Der brennende Dornbusch* (originally *Schauspiel*)
        3. *Mörder, Hoffnung der Frauen* (originally *Hoffnung der Frauen*)
        4. *Hiob* (originally *Sphinx und Strohmann*).

2411. *Mörder, Hoffnung der Frauen.* Schauspiel in einem Akt; Musik von Paul Hindemith Mainz und Leipzig 1921.

2412. *Orpheus und Eurydike.* Schauspiel in 3 Akten von Oskar Kokoschka; Musik von Ernst Krenek Wien und New York Universal Edition 1925.

2413. *Comenius.* Unpublished fragment of a play first conceived around 1935.

II. Reviews and articles on specific plays (German)

*Der brennende Dornbusch* and *Hiob*

2414. *Die schöne Literatur* 22. Jg. s. 130 (1921) F. Michael.
2415. *Zeitschrift für Bücherfreunde* N.F. 11. Jg. II. s. 361.
2416. *Berliner Tageblatt* May 26, 1918 H. Flemming.
2417. *Deutsche Allgemeine Zeitung* May 26, 1918 Fechter.
2418. *Magdeburger Zeitung* May 26, 1918.
2419. *Neue Preussische Kreuzzeitung* May 26, 1918.
2420. *Tägliche Rundschau* (Berlin) May 26, 1918.
2421. *Der Tag* (Berlin) May 27, 1918 Beilage Kerr.
2422. *Vossische Zeitung* May 26, 1918 M. Jacobs.

*Mörder, Hoffnung der Frauen*

2423. *Der Kreis* (Hamburg) 2. Jg. 9. Heft s. 32 - 37 (1925) L. Benningshof.
2424. *Die schöne Literatur* 22. Jg. s. 130 (1921) F. Michael.
2425. *Zeitschrift für Bücherfreunde* N.F. 11. Jg. II. s. 361.
2426. *Dresdner Anzeiger* December 14, 1922 E. Thari (Oper).
2427. Hugo Ball: *Die Flucht aus der Zeit* München-Leipzig 1927 s. 158.
2428. Grohmann, W. "Kokoschka, Hindemith, Schlemmer. Zwei Bühnengestaltungen." *Cicerone* 19. Jg. s. 90 (1927).

*Orpheus und Eurydike*

2429. *Das deutsche Drama* 4. Jg. s. 87 (1921).
2430. *Die deutsche Kritik* (Chemnitz) 2. Jg. B. s. 936 (1926) Werner und Aber.
2431. *Das literarische Echo* 23. Jg. s. 472 (1921) B. Diebold.
2432. *Die schöne Literatur* 22. Jg. s. 130 (1921) F. Michael.
2433. *Zeitschrift für Bücherfreunde* N.F. 11. Jg. II. s. 361.
2434. *Leipziger Neueste Nachrichten* November 29, 1926 A. Aber (Oper).

V. Non-fictional publications of Kokoschka (German)

2435. Kokoschka, Oskar *Künstler und Poeten. Bildeszeichnungen.* Literarische Porträtskizzen von Herwarth Walden, Else Lasker-Schüler und andren Schriftstellern aus dem Künstlerkreis "Der Sturm" (ausgewählt und eingeleitet von Hans-Maria Wingler). Feldafing/Obb. Buchheim 1954.
2436. Kokoschka, Oskar *Schriften 1907 - 1955* (Teilsammlung) (Zusammengestellt und mit Erläuterung und bibliographischen Angaben von Hans-Maria Wingler) München Langen-Müller 1956.
2437. Kokoschka, Oskar *Ein Lebensbild in zeitgenössischen Dokumenten* (Zusammengestellt und herausgegeben von Hans-Maria Wingler) München Langen-Müller 1956.
2438. Kokoschka, Oskar "Vom Bewusstsein der Gesichte" (autobiographical tale) *Genius* 1. Jg. s. 39 (1919) and *Menschen. Zeitschrift für neue Kunst* 4. Jg. NR. 1 (translated in E. Hoffmann: *Kokoschka - Life and Work* [London 1947]).

2439. Kokoschka, Oskar "Manifest" (Aufruf an die Bevölkerung) *Ararat* 2. Sonderheft s. 34 May/June 1920.
2440. Kokoschka, Oskar "Der Fetisch" (9 Briefe an eine Kunstgewerblerin) in *Künstlerbekenntnisse* (P. Westheim, ed.) Berlin 1923.
2441. Kokoschka, Oskar "Aus meiner Jugendbiographie" *Der Wiener Kunstwanderer* November 1933 10. Heft.
2442. Kokoschka, Oskar "In letzter Stunde" *Die Wahrheit* (Prag) 16. Jg. NR. 4/5 and 6/7 (March 1937).
2443. Kokoschka, Oskar "Aus meinem 30-jährigen Emigrantenleben als deutscher Maler" *Freie Kunst und Literatur* (Paris) 1939 NR. 9.
2444. Kokoschka, Oskar "Die Wahrheit ist unteilbar" *Freie deutsche Kultur* (London) February 1942 NR. 2.
2445. Kokoschka, Oskar "Eine grosse Aufgabe" (RE: opening of Theater des Freien deutschen Kulturbundes) *Freie deutsche Kultur* (London) December 1943 - January 1944.
2446. Kokoschka, Oskar "Zum Expressionismus" *Freie deutsche Kultur* (London) May - June 1944.
2447. Kokoschka, Oskar "Das Tal des Todes" *Freie Tribüne* (London) 7. Jg. NR. 3 (March 1945).
2448. Kokoschka, Oskar "Kinderkrankheit" (continuation of Jugendbiographie) *Neue Züricher Zeitung* July 8 - 13, 1947.
2449. Kokoschka, Oskar "Brief an Dr. Alfred Neumeyer" *Das Kunstwerk* 2. Jg. 1./2. Heft s. 36 (1948).
2450. Kokoschka, Oskar "Bemerkung zu dem Artikel über Oskar Kokoschka in NR. 31, '51" *Der Spiegel* 5. Jg. NR. 42 s. 34.
2451. Kokoschka, Oskar "Zu meinen Deckengemälde in London" *Das Werk* 1952 7. Heft s. 232 f.
2452. Kokoschka, Oskar "Edvard Munch's Expressionismus" *Neue Züricher Zeitung* July 18 - 20, 1952.
2453. Kokoschka, Oskar "Ich habe mit Absicht alle Tabus missachtet" *Neue Zeitung* December 27 - 28, 1952.
2454. Kokoschka, Oskar "Begegnung mit Theodor Heuss" in *Begegnungen mit Theodor Heuss* (H. Bott and H. Leins, ed.) Tübingen 1954.
2455. Kokoschka, Oskar "Gegendstandslose Kunst?" *Universitas* 9. Jg. NR. 12 s. 1297 ff. (December 1954).
2456. Kokoschka, Oskar "Zur Diskussion um die abstrakte Kunst" *Der Monat* 7. Jg. 82. Heft s. 382 (July 1955).

## VI. Non-fictional publications of Kokoschka (English)

2457. Kokoschka, Oskar *Designs for the Stage Settings for W. A. Mozart's Magic Flute* Salzburg Festival 1955/56 (Introduction by Bernhard Paumgartner and posthumous article by Wilhelm Furtwängler) Salzburg 1955.
2458. Kokoschka, Oskar "Comenius, the English Revolution and our Present Plight" *Teacher of Nations. Addresses and Essays* Cambridge 1942.
2459. Kokoschka, Oskar "The Fifth Anniversary of the Free German League of Culture" London 1943 (Hectographed Speech).

2460. Kokoschka, Oskar "Letter to Dr. Alfred Neumeyer" *Magazine of Art* (Washington) vol. 39 No. 5 p. 196 (May 1946).
2461. Kokoschka, Oskar "A Petition from a Foreign Artist to the Righteous People of Great Britain for a Secure and Present Peace" in E. Hoffmann: *Kokoschka - Life and Work* London 1947 p. 245 - 84.
2462. Kokoschka, Oskar "On the Nature of Visions" in E. Hoffmann: *Kokoschka - Life and Work* London 1947 p. 285 - 87.

## VII. Books and dissertations on Kokoschka (German)

2463. --- *Oskar Kokoschka Träger des Lichtwarkpreises 1952* Heidelberg 1952.
2464. Biermann, Georg *Oskar Kokoschka* Leipzig-Berlin 1929 (vol. 52 of *Junge Kunst*).
2465. Heilmaier, H. *Oskar Kokoschka* Paris 1930.
2466. Westheim, Paul *Oskar Kokoschka* Berlin-Potsdam 1925 2. Auflage.
2467. Wingler, Hans Maria "Oskar Kokoschka. Das Werk des Malers" Salzburg 1956.

## VIII. Articles on Kokoschka (German)
### 1. Literature to 1945

2468. --- "Kokoschka Ausstellung bei H. Erfurth, Dresden" *Kunstchronik* 58. Jg. s. 233 (1922).
2469. --- "Oskar Kokoschka Ausstellung bei Cassirer" *Kunstchronik* 58. Jg. s. 599 (1923).
2470. --- "Kokoschka und die Wiener Gegenwartsmalerei" *Hellweg* 5. Jg. s. 779 (1925).
2471. --- "Paris über Kokoschka" *Der Kunstwanderer* 13. Jg. s. 304 (June 1931).
2472. --- "Der Maler Kokoschka" *Das Kunstblatt* 15. Jg. s. 33 - 38 (1931).
2473. --- "Oskar Kokoschka und Ernst Barlach" *Antiquitäten-Zeitung* 39. Jg. s. 35 - 37 (1931).
2474. Arnheim, R. "Oskar Kokoschka" *Weltbühne* 23. Jg. I. s. 393 (1927).
2475. Becker, P. "Zu Kokoschkas Bachmappe" *Das Kunstblatt* 1. Jg. s. 311 - 316 (1917).
2476. Benesch, O. "Alfred Kubin - Oskar Kokoschka - Josef Dobrowsky. Rückblick auf drei Ausstellungen" *Österreichische Rundschau* 3. Jg. s. 487 - 92 (1937).
2477. Benzmann, H. "Oskar Kokoschkas Dramen" *Das deutsche Drama* 4. Jg. s. 56 (1921).
2478. Biermann, G. "Oskar Kokoschka" *Cicerone* 21. Jg. s. 19 - 24 (1929).
2479. Born, W. "Neue Bilder von Oskar Kokoschka" *Deutsche Kunst und Dekoration* 67. Band s. 83 (1930).
2480. Dürr, E. Kokoschkas Ausstellung in Mannheim" *Der Kunstwanderer* 13. Jg. s. 222 (March 1931).

2481. Ehrenstein, Albert "Oskar Kokoschka" *Zeitecho, ein Kriegstagebuch der Künstler* 1915 20. Heft.
2482. Ehrenstein, Albert "Oskar Kokoschka, der Dramatiker" *Die literarische Gesellschaft* (Hamburg) 3. Jg. s. 311-14 (1917).
2483. Eisler, M. "Bild 'Jesusalem'" *Menorah* (Wien)10. Jg. s. 456 (1932).
2484. Flemming, H. "Oskar Kokoschka der Dichter" *Almanach 1920* (Berlin, Mosse) s. 170 ff.
2485. Fraenger, Wilhelm "Die Dichtung Oskar Kokoschkas" *Das Tribunal* (Darmstadt) 2. Jg. 2. Heft (1920).
2486. Fuchs, A. "Oskar Kokoschkas Wandlungen" *Goetheanum* 10. Jg. s. 300 (1931).
2487. Giedion. "Oskar Kokoschka in Zürich" *Cicerone* 19. Jg. s. 578 (1927).
2488. Grohmann, W. "Kokoschka: Lot und die Töchter" *Cicerone* 19. Jg. s. 221 (1927).
2489. Grüner, Franz "Oskar Kokoschka" *Die Fackel* November 28, 1911.
2490. Hausenstein, W. "Über Oskar Kokoschka" *Die Kunst für Alle* 41. Jg. s. 153 - 61 (1926).
2491. Herald, Heinz "Der Kokoschka Skandal" *Das junge Deutschland* 1919 6. Heft.
2492. Hiller, Kurt "Oskar Kokoschka" *Der Sturm* 1910 s. 151.
2493. Hoffman, Camill "Kokoschkas Dichtung und Theater" *Das Kunstblatt* 1. Jg. s. 219 - 21 (1917).
2494. Joecks, P. "Oskar Kokoschka" *Vivos Voco* 3. Jg. s. 409 (1923).
2495. Kühlmann, R. von "Zu den Landschaften von Kokoschka" *Das Kunstblatt* 10. Jg. s. 1 - 4 (1926).
2496. Künstler-Zedik, V. "Der Aufbau von Kokoschkas Bild 'Wien vom Wilhelminenberg'" *Strzygowski-Festschrift* Klagenfurt 1932 s. 105.
2497. Kuhn. "Kokoschka, Bilder von Menschen und Tieren" *Cicerone* 19. Jg. s. 221 (1927).
2498. Mann, Thomas "Oskar Kokoschka" *Der Wiener Kunstwanderer* November 1933 NR. 10.
2499. Mannstaedt, F. "Kokoschka und der Zweck" *Die Flöte* 3. Jg. s. 233 - 36 (1921).
2500. Martin, Kurt "Oskar Kokoschka" *Die Kunstwart* 44. Jg. s. 364 - 71 (March 1931).
2501. Meissner, C. "Oskar Kokoschka als Landschaftsmaler" *Hellweg* 5. Jg. s. 879 (1925).
2502. Michaëlis, Karin "Der tolle Kokoschka" *Das Kunstblatt* 2. Jg. s. 361 - 66 (1918).
2503. Reichelt, J. "Dresdener Kokoschka Ausstellung" *Hellweg* 5. Jg. s. 73 (1925).
2504. Roessler, A. "Oskar Kokoschka (Maler)" in A. Roessler: *Kritische Fragmente* (Aufsätze über österreichische Neukünstler) Wien 1918 s. 93 - 114.

2505. Scheffler, K. "Oskar Kokoschka" *Kunst und Künstler* 17. Jg. s. 123 - 30 (1918/19).
2506. Scheffler, K. "Oskar Kokoschka" *Kunst und Künstler* 20. Jg. s. 105 (1921/22).
2507. Scheffler, K. "Kokoschkas Landschaften" *Kunst und Künstler* 29. Jg. s. 190 - 93 (1930/31).
2508. Schmidt, P. F. "Kokoschkas neue Werke" *Feuer* (Saarbrücken) 1. Jg. s. 745 - 48 (1920).
2509. Schürer, O. "Zwei moderne Porträts" *Cicerone* 15. Jg. s. 733 (1923).
2510. Sprengler, J. "Oskar Kokoschkas Bühnendichtungen" *Hochland* 19. Jg. II. s. 670 - 78 (September 1922).
2511. Stahl, F. "Oskar Kokoschka" *Berliner Tageblatt* January 25, 1925.
2512. Szittya, E. "Psychologie des Wiener Kunstgewerblers" in E. Szittya: *Malerschicksale* Hamburg 1925 s. 35 f.
2513. Tesar, E. L. "Der Fall Oskar Kokoschka und die Gesellschaft" *Die Fackel* April 1, 1911.
2514. Tietze, Hans "Oskar Kokoschka" *Zeitschrift für bildende Kunst* N.F. 29. Jg. s. 83 (1918).
2515. Tietze, Hans "Oskar Kokoschka: neue Werke" *Die bildenden Künste* 2. Jg. s. 249 (1919).
2516. Tietze, Hans "Oskar Kokoschka" *Der Ararat* 2. Jg. s. 219 (1921).
2517. Tietze, Hans "Der Fall Kokoschka" *Der Kreis* (Hamburg) 7. Jg. s. 81 - 85 (1930).
2518. Valentien, F. C. "Kokoschkas Austellung in Mannheim" *Der Kunsthandel* 23. Jg. s. 22 - 27 (1931).
2519. Wallerstein, Viktor "Die neuen Werke" *Kunst und Künstler* 20. Jg. s. 43 - 50 (1921/22).
2520. Weigert, A. "Kokoschka - Ausstellung in der Galerie Arnold" *Zeitschrift für bildende Kunst* 63. Jg. 11./12. Heft (March 1925).
2521. Westheim, P. "Oskar Kokoschka, Maler" *Das Kunstblatt* 1. Jg. s. 289 - 304 (1917).
2522. Westheim, P. "Oskar Kokoschka" *Der Kreis* (Hamburg) 2. Jg. 9. Heft s. 8 - 14.
2523/4. Wolfradt, W. "Oskar Kokoschka" *Die Weltbühne* 1919 s. 321.
2525. Zehder, H. "Oskar Kokoschkas Graphik" *Neue Blätter für Kunst und Dichtung* 1. Jg. s. 9 - 11 (1918).

2. Literature after 1945.

2526. --- "Vater der modernen Kunst. Interview Querschnitt mit Oskar Kokoschka, Maler" *Sonntag* (Berlin) 2. Jg. NR. 47 (1947).
2527. --- "Zwei literarische Malerporträts, Oskar Kokoschka, George Grosz" *O W K* (Berlin) 2. Jg. NR. 1 s. 7 (1948).
2528. --- "Zu einigen Zeichnungen von Oskar Kokoschka" *Neue Auslese* (München) 4. Jg. NR. 1 s. 7 (1948).
2529. --- "Kokoschka und die 'verlorenen' deutschen Gemälde" *Weltwoche* (Zürich) 18. Jg. NR. 884 s. 5 (1950).

## OSKAR KOKOSCHKA

2530. --- "Heuss Porträt: einen deutschen Menschen" *Der Spiegel* 5. Jg. NR. 13 s. 29 - 30 (1951).
2531. --- "Oskar Kokoschka mit seinen Koko-Strahlen" *Der Spiegel* 5. Jg. NR. 31 s. 32 - 36 (1951).
2532. --- "Oskar Kokoschka beim Malen" *Weltwoche* (Zürich) 23. Jg. NR. 1108 s. 5 (1955).
2533. --- "Salzburg: Kokoschka und Manzu" *Die Furche* (Wien) 11. Jg. NR. 31 s. 9 (1955).
2534. Ankwicz-Kleehoven, Hans "Ex libris von Oskar Kokoschka" *Österreichisches Jahrbuch für Exlibris und Gebrauchsgraphik* (Wien) 38. Band (1949/51) s. 18 - 22.
2535. Benesch, Otto "Ein Werk über Oskar Kokoschka" *Wiener Zeitung* 1951 NR. 50.
2536. Bernhard, Thomas "Nach langen Jahren der Sonne" *Die Furche* (Wien) 12. Jg. NR. 35 s. 7 (1956).
2537. Buesche, Albert "Weltreisender - unromantisch: Begegnung mit Kokoschka" *Der Tagespiegel* NR. 1715 (1951).
2538. Csokor, F. Theodor "Oskar Kokoschka im Bühnenbild" *Das Kunstwerk* (Baden-Baden) 9. Jg. 4. Heft s. 49 (1956).
2539. Deri, G. "Zeitgenössische Kunst" *Weltwoche* (Zürich) 15. Jg. NR. 701 s. 5 (1947).
2540. Fogg, Rushworth "Der Maler mit den Röntgenaugen" *Die Zeit* 2. Jg. NR. 18 s. 5 (1948).
2541. Fröhlich, Gertrud "Schiele und Kokoschka" *Die Furche* (Wien) 12. Jg. NR. 15 s. 7 (1956).
2542. Gruber, Karl "Zur Entstehung von Kokoschkas Forel-Bildnis" *Das Kunstwerk* (Baden-Baden) 5. Jg. 3. Heft s. 60 (1951).
2543. Haftmann, Werner "Wiedersehen mit Kokoschka. Ausstellung in München" *Die Zeit* 5. Jg. NR. 39 s. 4 (1950).
2544. Harta, F. A. "Zum 70. Geburtstag von Oskar Kokoschka" *Das Kunstwerk* (Baden-Baden) 9. Jg. 4. Heft s. 16 (1956).
2545. Heise, Carl Georg "Oskar Kokoschka" *Westermanns Monatshefte* 97. Jg. NR. 1 s. 67 - 68 (1956).
2546. Heuss, Theodor "Wiedersehen mit Oskar Kokoschka" in Th. Heuss: *Zur Kunst dieser Gegenwart.* 3 Essays. Tübingen 1956 s. 83 - 87.
2547. Hodin, J. P. "Oskar Kokoschkas politische Gemälde" *Werk* (Winterthur) July 1945 s. 209 - 13.
2548. Hodin, J. P. "Oskar Kokoschka" *Der Monat* 2. Jg. 18. Heft s. 651 - 57 (1950).
2549. Hodin, J. P. "Neue Kokoschka-Literatur" *Das Kunstwerk* Baden-Baden) 10. Jg. 3. Heft s. 55 (1956).
2549A. Hodin, J. P. "Kokoschka-Literatur" *Das Kunstwerk* (Baden-Baden) 10. Jg. 5. Heft s. 59 (1957).
2550. Hoff, Claudia "Ein Maler sucht das Antlitz Europas. Oskar Kokoschka zum 70. Geburtstag" *Das ganze Deutschland* (Detmold) 8. Jg. NR. 10 s. 5 (1956).
2550A. Hofmann, Werner "Oskar Kokoschka" *Wort in der Zeit* 2. Jg. 3. Heft s. 1 - 11 (1956).

2550B. Hölscher, E. "Oskar Kokoschka" *Gebrauchsgraphik* 21. Jg. NR. 9 s. 56 (1950).
2551. Holst, Niels von "Oskar Kokoschka, Maler und Dramatiker" *Das literarische Deutschland* 2. Jg. NR. 3 s. 12 (1951).
2552. Hufeland, Max "Malergenie des Eigensinns. Der siebzigjährige Oskar Kokoschka" *Deutsche Woche* (München) 6. Jg. NR. 9 s. 13 (1956).
2553. Jacobs, Wilhelm "Oskar Kokoschka" *Junge Gemeinschaft* (Bonn) 8. Jg. NR. 4 s. 4 (1956).
2554. Jähner, H. "Kokoschka und die Frage der Opposition. Zum 70. Geburtstag des Künstlers" *Bildende Kunst* (Dresden) 4. Jg. NR. 3 s. 140 - 44 (1956).
2555. Kern, W. "Begegnung mit Oskar Kokoschka" *Neue Schweizer Rundschau* N.F. 15. Jg. s. 572 - 76 (1947/48).
2555A. Kesting, E. "Begegnung mit Oskar Kokoschka" *Bildende Kunst* (Dresden) 1957 NR. 1 s. 64 - 65.
2556. Kinkel, Hans "Gesichte und Gesichter. Zum 70. Geburtstag von Oskar Kokoschka" *Von Atelier zu Atelier* (Düsseldorf) 4. Jg. NR. 3. s. 329 (1956).
2556A. Knoth, Werner "Salzburger Begegnungen. Oskar Kokoschka" *Von Atelier zu Atelier* (Düsseldorf) 5. Jg. s. 24 (1957).
2557. Lampel, Peter Martin "Zu dem Artikel Oskar Kokoschka (NR. 31: 32 - 36)" *Der Spiegel* 5. Jg. NR. 37 s. 35 (1951).
2558. Michaelis, K. "Das 'innere' Gesicht" *Bildende Kunst* (Dresden) 4. Jg. NR. 3 s. 165 (1956).
2559. Ohff, Heinz "Oskar Kokoschka nach 20 Jahren" *Das ganze Deutschland* 3. Jg. NR. 4 s. 6 (1951).
2560. Pfister, Kurt "Kokoschka in München" *Rheinischer Merkur* (Koblenz) 5. Jg. NR. 38 s. 8 (1950).
2561. Reifenberg, Benno "Nerven. Über Kokoschka" in B. Reifenberg: *Das Abendland gemalt. Schriften zur Kunst* Frankfurt a. M. 1950 s. 397 - 401.
2562. Roh, Franz "Das Bildnis bei Kokoschka und die heutige Problematik des Porträts" *Die Kunst und das schöne Heim* 53. Jg. 4. Heft s. 130 (1955).
2563. Sauter, Lily von "Begegnung in Paris - Oskar Kokoschka" *Wort und Tat* 1. Jg. 2. Heft s. 94 - 98 (1946/47).
2564. Schade, Herbert "Guernica und Thermopylae. Zwei Katastrophenbilder von Picasso und Kokoschka" *Stimmen der Zeit* 157. Bd. s. 425 - 36 (1955/56).
2564A. Schony, Heinz "Von den Vorfahren des Malers Oskar Kokoschka" *Adler* (Wien) 4. (18.) Bd. s. 73 - 74 (1956).
2565. Schreck, Hans "Oskar Kokoschka" *Die Kommenden* (Freiburg/Br.) 4. Jg. NR. 9 s. 56 (1950).
2566. Schelzig, Alfred "Das dichterische Werk Oskar Kokoschkas" *Eckart* (Witten) 25. Jg. s. 448 - 51 (October - December 1956).
2567. Scher, Peter "Als Kokoschka mich malte" *Das literarische Deutschland* 2. Jg. NR. 4 s. 7 (1951).
2568. Schmied, Wieland "'Hinab zu den Müttern'. Zum Lebenswerk

Kokoschkas in der Wiener Sezession" *Die Furche* (Wien) 11. Jg. NR. 45 s. 7 (1955).

2569. Schneditz, Wolfgang "Kokoschkas Erinnerung an Trakl" *Die Presse* 1950 Wochenausgabe NR. 42.

2570. Schön, Gerhard "Die Thermopylen Oskar Kokoschkas" *Rheinischer Merkur* (Koblenz) 11. Jg. NR. 9 s. 8 (1956).

2571. Siemer, L. "Die Landschaft bei Oskar Kokoschka" *Der Kunsthandel* 46. Jg. NR. 7 s. 7 - 9 (1954).

2572. Tank, Kurt Lothar "Kokoschka malt einen Bürgermeister" *Sonntagsblatt* (Hamburg) 4. Jg. NR. 31 s. 7, 15 (1951).

2573. Thimme, Jürgen "Kokoschka und Winter" *Deutsche Universitätszeitung* (Göttingen) 5. Jg. NR. 20 s. 12 - 14 (1950).

2574. Thwaites, John Anthony "Begegnung mit Oskar Kokoschka. Blick in das wirkliche Ich" *Die neue Zeitung: Almanach* (München) 1950 s. 55 - 56.

2575. Thwaites, John Anthony "Personalismus in der Malerei" *Das Kunstwerk* (Baden-Baden) 5. Jg. 3. Heft s. 31 - 37 (1951).

2576. Westheim, Paul "Kokoschka, der Zeichner" *Das Kunstwerk* (Baden-Baden) 5. Jg. 3. Heft s. 39 - 45 (1951).

2577. Wilckens, Leonie von "Über die Farbe bei Kokoschka" *Das Kunstwerk* (Baden-Baden) 5. Jg. 3. Heft s. 60 (1951).

2578. Wingler, Hans Maria "Oskar Kokoschkas neue Bilder 1947 - 1950" *Die Kunst und das schöne Heim* 49. Jg. NR. 2 s. 41 - 45 (1950).

2579. Wingler, Hans Maria "Omnia Vana" *Das Kunstwerk* (Baden-Baden) 4. Jg. 2. Heft s. 21 (1950).

2580. Wingler, Hans Maria "Oskar Kokoschka" (RE: his four dramas) *Frankfurter Hefte* 5. Jg. NR. 10 s. 1082 - 85 (1950).

2581. Wingler, Hans Maria "Kokoschkas pädagogische Konzeption" *Das Kunstwerk* (Baden-Baden) 5. Jg. 3. Heft s. 46 - 49 (1951).

2582. Wingler, Hans Maria "Kokoschkas Salzburger Akademie" *Das Kunstwerk* (Baden-Baden) 8. Jg. 2. Heft s. 28 (1954).

2583. Wingler, Hans Maria "Oskar Kokoschka" *Der Sturm* 1955 s. 10 ff.

2584. Wingler, Hans Maria "Vom Kontinent her gesehen. Kokoschka, England und die englische Kunst" *Offene Welt* (Bonn)1955 NR. 37 s. 31 - 36.

2585. Worner, H. "Oskar Kokoschka" *Bildende Kunst* (Berlin) 2. Jg. 2. Heft s. 14 (1948).

2586. Zahn, L. "Oskar Kokoschka" *Das Kunstwerk* (Baden-Baden) 1948 1./2. Heft s. 29 - 35.

## IX. Books and dissertations on Kokoschka (English)

2587. Hoffmann, Edith *Oskar Kokoschka. His Life and Work* London 1947.

## X. Articles on Kokoschka (English)

2588. --- "Lithographs and Paintings of Oskar Kokoschka" *New York Times* July 7, 1929 (Sec. VIII, p. 10:4).

2589. --- "Oskar Kokoschka" *Spectator* 156: 513 (March 20, 1936).

2590. --- "Kokoschka Exhibits" *New York Times* September 25, 1938 (Sec. IX, p. 9:3); January 14, 1940 (Sec. IX, p. 9:3); January 5, 1941 (Sec. IX, p. 9:8); November 2, 1941 (Sec. IX, p. 9:2); April 4, 1943 (Sec. II, p. 8:6); October 10, 1948 (Sec. II, p. 9:3).
2591. --- "Saints and Demons *Time* 38: 46 + (November 10, 1941).
2592. --- "Mr. Oxygen" *Time* 52: 40 (July 12, 1948).
2593. --- "World of Kokoschka" *Newsweek* 32: 105 - 6 (October 18, 1948).
2594. --- "Portrait" *Theater Arts* 33: 22 (July 1949).
2595. --- "King of the Castle" *Time* 62: 46 (August 3, 1953).
2596. --- "Standards of Contemporary American and British Portrait Artists" *New York Times* April 25, 1954 (Sec. II, p. 11:5).
2597. --- "Oskar Kokoschka's Oskar Kokoschka" *Time* 66: 60 (August 29, 1955).
2598. --- "Kokoschka's Way" *Newsweek* 46: 110 + (October 10, 1955).
2599. Bard, J. "The Leading Expressionist: with Oskar Kokoschka in London" *Forum* 78: 410 - 416 (September 1927).
2600. Bayes, W. "Imports and Exports in the Arts" *Saturday Review* (London) 145: 802 - 3 (June 23, 1928).
2601. Born, Wolfgang "Oskar Kokoschka and his Time" *Bulletin of the City Art Museum of St. Louis* December 1942 p. 32.
2602. Bulliet, C. J. "Oskar Kokoschka" in C. J. Bulliet *Significant Moderns and their Pictures* Covici 1936 p. 170 - 71.
2603. Clark, B. H. "The Plays of Oskar Kokoschka" *Poet Lore* 35: 522 - 27 (December 1924).
2604. Earp, T. W. "Fog and Fireworks" *New Statesman* 31: 358 (June 23, 1928).
2605. Goldberg, I. "Oskar Kokoschka" in I. Goldberg: *Drama of Transition* Cincinnati 1922 p. 313 - 18.
2606. Hodin, J. P. "Expressionism" *Horizon* 19: 48 - 51 (January 1949).
2607. Neumeyer, A. "Oskar Kokoschka" *Magazine of Art* 38: 261 - 65 (November 1945).
2608. Waldemar, George "Kokoschka and Max Beckmann" *Creative Art* April 1931 p. 459.

## PAUL KORNFELD

I. Plays (in the order of publication)

2609. *Die Verführung.* Eine Tragödie in 5 Akten  Berlin  S. Fischer 1916.
2610. *Himmel und Hölle.* Eine Tragödie in 5 Akten und einem Epilog  Berlin  S. Fischer  1919.
2611. *Der ewige Traum.* Eine Komödie  Berlin  E. Rowohlt  1922.
2612. *Palme; oder, Der Gekränkte.* Eine Komödie in 5 Akten  Berlin  E. Rowohlt  1924.
2613. *Sakuntala.* Schauspiel in 5 Akten. Nach Kalidasa  Berlin  E. Rowohlt  1925.
2614. *Kilian; oder, Die gelbe Rose.* Eine Komödie in 3 Akten  Berlin  E. Rowohlt  1926.
2615. *Jud Süss.* Trauerspiel  (Premiere: Berlin - October 7, 1930)  no record of publication found.

II. Reviews and articles on specific plays  (German)

*Der ewige Traum*

2616. *Hellweg*  3. Jg.  s. 66  (1923).
2617. *Das literarische Echo*  25. Jg.  s. 610  (1923)  B. Diebold (Uraufführung).
2618. *Berliner Börsenzeitung*  January 23, 1923  W. W. Göttig.
2619. *Deutsche Allgemeine Zeitung*  January 25, 1923  K. Viëtor.
2620. *Frankfurter Zeitung*  January 22, 1923  B. Diebold.

*Himmel und Hölle*

2621. *Das deutsche Drama*  3. Jg.  s. 123  (1920)  Dürlberg.
2622. *Das deutsche Drama*  4. Jg.  II.  s. 8 - 13  (1921)  J. Bab.
2623. *Das deutsche Drama*  5. Jg.  s. 117  (1922).
2624. *Die Frau*  29. Jg.  s. 12 - 18  E. Beckmann.
2625. *Das literarische Echo*  22. Jg.  s. 979 - 81  (1920)  E. Heilborn (Uraufführung).
2626. Gronicka, Andrè von "Das Motif der Einsamkeit im modernen deutschen Drama"  *German Quarterly*  27: 12 - 24  (1954).

*Jud Süss*

2627. *C. V. Zeitung*  9. Jg.  s. 542, 549  (1930)  H. Lachmanski.
2628. *Das deutsche Drama*  N.F. 3. Jg.  s. 238  (1931).
2629. *Die Literatur*  33. Jg.  s. 160  (1931)  E. Heilborn  (Berliner Uraufführung).
2630. *Die schöne Literatur*  31. Jg.  s. 571  (1930)  H. Knudsen.

*Kilian; oder, Die gelbe Rose*

2631. *Die deutsche Kritik*  (Chemnitz)  2. Jg. A.  s. 1027  (1926)  Marcuse und Diebold  (Uraufführung).
2632. *Hellweg*  6. Jg.  s. 703  (1926)  F. Reyap.
2633. *Die Literatur*  29. Jg.  s. 223  (1927)  B. Diebold.

2634. *Die schöne Literatur* 28. Jg. s. 44 - 45 (1927) W. Deubel.
2635. *Weltbühne* 23. Jg. I. s. 262 - 64 (1927) A. Eloesser.
2636. *Deutsche Allgemeine Zeitung* February 4, 1927 Fechter.
2637. *Frankfurter Zeitung* November 8, 1926 B. Diebold.

Palme; oder, Der Gekränkte

2638. *Gral* 19. Jg. s. 172 (1924).
2639. *Hellweg* 4. Jg. s. 217 (1924).
2640. *Das literarische Echo* 26. Jg. s. 486 (1924) E. Heilborn (Uraufführung).
2641. *Die schöne Literatur* 25. Jg. s. 156 - 58 (1924) H. Knudsen.
2642. *Frankfurter Zeitung* May 2, 1924 B. Diebold.

Sakuntala

2643. *Die Rampe* (Hamburg) 1925/26 s. 1 L. Weltmann.
2644. *Frankfurter Zeitung* January 23, 1925 B. Diebold.

Die Verführung

2645. *Donauland* 2. Jg. s. 233 (1918) J. Körner.
2646. *Das neue Deutschland* (Berlin) 1917 s. 224.
2647. *Das Reich* (München) 1. Jg. s. 618 (1917).
2648. *Die Schaubühne* 1918 s. 230.
2649. *Die schöne Literatur* 18. Jg. s. 372 (1917) R. Dohse.
2650. *Die schöne Literatur* 24. Jg. s. 96 (1923) R. Dohse.
2651. *Die schöne Literatur* 24. Jg. s. 238 (1923) H. Knudsen.

IV. Reviews and articles on specific plays (English)

Jud Süss

2652. *New York Times* November 30, 1930 (Sec. IX, p. 2:1).

V. Non-fictional publications of Kornfeld (German)

2653. Kornfeld, Paul "Der beseelte und der phychologische Mensch" *Das junge Deutschland* 1. Jg. January s. 1 - 13 (1918).
2654. Kornfeld, Paul "Wedekind" *Das junge Deutschland* 1. Jg. s. 99 (1918).
2654A. Kornfeld, Paul "Gebet" *Neue Blätter für Kunst und Dichtung* 1. Jg. s. 63 - 64 (1918).
2655. Kornfeld, Paul "Die Berliner Kritiker" *Symbolae Antillanae* 9. Bd. s. 529 - 33 (1924).
2656. Kornfeld, Paul "Arnolt Bronnen als Femesänger" *Das Tagebuch* 10. Jg. s. 829 (1929).
2657. Kornfeld, Paul "Die Buchkritik" *Hefte für Büchereiwesen* 13. Jg. s. 320 (1929).
2658. Kornfeld, Paul "Knut Hamsun" *Das Tagebuch* 10. Jg. s. 1282 (1929).
2659. Kornfeld, Paul "Kochkunst" *Das Tagebuch* 10. Jg. s. 1747 (1929).
2660. Kornfeld, Paul "Sektion für Dichtkunst" *Das Tagebuch* 12. Jg. s. 304 (1931).

2661. Kornfeld, Paul "Todesstrafe" *Das Tagebuch* 12. Jg. s. 815 (1931).
2662. Kornfeld, Paul "Phrasen der Zeit" *Querschnitt* 10. Jg. s. 581-87 (1931).

VI. Non-fictional publications of Kornfeld (English)

2663. Kornfeld, Paul "Expressionism" in *Actors on Acting* (T. Cole and H. K. Chinory, ed.) Crown 1950 p. 278 - 80.

VIII. Articles on Kornfeld (German)

2664. Bab, J. "Deutsche Bühnenkunst" *Die Hilfe* 1920 s. 318 - 19.
2665. Schwabe, T. "Paul Kornfeld: Ein Dichter der Ekstase" *Das Landhaus* (Jena) 4. Jg. s. 53 - 58, 75 (1919).
2666. Slorowitz, L. "Paul Kornfeld" in *Juden in der deutschen Literatur. Essays* (G. Krojanker, ed.) Berlin 1922 s. 219 - 30.
2667. Weltmann, L. "Paul Kornfeld" *Die Literatur* 30. Jg. s. 131 (1927).
2667A. Wittner, Victor "Zum Tode zweier führender Expressionisten" *Basler Nachrichten* NR. 489 1945.
2668. Zweig, Arnold "Poetentheater" in A. Zweig; *Juden auf der deutschen Bühne* Berlin 1928 s. 235 - 44.

## LUDWIG RUBINER

(Note: Since bibliographical information on Rubiner has been relatively meager in the past, all of his fictional works have been listed in section I. In addition, section II includes reviews of his non-fictional writings.)

I. Fictional works (in the order of publication)
2669. *Kriminalsonette* (with Fr. Eisenlohr and L. Hahn) Leipzig 1913.
2670. *Der Aufstand.* Pantomine für das Kino *Das Kinobuch* Leipzig K. Wolff 1914 s. 107 - 117.
2671. *Das himmlische Licht* (Gedichte) Leipzig K. Wolff 1916 (1917 on cover).
2672. *Die Gewaltlosen.* Drama in 4 Akten Potsdam G. Kiepenheuer 1919 (1. Band, *Der dramatische Wille*).
2673. *Kameraden der Menschheit.* Dichtungen zur Weltrevolution. Eine Sammlung (poems) Potsdam K. Kiepenheuer 1919 (Ludwig Rubiner, ed.).

II. Reviews and articles on Ludwig Rubiner's fictional and non-fictional writings (German)

*Gemeinschaft*
2674. *Vossische Zeitung* June 13, 1920 A. Eloesser.

*Die Gewaltlosen*
2675. *Das deutsche Drama* 3. Jg. s. 181 (1920) R. Elsner.
2676. *Das literarische Echo* 22. Jg. s. 1183 (1920) E. Heilborn (Uraufführung).
2677. *Die schöne Literatur* 21. Jg. s. 139 (1920) H. Knudsen.
2678. *Sozialistische Monatshefte* 1920 s. 539 W. Koch.

*Das himmlische Licht*
2679. *Neue Rundschau* 1917 s. 1280 - 81 O. Loerke.
2680. *Die Wage* 21. Jg. s. 632 H. Benzmann.
2681. *Die weissen Blätter* (Zürich) 4. Jg. s. 230 M. Herrmann.

*Kameraden der Menschheit*
2682. *Leipziger Lehrerzeitung* 28. Jg. (1921) Lit. Beilage NR. 5 s. 38 P. Sommer.
2683. *Die neue Zeit* 38. Jg. s. 456 (1920).

"Krise des geistigen Lebens" (See No. 2692)
2684. *Zeitschrift für Psychologie* 81. Bd. s. 113 (1919) H. Henning.

*Der Mensch in der Mitte*
2685. *Glocke* (München) 3. Jg. s. 475 - 79 (December 22, 1917) K. Schröder (under "Expressionistisches Manifesto").
2686. *Neue Rundschau* 1918 s. 989 - 90 R. Kayser.

2687. *Sozialistische Monatshefte* 1917 s. 1293 W. Zepler.
2688. *Berliner Tageblatt* November 19, 1917.

V. Non-fictional publications of Ludwig Rubiner (German)

2689. Rubiner, L. *Der Mensch in der Mitte* (Sociological essays) 2. Werk der Politischen Aktions-Bibliothek (Franz Pfemfert, ed.). Verlag der Wochenschrift *Die Aktion* 1917 (Note: 2nd Edition published by Gustav Kiepenheuer, Potsdam, 1920, under the editorship of Frida Rubiner).

2690. Rubiner, L. (ed.) *Die Gemeinschaft.* Dokumente der geistigen Weltwende (hrsg. als Jahrbuch des Verlages Gustav Kiepenheuer) Potsdam 1920.

2691. Rubiner, L. "Aenderung der Welt" *Das Ziel* (K. Hiller, ed.) 1916.

2692. Rubiner, L. "Zur Krise des geistigen Lebens" *Zeitschrift für Individualpsychologie* 1. Jg. s. 231 - 40 (1916).

2693. Rubiner, L. "Legende vom Orient" *Die weissen Blätter* (Zürich) 1916 6. Heft s. 252 - 75.

2694. Rubiner, L. "Heinrich Mann und Stefan George" *Die Aktion* (Berlin) 1918 s. 29.

2695. Rubiner, L. "Kulturelle Stellung des Schauspielers" *Freie deutsche Bühne* (Berlin) 1919 s. 5 - 12.

2696. Rubiner, L. "Erneuerung" *Forum* (München) 2. Jg. s. 59 - 67 (1919); also in *Die Gemeinschaft* (L. Rubiner, ed.) Potsdam 1920 s. 71 - 77.

2697. Rubiner, L. "Der Dichter Voltaire" *Die weissen Blätter* 6. Jg. s. 9 (1919); also in *Die Gemeinschaft* (L. Rubiner, ed.) Potsdam 1920 s. 176 - 184.

2698. Rubiner, L. All articles in *Zeit-Echo* 3 Jg. Maiheft 1/2.

VIII. Articles on Ludwig Rubiner (German)

2699 Chapiro, J. "Ludwig Rubiner" *Weltbühne* 1920 s. 628 - 31.

2699A. Hermann-Neise, Max "Ludwig Rubiner" *Die Aktion* 13. Jg. NR. 4 (1923).

2700. Hiller, Kurt "Ludwig Rubiner" *Das Ziel* (Leipzig) 1919 s. 53 - 59.

2701. Kesser, H. "Ludwig Rubiner" *Das Tagebuch* (Berlin) 1920 s. 401 - 4.

2702. Leonhard, R. "Ludwig Rubiner" *Freie deutsche Bühne* 1921 s. 585.

# REINHARD JOHANNES SORGE

(Note: Since source material on Sorge is scarce and bibliogrphical information correspondingly meager, his entire literary production has been dealt with. Thus, section I lists Sorge's dramatic and poetic work while section II also includes reviews of the biography, *Unser Weg*, written by his wife.)

I. Dramatic and poetic works of R. J. Sorge (in the order of publication)

2703. *Der Bettler;* eine dramatische Sendung. Fünf Aufzüge Berlin S. Fischer 1912 (Republished in 1954 by Lechte Verlag as #4 of *Dramen der Zeit*).

2704. *Guntwar, die Schule eines Propheten.* Handlung in 5 Aufzügen, einem Vorspiel und einem Nachspiel. Kempten-München J. Kösel 1914.

2705. *Metanoeite.* Drei Mysterien Kempten-München J. Kösel 1915 (Contents: Mysterium I. *Mariä Empfängnis. Mariä Heimsuchung.* Mysterium II. *Christi Geburt.* Mysterium III. *Darstellung Jesu. Wiederfinden im Tempel.*)

2706. *König David.* Schauspiel Berlin S. Fischer 1916.

2707. *Mutter der Himmel.* Ein Sang in 12 Gesängen Kempten-München Kösel & Pustet 1917.

2708. *Gericht über Zarathustra.* Eine Vision Kempten-München Kösel & Pustet 1921.

2709. *Mystische Zwiesprache.* (*Adam und Eva. Isaaks Opfer. Lied Moses, des Mannes Gottes. Hiob. Methusalah, des Alten, Sprüche*) München Kösel & Pustet 1922.

2710. *Preis der Unbefleckten.* Sang über die Begebnisse zu Lourdes Leipzig Vier-Quellen Verlag 1924.

2711. *Der Sieg des Christos.* Eine Vision, dargestellt in dramatischen Bildern Leipzig Vier-Quellen Verlag 1924 (Containing the dramas: *Franziskus, der heilige Bettler* and *Martin Luther, der ohne Reichtum*).

2712. *Werke: Auszug.* Auswahl und Einführung von Martin Rockenbach München-Gladbach Führer Verlag 1924 (Excerpts from *Bettler, Gericht über Zarathustra, Guntwar, König David, Metanoeite, Mutter der Himmel, Mystische Zwiesprache, Sieg des Christos*).

2713. *Der Jüngling: Die frühen Dichtungen* Kempten Kösel & Pustet 1925 (Contains: *Zarathustra, eine Impression* and the dramatic fragments *Prometheus* and *Odysseus*).

2714. *Nachgelassene Gedichte* Leipzig Vier-Quellen Verlag 1925.

2715. *Das Unbekannte.* Drama. Unpublished manuscript, 19— ?

2716. "Des Narren Lied vom guten Bruder Tod" (Poem) in *Orplid* 11. Jg. 12. Heft.

II. Reviews and articles on Sorge's works and on the biography written by his wife (German)

*Der Bettler*

2717. *Geisteskampf der Gegenwart* 1929 s. 27 - 30 W. Knevels.
2717A. *Hochland* 15. Jg. pt. I s. 713 - 15 (1917/18) R. K. Diepold.
2718. *Das Reich* (München) 1918 s. 769 A. Wolfenstein.
2719. *Die schöne Literatur* 19. Jg. s. 18 (1918) H. Knudsen.
2720. *Münchener Neueste Nachrichten* 79. Jg. NR. 199 (1926) Roman Woerner.
2721. Kaiser, Joachim *"Der Bettler. Reinhard Johannes Sorge und das expressionistische Drama" Deutsche Universitätszeitung* (Göttingen) 9. Jg. 8. Heft s. 14 - 16 (1954).
2722. Kuhlhorn, W. "Der alte und neue Bettler nach Reinhard Sorges Bettler" *Hellweg* 4. Jg. s. 961 (1924).

*Gericht über Zarathustra*

2723. *Allgemeine Rundschau* (München) 19. Jg. s. 561 (1922) Auerfaber.
2724. *Hamburger Fremdenblatt* February 21, 1922 M. Wagner (under "Ein Nietzsche-Gegner").

*Guntwar, die Schule eines Propheten*

2725. *Zeitschrift für Bücherfreunde* N.F. 6. Jg. I. s. 262 (1914).

*Jüngling. Frühe Dichtungen*

2726. *Gral* 19. Jg. s. 614 (1925) Michel Becker.
2727. *Literarische Wochenschrift* (Weimar) 1926 s. 693.

*Metanoeite*

2728. *Die Bücherwelt* 12. Jg. s. 68 (1915) S. Wieser.
2728A. *Hochland* 15. Jg. pt. I s. 605 - 6 (1917/18) Karl Muth.
2729. *Literarischer Anzeiger* (Graz) 31. Jg. s. 172 (1917) F. Werth.
2730. *Neues sächsisches Kirchenblatt* 39. Jg. s. 250 (1932) Franke.
2731. *Schweizer Rundschau* 30. Jg. s. 478 (1930) Karrar.
2732. *Zeitschrift für Bücherfreunde* N.F. 7. Jg. II. s. 350 (1915).

*Mutter der Himmel*

2733. *Konservative Monatsschrift* 76. Jg. s. 129 - 30 (1918) R. Braun.
2734. *Die schöne Literatur* 21. Jg. s. 2 (1920) L. Kohler.
2735. *Zeitschrift für Bücherfreunde* N.F. 11. Bd. Beilage s. 71 (1919) H. Benzmann.
2736. *Der Tag* (Berlin) Beilage August 1, 1918 J. Hengesbach (under "Ein Vermächtnis").

*Mystische Zwiesprache*

2737. *Soziale Revue* 23. Jg. s. 78 (1923).

*Nachgelassene Gedichte*
2738. *Die christliche Frau* (Köln) 24. Jg. s. 139 - 43 (1926) A. Bender.
2739. *Gral* 19. Jg. s. 614 (1925) Michel Becker.

*Preis der Unbefleckten*
2740. *Soziale Revue* 24. Jg. s. 242 (1924).

*Sieg des Christos*
2741. *Bücherwelt* 21. Jg. s. 161 (1924) V. Redlich.
2742. *Franziskanische Studien* (Münster) 11. Jg. s. 310 (1925).
2743. *Soziale Revue* 24. Jg. s. 242 ((1924).

*Das Unbekannte*
2744. Prang, H. "Reinhard Sorges Drama *Das Unbekannte*" *Die Besinnung* (Nürnberg) 8. Jg. s. 21 - 31 (1953).

"Werden der Seele" (See No. 2755)
2745. *Hochland* October 1916 s. 125 - 28 .

*Unser Weg* (Sorge biography by his wife Susanne)
2746. *Das deutsche Drama* N.F. 2. Jg. s. 304 (1930).
2747. *Freie Welt* (Reichenberg) 9. Jg. 211. Heft s. 244 (1928) Bergmann.
2748. *Gral* 22. Jg. s. 644 (1928).
2749. *Gral* 31. Jg. s. 221 (1937) E. Kroneberger.
2750. *Literarische Welt* (Berlin) 5. Jg. NR. 6 s. 6 (1929) H. Kasack.
2751. *Die Literatur* 30. Jg. s. 493 (1928) M. Rockenbach.
2752. *Das neue Reich* (Wien) 10. Jg. s. 485 (1928) R. Lindemann.
2753. *Die schöne Literatur* 29. Jg. s. 259 (1928) Th. Maus.
2754. *Türmer* 30. Jg. April s. 76 (1928).

V. Non-fictional publications of R. J. Sorge (German)
2755. Sorge, R. J. "Werden der Seele" (Abriss einer Konversion) *Hochland* May 1914 s. 199 and *Reinhard Johannes Sorge. Auswahl und Einführung von Dr. Martin Rockenbach* München-Gladbach 1924 s. 63 - 65.
2756. Sorge, R. J. "Drama des Expressionismus" *Nachrichten aus dem geistigen und künsterischen Leben Göttingens* 1920 I. Sem. s. 170.

VII. Books and dissertations on R. J. Sorge (German)
2757. Becker, Michel *Reinhard Johannes Sorge* Würzburg, Dortmund 1924.
2758. Grossrieder, H. *R. J. Sorges "Bettler". Der Schöpfungsgang des ersten expressionistischen Dramas* (Diss. Freiburg/Schweiz 1939) Universitätsbuchhandlung 1939.
2759. Humfeld, Marie S. *Reinhard Johannes Sorge. Ein Gralsucher unserer Zeit* Paderborn 1929.
2760. Kawa, E. *Reinhard Johannes Sorge.* Meitingen/Augsburg 1949 (No. 58 of series *Lebensschule der Gottesfreunde*).

2761. Kröll, J. *Reinhard Johannes Sorge. Studien zu seiner inneren Entwicklung* (Diss. Berlin) 1942.
2762. Nusspickel, J. J. *Reinhard Johannes Sorge als Dramatiker* (Diss. Münster) 1923.
2763. Rockenbach, Martin *Studien zu R. J. Sorges künstlerischem Schaffen unter Berücksichtigung der dramatischen Sendung "Der Bettler"* Leipzig 1924. Excerpt published in *Gral* 16. Jg. s. 294 - 96 (1922).
2764. Sorge, Susanne *Reinhard Johannes Sorge. Unser Weg* München 1927.
2765. Spael, Wilhelm *Reinhard Johannes Sorge* Essen 1921.

VIII. Articles on R. J. Sorge (German)

2766. --- "Echo des Zeitgenossen. Zur Wiederkehr des 10. Todestages Sorges" *Die Literatur* 28. Jg. s. 720 (1926).
2767. --- "Reinhard Johannes Sorge" *Hochland* 23. Jg. II. s. 505 (1926).
2768. --- "Reinhard Johannes Sorge" *Der Seelsorger* (Innsbruck) 2. Jg. s. 324 (1926).
2769. --- "Ein apostolischer Dichter" *Westdeutsche Arbeiterzeitung* August Beilage 1935.
2770. --- "Der Dramatiker Sorge" *Der Augarten* (Wien) 6. Jg. s. 325 (1941).
2771. Albani, J. "Ein neues Buch über Reinhard Johannes Sorge" *Allgemeine Rundschau* (München) 20. Jg. s. 276 (1923).
2772. Bachmann, H. "Reinhard Johannes Sorge und unser Weg" *Die Schildgenossen* (Rothenfels) 6. Jg. s. 188 - 203 (1926).
2773. Bachmann, H. "Reinhard Johannes Sorge" *Germania* (Berlin) July 2, 1926.
2774. Baldus, A. "Reinhard Johannes Sorge. Zu des Dichters 5. Todestage" *Die allgemeine Rundschau* (München) 18. Jg. s. 373 (1921).
2775. Bork, A. "Reinhard Sorge vor seiner religiösen Wandlung" *Das junge Deutschland* 1. Jg. s. 22 (1918).
2776. Brand, G. K. "Reinhard Johannes Sorge" in G. K. Brand: *Die Frühvollendeten* Berlin 1929 s. 291 - 97.
2777. Felner, K. von "Reinhard Johannes Sorge, der Dichter" *Die Wage* N.F. IV s. 538 (1923).
2778. Franck, H. "Reinhard Johannes Sorge, Dichter" *Das deutsche Drama* 1. Jg. s. 144.
2779. Freischlag, Wilhelm "Reinhard Johannes Sorge: Dichter und Soldat des Weltkrieges" in W. Freischlag: *Männer vor Gott und Volk* Salzburg 1939 s. 221 - 38.
2780. Freyhan, M. "Reinhard Johannes Sorge" *Berliner Börsenzeitung* July 20, 1926.
2780A. Fuchs, Friedrich "Reinhard Johannes Sorges Weg" *Hochland* 25. Jg. pt. I s. 323 - 25 (1927/28).
2781. Gallwitz, S. D. "Reinhard Sorge" in S. D. Gallwitz: *Der neue Dichter und die Frau* Berlin 1927 s. 15 - 21.

2782. Guenther, Johannes V. "Reinhard Johannes Sorge" *Hochland* 13. Jg. I s. 353 (December 1915).
2783. Heimann, M. "Reinhard Sorge" *Die neue Rundschau* September 1916 s. 1292.
2784. Hess, E. "Reinhard Johannes Sorge" *Neue Züricher Zeitung* October 3, 1922.
2785. Hollaender, F. "Das junge Deutschland und Reinhard Sorge" *Das junge Deutschland* 1. Jg. s. 18 - 21 (1918).
2786. Hüllen, Werner "Der Expressionismus und Reinhard Johannes Sorge" *Begegnung* (Koblenz) 5. Jg. s. 198 - 200 (1950).
2787. Hug, A. "Reinhard Johannes Sorge" *Benediktinische Monatsschrift* (Kunstverlag: Beuron) 12. Jg. s. 45 - 58, 205 - 22 (1930).
2788. Humfeld, M. S. "Reinhard Johannes Sorge, ein Christusträger" *Die Friedensstadt* (Paderborn) 11. Jg. s. 125 - 31 (1938).
2789. Irinyi, Eugen von "Erlebte Offenbarung" *Die Furche* (Wien) 1947 NR. 30.
2790. Knevels, W. "Das dramatische Werk Sorges" *Geisteskampf der Gegenwart* 1929 s. 27 - 30.
2791. Landsdorf, O. "Reinhard Johannes Sorge" *Franziskus-Stimmen* 10. Jg. s. 248, 275 (1925/26).
2792. Lindemann, R. "Reinhard Johannes Sorges Weg" *Germania* (Berlin) November 24, 1927.
2793. Linden, O. "Reinhard Johannes Sorge" *Bücherwelt* 26. Jg. s. 321 - 27 (1929).
2794. Mach, D. "Verwandlung. Gedanken über Sorge" *Die freie Welt* (Reichenberg) 10. Jg. 228. Heft s. 19 - 22.
2795. Menge, G. "Reinhard Johannes Sorge auf dem Wege zur Kirche" *Die Friedensstadt* (Paderborn) 6. Jg s. 161 - 66 (1933).
2796. Menge, G. "Reinhard Johannes Sorge als Katholik" *Die Friedensstadt* (Paderborn) 6. Jg. s. 209 - 13 (1933).
2796A. Muckermann, Friedrich "Geleitwort" (to Sorge-Sonderheft) *Gral* 16. Jg. s. 290 - 91 (1922).
2797. Münich, A. "Reinhard Johannes Sorge" *Der Weg. Monatsschrift für die oberen Klassen höherer Lehranstalten.* 5. Jg. s. 87 - 92 (1928).
2798. Muth, Karl "Reinhard Johannes Sorge" *Hochland* 15. Jg. Part I s. 605 - 6 (1917/18).
2799. Muth, Karl "Reinhard Johannes Sorge und der Literat" *Hochland* 17. Jg. Part I s. 726 - 31 (1919/20).
2800. Muth, Karl "Reinhard Johannes Sorge" *Die Tat. Wege zum freien Menschentum* 13. Jg. s. 77 - 81 (1921).
2801. Neidhart, B. "Reinhard Johannes Sorge" *Schweizer Rundschau* 26. Jg. s. 40 - 46 (1926).
2801A. Rockenbach, Martin "Reinhard Johannes Sorge" *Gral* 16. Jg. s. 230 - 31 (1922).
2802. Rockenbach, Martin "Reinhard Johannes Sorge" *Das literarische Echo* 25. Jg. s. 321 (1923).
2802A. Rochenbach, Martin "Reinhard Johannes Sorge als Mensch und Künstler" *Gral* 16. Jg. Sorge-Sonderheft s. 293 - 320 (1922).

2803. Rockenbach, Martin "Reinhard Johannes Sorge als Lyriker" *Hamburger Fremdenblatt* July 25, 1925.
2804. Rockenbach, M. "Reinhard Johannes Sorge" *Begegnung* 1. Jg. s. 187 (1946).
2805. Schäfer, G. "Sorges Weg zur Kirche" *Schönere Zukunft* (Wien) 4. Jg. s. 916 (1928/29).
2806. Schulze, F. "Reinhard Johannes Sorge" in *Die Unvergessenen* (E. Jünger, ed.) Berlin 1928 s. 329 - 34.
2807. Schwank-Telfan, F. H. "Reinhard Johannes Sorge, Dichter und Mystiker" *Gral* (München) 27. Jg. s. 912 - 14 (1932).
2808. Sprengler, J. "Sorges Abschluss" *Der literarische Handweiser* 60. Jg. s. 523 (1924).
2809. Stützer, H. A. "Sorges Narrenlieder" *Deutsches Kulturwart* (Recklinghausen) February 1940 s. 7.
2810. Weltmann, L. "Gedenkblatt für Reinhard Johannes Sorge" *C. V. Zeitung* 15. Jg. NR. 25 3. Beiblatt II. (1936).
2811. Zimmermann, W. "Eine Sorge Aufführung in Zürich" *Geistliche Spiele. 3. Jahrbuch der Gesellschaft für schweizerische Theaterkunst* (O. Eberle, ed.) s. 82 (1930).

## X. Articles on Sorge (English)

2812. O'Brien, B. "From Nietzsche to Christ" *Irish Monthly* 60: 713 - 22 (December 1932).
2813. Schuster, George M. "Germany's Joyce Kilmer" (Review of Susanne Sorge: *Unser Weg*) *Commonweal* 7: 1186 - 88 (March 14, 1928).
2814. Thomas, R. H. "Notes on Some Unpublished Papers of R. J. Sorge; a Contribution Relating to the Genesis of Expressionism" *Modern Language Review* 32: 423 - 29 (July 1937). (Note: Probably the clearest picture of Sorge in English is contained in R. Samuel and R. H. Thomas: *Expressionism in German Life, Literature and the Theatre*, Cambridge 1939).

## CARL STERNHEIM

(Note: In order to provide as complete a picture of Sternheim's dramatic development as possible, section I lists all of his dramatic works, including those obviously written before the advent of the Expressionistic Movement. — Section II includes reviews of his non-fictional publications. — Section VII is divided into two parts: 1. Literature to 1945, 2. Literature after 1945, for the same reasons that apply to other authors forbidden during the Nazi era.)

1. Plays (in the order of publication)

2815. *Der Heiland.* Komödie Hamburg Hoffmann u. Campe Verlag 1898.
2816. *Das eiserne Kreuz.* Schauspiel 1901 (No record of publication found).
2817. *Judas Ischariot.* Die Tragödie vom Verrat Dresden E. Piersen 1901.
2818. *Auf Krugdorf.* Schauspiel 1901 - unpublished.
2819. *Vom König und der Königin.* Schauspiel 1902 (No record of publication found).
2820. *Mihlow.* Lustspiel 1904 (No record of publication found).
2821. *Ulrich und Brigitte.* Dramatisches Gedicht Düsseldorf 1907 (2nd edition: Leipzig Insel Verlag 1911).
2822. *Don Juan.* Tragödie (in 2 parts. First part written in 1905, second in 1906) Leipzig Insel 1909.
2823. *Die Hose.* Bürgerliches Lustspiel Leipzig Insel 1911 (Republished in 1951 by Insel).
2824. *Die Kassette.* Komödie in 5 Aufzügen Leipzig Insel 1912.
2825. *Bürger Schippel.* Komödie in 5 Aufzügen Leipzig Insel 1913.
2826. *Der Snob.* Komödie in 3 Aufzügen Leipzig Insel 1913.
2827. *Der Kandidat.* Komödie in 4 Aufzügen nach Flaubert Leipzig Insel 1914.
2828. *Die Nadel.* Lustspiel in 3 Akten... Nach Plänen von Carl Sternheim (actual author: Ernst Kamnitzer) Berlin S. Fischer 1915.
2829. *Das leidende Weib.* Drama nach Friedrich Maximilian Klinger Leipzig Insel 1915.
2830. *Der Scharmante.* Lustspiel mit Benutzung einer fremden Idee Leipzig K. Wolff 1915.
2831. *1913.* Schauspiel in 3 Aufzügen Leipzig K. Wolff 1915.
2832. *Tabula rasa.* Ein Schauspiel Leipzig K. Wolff 1916.
2833. *Der Geizige.* Komödie in 5 Aufzügen nach Molière Leipzig K. Wolff 1916.
2834. *Perleberg.* Komödie in 3 Aufzügen Leipzig K. Wolff 1917.
2835. *Die Marquise von Arcis.* Schauspiel in 5 Aufzügen nach Diderot Leipzig K. Wolff 1919.

2836. *Der entfesselte Zeitgenosse.* Ein Lustspiel in 3 Aufzügen München K. Wolff 1920.
2837. *Manon Lescaut.* Ein Schauspiel München Drei Masken Verlag 1921.
2838. *Der Abenteurer.* Drei Stückchen von ihm München Drei Masken Verlag 1922 (called *Der Herr von Seingalt* at its opening performance. Original unpublished version entitled: *Casanova.* Drei Einakter).
2839. *Der Nebbich.* Ein Lustspiel München Drei Masken Verlag 1922.
2840. *Oskar Wilde.* Sein Drama Potsdam G. Kiepenheuer 1923.
2841. *Das Fossil.* Drama in 3 Aufzügen Potsdam G. Kiepenheuer 1925.
2842. *Die Schule von Uznach oder neue Sachlichkeit.* Ein Lustspiel in 4 Aufzügen Wien P. Zsolnay 1926.
2843. *Der Tenor.* Komische Oper in drei Akten nach der Komödie *Bürger Schippel.* Text von Ernst Goth. Musik von Ernst von Dohnanyi Berlin Alberti Verlag 1928.
2844. *Die Väter oder Knock Out.* Drama 1928 - unpublished.
2845. *John Pierpont Morgan.* Schauspiel 1930 - unpublished.
2846. *Aut Caesar aut nihil.* 1931 - unpublished.
2847. *Lustspiele* Berlin Aufbau Verlag 1948 (Contents: *Der Abenteurer. - Perleberg. - Der Nebbich. - Der entfesselte Zeitgenosse. - Die Schule von Uznach.*)
2848. *Historische Schauspiele* Berlin Aufbau Verlag 1948 (Contents: *Das leidende Weib. - Manon Lescaut. - Die Marquise von Arcis. - Oskar Wilde.*)

II. Reviews and articles on specific plays and non-fictional publications (German)

*Bürger Schippel*

2849. *Hellweg* 3. Jg. s. 732 (1923).
2850. *Berliner Tageblatt* February 20, 1923 A. Kerr.
2851. *Vossische Zeitung* February 19, 1923 M. Jacobs.

*Der entfesselte Zeitgenosse*

2852. *Das literarische Echo* 23. Jg. s. 795 (1921) B. Diebold (Uraufführung).
2853. *Die schöne Literatur* 22. Jg. s. 72 (1921) A. Streuber.

*Das Fossil*

2854. *Die schöne Literatur* 24. Jg. s. 442 (1923) P. Schurek.
2855. *Tägliche Rundschau* (Berlin) November 29, 1927 K. Strecker.
2856. F. Hollaender: *Lebendes Theater. Eine Berliner Dramaturgie* Berlin S. Fischer 1932 s. 175 - 80.

*Der Geizige*

2857. E. Jacobsohn: *Das Jahr der Bühne* VI. 1916/17 Berlin Oesterheld s. 172.

### Der Heiland
2858. *Die Gesellschaft* (Dresden) 1. Bd. s. 196 (1900) C. v. Weber.

### Die Hose
2859. *Bühnenkritik* (Augsburg) 1947 NR. 5.
2860. *Sonntag* (Berlin) 2. Jg. NR. 26 (1947) W. Lennig.
2861. *Der Start* (Berlin) 2. Jg. NR. 25 (1947) G. Hartwig.
2862. *Weltbühne* 20. Jg. NR. 4 (1924) A. Polgar.
2863. S. Jacobson: *Das Jahr der Bühne* 1920 (Berlin) s. 67 - 71.

### Die Kassette
2864. *Sonntag* (Berlin) 3. Jg. NR. 20 s. 7 (1948) W. Lennig.
2865. Felix Hollaender: *Lebendes Theater. Eine Berliner Dramaturgie* Berlin S. Fischer 1932 s. 13 - 18.

### Das leidende Weib
2866. S. Jacobsohn: *Das Jahr der Bühne* VI. 1916/17 Berlin Oesterheld s. 50.

### Manon Lescaut
2867. *Das deutsche Drama* 5. Jg. s. 42, 159 (1922) R. Dohse.
2868. *Das literarische Echo* 24. Jg. s. 218 (1921) E. Heilborn (Uraufführung).
2869. *Literarischer Handweiser* 58. Jg. s. 130 J. Sprengler.

### Marquise von Arcis
2870. *Bücherwelt* 24. Jg. s. 94 (1927) K. Möhlig.
2871. *Die schöne Literatur* 20. Jg. s. 227 (1919) R. Dohse.
2872. *Allgemeine Rundschau* (München) 17. Jg. s. 670 (1921).
2873. *Berliner Tageblatt* September 6, 1919 (under "Der neue Sternheim").
2874. *Berliner Tageblatt* January 28, 1920 A. Kerr.
2875. *Deutsche Allgemeine Zeitung* January 28, 1920 Fechter.
2876. *Frankfurter Zeitung* September 6, 1919.
2877. *Leipziger Zeitung* September 9, 1919.
2878. *Magdeburger Zeitung* September 9, 1919.
2879. *Tägliche Rundschau* (Berlin) January 28, 1920 K. Strecker (under "Deutsches Künstlertheater").
2880. *Der Tag* (Berlin) January 29, 1920 H. Ihering.
2881. *Vossische Zeitung* September 8, 1919 R. Frank (under "Der neue Sternheim").
2882. *Vossische Zeitung* January 28, 1920.
2883. S. Jacobsohn: *Das Jahr der Bühne* 1920 (Berlin) s. 83 - 88.

### 1913
2884. *Weltbühne* 20. Jg. NR. 52 (1924).
2885. S. Jacobsohn: *Das Jahr der Bühne* 1920 (Berlin) s. 15 - 23.

### Oskar Wilde
2886. *Aktion* 15. Jg. s. 197 (1925) F. Pfemfert.
2887. *Glocke* 11. Jg. I. s. 215.

2888. *Hellweg* 5. Jg. s. 266 (1925).
2889. *Die Literatur* 27. Jg. s. 486 (1925) E. Heilborn (Uraufführung).
2890. *Der Kunstwart* 38. Jg. May s. 97 (1925) F. Düsel.
2891. *Universum* 1925 NR. 49 s. 1085 W. Heise.
2892. *Weltbühne* 21. Jg. NR. 14 (1925).
2893. *Zeitschrift für Bücherfreunde* N.F. 18. Jg. Beiblatt s. 242 (1926).
2894. *Zeitschrift für französischen und englischen Unterricht* 24. Band s. 458 (1925) H. Jantzen.
2895. *Deutsche Zeitung* March 1, 1925 A. Mühr.
2896. *Frankfurter Zeitung* April 3, 1925 E. Heilborn.
2897. *Leipziger Neueste Nachrichten* April 4, 1925 H. Kienzl.
2898. *Schwäbisch. Merkur* April 27, 1925 F. Düsel.

## Perleberg
2899. *Die schöne Literatur* 18. Jg. s. 296 (1917) R. Dohse.

## Die Schule von Uznach oder neue Sachlichkeit
2900. *Die deutsche Kritik* 2. Jg. A. s. 990 (1926)   Müller-Rastatt; s. 1030 (1926) R. Kayser.
2901. *Hellweg* 6. Jg. s. 648 (1926).
2902. *Die Literatur* 29. Jg. s. 101 (1926) P. Scheidweiler (Uraufführung).
2903. *Weltbühne* 23. Jg. II. s. 902 A. Polgar.

## Der Snob
2904. *Das deutsche Drama* 3. Jg. s. 122 (1920) Dürlberg.

## Vom König und der Königin
2905. *Das deutsche Drama* N.F. 2. Jg. s. 239 (1930).
2906. *Die schöne Literatur* 30. Jg. s. 615 (1929) R. Riedel.

## Berlin oder Juste Milieu
2907. *Oberdeutschland* (Stuttgart) February 1921 s. 394 K. Strecker.

## Gauguin und Van Gogh
2908. *Deutsche Handelswarte* 1924 s. 608.
2909. *Literarische Wochenschrift* (Weimar) 1925 s. 731 J. A. Beringer.

## Libussa
2910. *Die schöne Literatur* 23. Jg. s. 389 (1922) J. Oven.
2911. *Tägliche Rundschau* (Berlin) May 8, 1922.

## Lutetia
2912. *Die Freude* 5. Jg. s. 142 (1928) H. Harbeck.
2913. *Neue Schweizer Rundschau* 19. Jg. s. 883 (1926) M. Rychner.

## Tasso oder Kunst der Juste Milieu
2914. *Die schöne Literatur* 23. Jg. s. 389 (1922) J. Oven.

2915. *Zeitschrift für Bücherfreunde* N.F. 16. Jg. Beiblatt s. 295 (1922) Schwabach.
2916. *Hamburger Fremdenblatt* February 25, 1922 M. Wagner (under "Also winkt Sternheim").
2917. *Königsberger Hartungsche Zeitung* January 17, 1922 (under "Sternheims Definition der Kunst").
2918. *Nationalzeitung* January 18, 1922 O. Zarek.
2919. *Der Tag* (Berlin) February 14, 1922 H. Bieber.

III. Translations of Sternheim's plays into English

2920. *Mask of Virtue,* a comedy in three acts, adapted from *Die Marquise von Arcis* by Ashley Dukes London V. Gallancz 1935.
2921. *Mask of Virtue,* a play, adapted from *Die Marquise von Arcis* by Ashley Dukes in *Famous Plays of 1935* London V. Gallancz 1935.
2922. *A Pair of Drawers (Die Hose)* in *Transition* 1927 No. 6 - 9.
2923. *A Place in the World (Der Snob)* (trans. B. Clark and W. Katzin) in *Eight European Plays* (Mrs. Winifred Katzin, comp.) New York 1927.
2924. *The Snob* (trans. Eric Bentley) in *From the Modern Repertoire* (E. R. Bentley, ed.) Series One Denver 1949.

IV. Reviews and articles on specific plays (English)

*The Mask of Virtue*
2925. *Theater Arts Monthly* 19: 482 (July 1935).
2926. *New York Times* May 16, 1935 (p. 20:1); June 9, 1935 (Sec. IX, p. 1:1).

V. Non-fictional publications of Sternheim (German)

2927. Sternheim, Carl *Prosa* Berlin-Wilmersdorf Aktion Verlag 1918 (Book 12 of Series *Der rote Hahn*).
2928. Sternheim, Carl *Die deutsche Revolution* Berlin-Wilmersdorf Aktion Verlag 1919 (Book 33 of Series *Der rote Hahn*).
2929. Sternheim, Carl *Berlin oder Juste Milieu* München K. Wolff 1920.
2930. Sternheim, Carl *Tasso oder Kunst der Juste Milieu. Ein Wink für die Jugend* Berlin E. Reiss 1921.
2931. Sternheim, Carl *Libussa, des Kaisers Leibross* Berlin-Wilmersdorf Aktion Verlag 1922.
2932. Sternheim, Carl *Gauguin und Van Gogh* Berlin Verlag Die Schmiede 1924.
2933. Sternheim, Carl *Lutetia. Berichte über europäische Politik, Kunst, und Volksleben* Wien P. Zsolnay 1926.
2934. Sternheim, Carl *Vorkriegseuropa im Gleichnis meines Lebens* Amsterdam Querido Verlag 1936.
2935. Sternheim, Carl "Vincent van Gogh" *Hyperion* (München) 1910.
2936. Sternheim, Carl "Beitrag" in *Das Wedekindbuch* (Joachim Friedenthal, ed.) München und Leipzig 1914 s. 237 - 40.
2937. Sternheim, Carl "Zustand" in *Das Aktionsbuch* (F. Pfemfert,

ed.) (Berlin) 1917 s. 181-82 (reprinted in *Prosa* [see No. 2927] s. 21-22 under title "Flaubert").
2938. Sternheim, Carl "Ernst Stadler" in *Vom jüngsten Tag*. Ein Almanach neuer Dichtung Leipzig K. Wolff 1917 s. 9.
2939. Sternheim, Carl "Vorwort" in Ottomar Starke: *Schippeliana, ein bürgerliches Bilderbuch* Leipzig K. Wolff 1917.
2940. Sternheim, Carl "Die deutsche Revolution" *Die Aktion* (Berlin) 1918 s. 639.
2941. Sternheim, Carl "Ulrike" *Zukunft* 1919 s. 113-14.
2942. Sternheim, Carl "Konfession" in *Schöpferische Konfession* (K. Edschmid, ed.) Berlin E.Reiss Verlag 1920 s. 86-88.
2943. Sternheim, Carl "Besuch im Juste Milieu" *Das Tagebuch* (Berlin) November 19, 1921.
2944. Sternheim, Carl "Leipzig" *Das Tagebuch* (Berlin) December 3, 1921.
2945. Sternheim, Carl "Deutschlands Regisseure" *Das Tagebuch* (Berlin) June 10, 1922.
2946. Sternheim, Carl "Inhalt meiner sämtlichen Dramen" in Manfred Georg: *Carl Sternheim und seine besten Bühnenwerke* Berlin 1923.
2947. Sternheim, Carl "Felixmüller, Maler" *Cicerone* 15. Jg. s. 881-87 (1923).
2948. Sternheim, Carl "Querschnitt durch meinen Theaterwinter" *Querschnitt* 4. Jg. s. 101-5 (1924).
2949. Sternheim, Carl "Thea Sternheim als Bühnenbildnerin" *Das Theater* 6. Jg. s. 199 (1925).
2950. Sternheim, Carl "Kurt Pinthus" *Querschnitt* 5. Jg. s. 591-93 (July 1925).
2951. Sternheim, Carl "Penklub" *Querschnitt* 6. Jg. s. 548-50 (1926).
2952. Sternheim, Carl "Von Ibanez zu Unamuno" *Deutsche Rundschau* 53. Jg. January s. 76 (1927).
2953. Sternheim, Carl "Gedenken über das Wesen des Dramas" *Blätter des deutschen Theaters in Göttingen* 1953/54 51. Heft.

## VII. Books and dissertations on Sternheim (German)

2954. Billetta, Rud. *Carl Sternheim* (Diss. Wien) 1950 - typewritten (Reviewed by W. Paulsen in *Germanic Review* 26:67 f., 1952).
2955. Blei, Franz *Über Wedekind, Sternheim und das Theater* Leipzig K. Wolff 1915.
2956. Brombacher, Kuno *Der deutsche Bürger im Literaturspiegel von Lessing bis Sternheim* München 1920.
2957. Dosenheimer, Elise *Das deutsche Sozialdrama von Lessing bis Sternheim* Konstanz Südverlag 1949.
2958. Eisenlohr, F. *Carl Sternheim, der Dramatiker und seine Zeit* Leipzig 1926.
2959. Georg, Manfred *Carl Sternheim und seine besten Bühnenwerke. Eine Einführung. Mit einem Vorspruch des Bühnendichters selbst.* Berlin 1923 (Schneiders Bühnenführer).
2960. Mittenzwei, Johannes *Karl Sternheims Kritik am Bürgertum im*

*Rahmen einer Darstellung des Pessimissmus*  (Diss. Jena)  1952 - typewritten.

## VIII. Articles on Sternheim (German)

### 1. Literature to 1945.

2961. --- "Bluth, Sternheim, Synge" *Weltbühne* 20. Jg. NR. 202/203 (1924).
2962. --- "Carl Sternheim" *Das Kunstblatt* 8. Jg. s. 345 (1924).
2963. --- "Carl Sternheim" *Weltbühne* 20. Jg. s. 156 (1924).
2964. --- "Fritz von Unruh und Carl Sternheim in Paris. Urteil eines Franzosen" *Hellweg* 6. Jg. s. 84 (1926).
2965. Bab, Julius "Snobismus" *Die Gegenwart* 1914 NR. 7.
2966. Blei, Franz "Sternheim" *Vom jüngsten Tag. Ein Almanach neuer Dichtung* Leipzig K. Wolff 1917 s. 135.
2967. Blei, Franz "Erinnerungen an Sternheim" *Roland* (Berlin) 23. Jg. NR. 8 s. 25 - 31 (1925).
2968. Blei, Franz "Carl Sternheim" in F. Blei: *Zeitgenössische Bildnisse* Amsterdam Albert de Lange 1940 s. 168 f.
2969. Düsel, F. "Die Komödien von Sternheim und Ganghofer" *Der Kunstwart* 26. Jg. April s. 51 (1913).
2970. Edschmid, Kasimir "Shernheim" in K. Edschmid: *Die doppelköpfige Nymphe, Aufsätze über die Literatur und die Gegenwart* Berlin P. Cassirer 1920 s. 148 - 57.
2971. Fechter, P. "Barlach und Sternheim" *Die deutsche Nation* 7. Jg. s. 356 - 60 (1925).
2972. Fischer, E. W. "Sternheim der Erzähler" *Die literarische Gesellschaft* 2. Jg. s. 331 f. (1916).
2973. Friedell, E. "Carl Sternheim" *Freie deutsche Bühne* 1921 s. 896.
2974. Gournay, R. "Bürgerliche Komödien" *Blätter des deutschen Theaters* (Berlin) 1913 s. 457.
2975. Handl, Willi "Carl Sternheim" *Die Schaubühne* 1914 s. 614 - 18.
2976. Handl, W. "Sternheim und Stucken" *Freie deutsche Bühne* 1920 s. 787 - 90.
2977. Harbeck, H. "Diktator Sternheim" *Der Kreis* (Hamburg) 3. Jg. s. 401 (1926).
2978. Kahn, H. "Carl Sternheim" *Weltbühne* 24. Jg. s. 724 (1928).
2979. Lauret, R. "Carl Sternheim" *Revue rhénane* 3. Jg. s. 252 (1923).
2980. Lesser, Max "Sternheim" *Die Schaubühne* (Berlin) 10. Jg. NR. 1 s. 425 - 27 (1914).
2981. Lustig, Hanns G. "Sternheim und der gelockerte Eros" *Freie deutsche Bühne* 1928 s. 247 - 51.
2982. Pinthus, Kurt "Carl Sternheim" *Querschnitt* 5. Jg. s. 593 - 96 (July 1925).
2983. Pirk, R. "Sternheims Stil' *Die Scene* 8. Jg. s. 88 (1918) and *Der Zuschauer* 1920 NR. 13.
2984. Polgar, Alfred "Carl Sternheim" in A. Polgar: *Ja und Nein*

Berlin  E. Rowohlt  1926  vol. 2  s. 45 - 51  (RE: *Die Hose* and *Bürger Schippel*).
2985. Polgar, Alfred  "Carl Sternheim"  in  A. Polgar: *Auswahlband* Berlin  E. Rowohlt  1930  s. 275.
2986. Schumann, W.  "Carl Sternheim"  *Der Kunstwart*  September 1917  s. 167 - 71.
2987. Spaini, A.  "Wie Frankreich Sternheim sieht"  *Die Rampe*  (Ölmutz)  1926/27  s. 48.
2988. Sternheim, Carlhans  "Carl Sternheim, der Mensch und Erzieher"  (Article by son of Carl Sternheim)  *Querschnitt*  9. Jg.  s. 9 - 11  (1929).
2989. Thürink.  "Carl Sternheim oder 'Juste Milieu'. Ein Denkmal"  *Hellweg*  5. Jg.  s. 865  (1925).
2990. Wolff, Kurt  "In Sachen Sternheim"  *Die Weltbühne*  20. Jg.  NR. 20  s. 661 - 64  (1924)  (For controversy exchanges cf. NR. 10: 303 - 4; NR. 14: 455 - 57; NR. 15: 493; NR. 16: 527; NR. 17: 561 - 62).
2991. Zweig, Arnold  "Versuch über Sternheim"  in  A. Zweig: *Juden in der deutschen Literatur*  (G. Krojanker, ed.)  Berlin  Welt-Verlag  1922  s. 293 - 320.
2992. Zweig, Arnold  "Carl Sternheim"  in  A. Zweig: *Juden auf der deutschen Bühne*  Berlin  Welt-Verlag  1928  s. 225 - 31.

2. Literature after 1945.

2993. ---  "Carl Sternheim"  *Aufbau*  (Berlin)  3. Jg.  s. 55 - 62  (1947).
2994. ---  "Carl Sternheim"  *Weltbühne*  (Berlin)  2. Jg.  s. 649 - 53  (1947).
2995. ---  "Carl Sternheim"  *Bühnenblätter des Lessingtheaters der Stadt Kamenz*  1948/49  NR. 15.
2996. ---  "Karl Sternheim"  *Die Wochenpost*  (Stuttgart)  3. Jg.  NR. 3/4  s. 4  (1948).
2997. Anders, A.  "Satire aus politischer Witterung"  *Die Literatur*  (Stuttgart)  1. Jg.  NR. 16  s. 6  (1952).
2998. Eisenlohr, Friedrich  "Erinnerungen an Carl Sternheim"  *Aufbau*  2. Jg.  3. Heft  s. 321 - 22  (1946).
2999. Eisenlohr, Friedrich  "Carl Sternheim und seine Zeit"  *Aufbau*  3. Jg.  I.  s. 55 - 61  (1947); also *Heute und Morgen*  (Düsseldorf)  1953  NR. 4  s. 265 - 72  (Forward to Sternheim's Collected Works published by Aufbau Verlag, Berlin, 1948).
3000. Eulenberg, Herbert  "Carl Sternheims Sohn"  *Aufbau*  (Berlin)  2. Jg.  s. 960  (1946).
3001. Fetting, Hugo  "Carl Sternheim - Der Arzt am Leibe seiner Zeit. Zum 10. Todestag des Dichters"  *Theater der Zeit*  (Berlin)  1952  21. Heft  s. 22 - 24.
3002. Hartmann, Rolf  "Er riss dem Kleinbürger die Maske vom Gesicht. Vor zehn Jahren starb Carl Sternheim"  *Börsenblatt für den deutschen Buchhandel*  1952  43. Heft  s. 775 - 76.
3003. Kesten, H.  *Meine Freunde, die Poeten*  Wien  1953  s. 85 - 92.

3004. Lewy, Hermann "Carl Sternheim" *Der Weg* (Berlin) 4. Jg. NR. 13 s. 7 (1949).
3005. Marsyas. "Wedekind, Sternheim und die Unken" *Aufbau* (Berlin) 3. Jg. NR. 7 s. 66 - 68 (1947).
3006. Paulsen, Wolfgang "Carl Sternheim: Das Ende des Immoralismus" *Akzente* 3. Jg. s. 273 - 87 (1956).
3007. Petersen, Carol "Carl Sternheim" in *Expressionismus. Gestalten einer literarischen Bewegung* (H. Friedmann and O. Mann, ed.) Heidelberg 1956 s. 280 - 95, 359.
3008. Rilla, Paul "Sternheims Bürgerkomödien" *(Hose, Kassette)* in P. Rilla: *Literatur. Kritik und Polemik* Berlin 1950 s. 90 - 97 and P. Rilla: *Essays. Kritische Beiträge zur Literatur* Berlin 1955 s. 202 - 9.
3009. Seeger, K. " ' . . . von fernher donnert Hufschlag des apokolyptischen Tieres . . . . ' Kritisches und Zeitkritisches zwischen Sternheim und Gorki" *Weltbühne* (Berlin) 2. Jg. s. 649 - 53 (1947).

X. Articles on Sternheim (English)

3010. --- Obituary *Wilson Library Bulletin* 17: 686 (May 1943).
3011. Drake, William "Carl Sternheim" *Contemporary European Writers* New York 1928 s. 152 - 56.
3012. Loving, P. "Carl Sternheim" *Saturday Review of Literature* 1: 360 (December 6, 1924).
3013. Paulsen, W. "Carl Sternheim - Bibliography" *Philological Quarterly* (Iowa) 26: 45 - 61 (1947).

## ERNST TOLLER

(Note: Section II includes reviews and articles on Toller's autobiographical publications to the extent that they were published in Germany. Consequently, no reviews of autobiographical works published in German but outside Germany during the author's exile could be included. This applies especially to his book, *Eine Jugend in Deutschland* (Amsterdam 1933), properly listed in section V. It is possible—but not likely—that a few German newspaper reviews of this work appeared in Austrian and Swiss papers after 1933. Their possible omission is due to the specifically stated limitations of this bibliography.)

I. Plays (in the order of publication)

3014. *Die Wandlung.* Das Ringen eines Menschen Potsdam G. Kiepenheuer 1919.
3015. *Masse-Mench.* Ein Stück aus der sozialen Revolution des 20. Jahrhunderts Potsdam G. Kiepenheuer 1921.
3016. *Die Maschinenstürmer.* Ein Drama aus der Zeit der Ludditenbewegung in England in 5 Akten und 1 Vorspiel Wien E. P. Tal & Co. 1922.
3017. *Der entfesselte Wotan.* Eine Komödie Potsdam G. Kiepenheuer 1923.
3018. *Hinkemann.* Eine Tragödie Potsdam G. Kiepenheuer 1924 (Republished in 1954 as NR. 12 of *Dramen der Zeit* by Lechte Verlag).
3019. *Die Rache des verhöhnten Liebhabers oder Frauenlist und Männerlist.* Ein galantes Puppenspiel in 2 Akten frei nach einer Geschichte des Kardinals Bandello Berlin P. Cassirer 1925.
3020. *Tag des Proletariats. Requiem den gemordeten Brüdern.* Zwei Sprachchöre Berlin G. Kiepenheuer 1926 (Latter Sprachchor first appeared in Ernst Toller: *Vormorgen* Potsdam 1924 s. 29 - 35).
3021. *Hoppla, wir leben!* Ein Vorspiel und 5 Akte Berlin G. Kiepenheuer 1927.
3022. *Bourgeois bleibt Bourgeois* (with Walter Hasenclever) Unpublished (?) play premiered in 1929.
3023. *Feuer aus den Kesseln.* Historisches Schauspiel Berlin G. Kiepenheuer 1930.
3024. *Wunder in Amerika* (with Herman Kesten) (c. 1931) Published (?) by G. Kiepenheuer (Published in English translation as *Mary Baker Eddy*).
3025. *Die blinde Göttin.* Schauspiel in fünf Akten Berlin G. Kiepenheuer 1933.
3026. *Nie wieder Friede* (193—). Two scenes were published in *Das Wort*

(Moscow) 1. Jg. August s. 32 - 37 (1936). Published in its entirety in English as *No More Peace.*

3027.  *Pastor Hall.* Schauspiel Unverkäufliches Bühnenmanuskript Berlin-Charlottenburg Henschel 1946 (typewritten).

II. Reviews and articles on specific plays and autobiographical publications (German)

*Die blinde Göttin*

3028.  *Die Literatur* 35. Jg. s. 220 (1933) R. F. Arnold (Wienet Uraufführung).

*Bourgeois bleibt Bourgeois* (with Walter Hasenclever)

3029.  *Die schöne Literatur* 30. Jg. s. 186 (1929) H. Knudsen.

*Der entfesselte Wotan*

3030.  *Die Literatur* 28. Jg. s. 417 (1926) E. Heilborn (Uraufführung).
3031/2. *Die schöne Literatur* 25. Jg. s. 182 (1924) O. E. Hesse.
3033.  *Westermanns Monatshefte* 140: 339 (May 1926) F. Düsel.
3034.  *Tägliche Rundschau* February 25, 1926 K. Aram.
3035.  Felix Hollaender: *Lebendes Theater. Eine Berliner Dramaturgie* Berlin S. Fischer 1932 s. 96 - 99.
3036.  — "Toller über sein Werk *Der entfesselte Wotan*" *Die Scene* 16. Jg. s. 26 (1926).

*Feuer aus den Kesseln*

3037.  *Christliche Welt* 44. Jg. s. 1027 (1930) Knevels.
3038.  *Das deutsche Drama* N.F. 3. Jg. s. 231 (1931).
3039.  *Die deutsche Republik* 4. Jg. s. 1621 (1930) F. Raff.
3040.  *Westermanns Monatshefte* 149: 313 (November 1930) F. Düsel.
3041.  F. Hollaender: *Lebendes Theater. Eine Berliner Dramaturgie* Berlin S. Fischer 1932 s. 285.

*Hinkemann*

3042.  *Deutsches Schrifttum* 16. Jg. NR. 2 E. Busse.
3043.  *Glocke* 10. Jg. s. 88 (1924) A. Eloesser.
3044.  *Hellweg* 4. Jg. s. 181 (1924) E. Westfal.
3045.  *Hilfe* 1924 s. 411 A. Wilucka.
3046.  *Das literarische Echo* 26. Jg. s. 105 (1924) F. Michael (Uraufführung).
3047.  *Die schöne Literatur* 24. Jg. s. 382 (1923) F. Michael.
3048.  *Zeitschrift für Sexualwissenschaft* 11. Jg. s. 165 (1924) W. Buhre.
3049.  *Weltbühne* 20. Jg. NR. 17 (1924).
3050.  *Leipziger Neueste Nachrichten* April 17, 1924 H. Kienzl (Uraufführung in Berlin).
3051.  *Leipziger Neueste Nachrichten* September 20 & 21, 1924 E. Delpy (Uraufführung in Leipzig).
3052.  *Leipziger Volkszeitung* April 13, 1924 V. Hartig.

## Hoppla, wir leben!

3053. *Bühnentechnische Rundschau* (Stuttgart) 11. Jg. 5. Heft s. 8 - 10 (1927) Julius Richter.
3054. *Das deutsche Drama* 7. Jg. s. 38 P. Wittko.
3055. *Deutsche Rundschau* 213: 83 - 84 (October 1927).
3056. *Die Literatur* 30. Jg. s. 39 (1927) E. Heilborn.
3057. *Weltbühne* 23. Jg. II. s. 373 (1927).
3058. *Leipziger Neueste Nachrichten* September 4, 1927 O. Schabbel.
3059. *Neue Freie Presse* November 12, 1927 F. Salten.
3060. Felix Hollaender: *Lebendes Theater. Eine Berliner Dramaturgie* Berlin S. Fischer 1932 s. 155 - 60.

## Maschinenstürmer

3061. *Der Kunstwart* 35. Jg. s. 300 (August 1922) F. Düsel.
3062. *Das literarische Echo* 24. Jg. s. 1377 (1922) E. Heilborn (Uraufführung).
3063. *Die schöne Literatur* 23. Jg. s. 253 (1922) H. Knudsen.

## Masse-Mensch

3064. *Christliche Welt* 38. Jg. s. 24 - 26 (1924).
3065. *Das literarische Echo* 24. Jg. s. 155 (1921) E. Heilborn (Erstaufführung).
3066. *Hannoverscher Kourier* June 8, 1923.
3067. Gronicka, André von "Das Motif der Einsamkeit im modernen deutschen Drama" *German Quarterly* 27: 12 - 24 (1954).

## Pastor Hall

3068. *Bühenblätter des Lessingtheaters der Stadt Kamenz* 1947/48 NR. 23.
3069. *Bühnenkritik* (Augsburg) 1947 NR. 1 s. 7.
3070. *Theater der Zeit* (Berlin) 2. Jg. NR. 3 s. 33 - 36 (1947) Pollatschek.
3071. *Weltbühne* (Berlin) 2. Jg. s. 115 (1947) H. Splittgerber (under "Vision der Wirklichkeit").
3072. *Die Zeichen der Zeit* (Berlin) 1. Jg. 8./.9 Heft s. 335 - 37 (1947) C. Reger (under "Der echte Schluss des Schauspiels").

## Rache des verhöhnten Liebhabers oder Frauenlist und Männerlist

3073. *Glocke* 11. Jg. I. s. 352 (1925).
3074. *Die schöne Literatur* 24. Jg. s. 215 (1923) H. Goebel.
3075. *Zeitschrift für Bücherfreunde* N.F. 18. Jg. Beiblatt s. 243.

## Die Wandlung

3076. *Die schöne Literatur* 20. Jg. s. 249 (1919) H. Knudsen.
3077. *Berliner Tageblatt* October 1, 1919 A. Kerr.
3078. *Deutsche Allgemeine Zeitung* October 1, 1919.
3079. *Deutsche Zeitung* October 1, 1919.
3080. *Frankfurter Zeitung* October 6, 1919.
3081. *Germania* October 2, 1919.
3082. *Hamburger Fremdenblatt* October 4, 1919.

3083. *Königsberger Hartungsche Zeitung* October 18, 1919 Th. Kappstein (under "Eine Handvoll Theater").
3084. *Magdeburger Zeitung* October 2, 1919.
3085. *Schlesische Zeitung* October 5, 1919 W. Gröhm (under "Berliner Theater").
3086. *Der Tag* (Berlin) October 1, 1919 W. Handl (under "Die Tribüne").
3087. *Der Tag* (Berlin) October 2, 1919 Beilage s. 217 H. Ihering.
3088. *Tägliche Rundschau* (Berlin) October 1, 1919 K. Strecker (under "Die Tribüne").
3089. *Vossische Zeitung* October 1, 1919 S. Grossmann.
3090. S. Jacobsohn. *Das Jahr der Bühne* 1920 Berlin s. 16 - 22.
3091. --- "Lyzealexpressionismus in Preussen" (RE: Toller's *Wandlung* als Schullektüre) *Neue sächsische Schulzeitung* 9. Jg. s. 21 (1932).

*Wunder in Amerika* (with Hermann Kesten)
3092. *Das deutsche Drama* N.F. 4. Jg. s. 233 (1932).
3093. *Die Literatur* 34. Jg. s. 610 (1932) P. Scheidweiler (Mannheimer Uraufführung).
3094. *Die schöne Literatur* 32. Jg. s. 631 (1931) F. Droop.

*Justiz. Erlebnisse*
3095. *Bücherwarte* (Berlin) 1927 s. 211 S. Katzenstein.
3096. *Gesellschaft* (Berlin) 4. Jg. II. s. 275 (1927) H. Wendl.
3097. *Literarische Welt* (Berlin) 3. Jg. NR. 30 s. 5 (1928) L. Marcuse.
3098. *Die schöne Literatur* 30. Jg. s. 321 (1929) R. Grande.

*Quer Durch. Reisebilder und Reden*
3099. *Bücherwelt* 29. Jg. s. 291 (1932).
3100. *Die neue Generation* 27. Jg. s. 23 (1931).

### III. Translations of Toller's Plays into English

3101. *The Blind Gooddess;* a play in five acts (trans.: Edward Crankshaw) London Lane 1934.
3102. *Blind Man's Buff.* A Play in 3 Acts by Ernst Toller and Denis Johnston London Cape 1938 (Adaptation of *Die blinde Göttin*).
3103. *Blind Man's Buff;* a Mystery Play (with Denis Johnson) Random House 1939 (adaptation of *Die blinde Göttin*) (published with *Pastor Hall*).
3104. Brokenbrow (Hinkemann): a tragedy (trans.: Vera Mendel) London Nonesuch 1926.
3105. *Draw the Fires (Feuer aus den Kesseln):* an historical play (trans.: Edw. Crankshaw) London Lane 1935.
3106. *Hoppla:* a Play in a Prologue and 5 Acts (English version by Herman Ould) London Benn 1928.
3107. *The Machine-Wreckers:* a Drama of the English Luddites in a Prologue and 5 Acts New York Knopf 1923.

3108. *The Machine-Wreckers* (English version by Ashley Dukes) London Benn 1923.
3109. *The Machine-Wreckers* in *Dramas of Modernism and their Forerunners* (M. J. Moses, ed.) Boston 1931; 1941 (M. J. Moses and O. J. Campbell, ed.).
3110. *Man and the Masses*: a play of social revolution in 7 scenes New York Doubleday 1924.
3111. *Masses and Man* London Nonesuch 1924.
3112. *Masses and Men*: a Fragment of the Social Revolution of the 20th Century (trans.: Vera Mendel) London Lane 1934.
3113. *Man and Masses* in *Contemporary Drama: European Plays* (E. B. Watson and B. Pressey, comp.) New York (1931 - 1934) vol. 4.
3114. *Masses and Man* in *Contemporary Drama: European, English, Irish and American Plays* (E. B. Watson and B. Pressey, comp.) New York 1941.
3115. *No More Peace!* A Thoughtful Comedy (trans.: Edward Crankshaw) Lyrics translated and adapted by W. H. Auden; music by Herbert Murrill New York, Toronto Farrar 1937.
3116. *No More Peace* in *Patterns for Living* (O. J. Campbell, J. Van Gundy, C. Shrodes, ed.) New York 1940.
3117. *Pastor Hall.* Drama (trans.: Stephen Spender and Hugh Hunt) Random House 1939 (published with *Blind Man's Buff*).
3118. *Pastor Hall.* Drama London Lane 1939.
3119. *The Scorned Lover's Revenge; or, the Wiles of Women and Men.* A gallant puppet-play freely adapted from a story of Cardinal Bandello's (trans.: Alexander Henderson) in *8 New One-Act Plays of 1935* (J. Bourne, ed.) London 1935.
3120. *Transfiguration (Die Verwandlung)* in *Modern Continental Dramas* (H. H. Hatcher, ed.) New York 1941.
3121. *Seven Plays by Ernst Toller. Together with Mary Baker Eddy by Ernst Toller and Hermann Kesten.* With an Introduction by the Author London Lane 1935 (Contents: *The Machine Wreckers - Transfiguration - Masses and Man - Hinkemann - Hoppla, Such Is Life - The Blind Goddess - Draw the Fires - Mary Baker Eddy*).

IV. Reviews and articles on plays and autobiographical writings (English)

*Die blinde Göttin* (in adapted version: *Blind Man's Buff*)
3122. *Booklist* 35: 361 July 1, 1939.
3123. *Boston Evening Transcript* June 3, 1939 p. 3.
3124. *Illustrated London News* 223: 709 (October 31, 1953).
3125. *New Statesman* 46: 485 - 86 (October 24, 1953).
3126. *New Statesman and Nation* 16: 493 (October 1, 1938).
3127. *New York Herald Tribune Books* July 23, 1939 p. 11 W. P. Eaton.
3128. *New York Times* November 15, 1953 (London: Sec. II, p. 3:1).
3129. *Spectator* 191: 451 (October 23, 1953).

*Feuer aus den Kesseln (Draw the Fires)*
3130. New York Times October 19, 1930 (Sec. IX, p. 2:4); June 9, 1935 (London: Sec. IX, p. 1:1).
3131. Saturday Review of Literature 7: 780 - 1 (April 25, 1931).

*Hinkemann (Brokenbrow, or Bloody Laughter)*
3132. Commonweal 15: 214 (December 23, 1931) R. Skinner.
3133. New York Times May 13, 1923 (Sec. IX, p. 5:4).
3134. New York Times December 5, 1931 (p. 20:6).
3135. Spectator 136: 946 (June 5, 1926).
3136. Theater Arts Monthly 16: 95 - 96 (February 1932).

*Hoppla!*
3136A. Drama 18: 104 (January 1928) Marie Stehle.
3137. New York Times December 11, 1927 (Sec. IX, p. 4:1).
3138. Saturday Review (London) 147: 244 - 45 (February 23, 1929) I. Brown.

*Maschinenstürmer (The Machine Wreckers)*
3139. Bookman 56: 237 - 39 E. T. Scheffauer (under "New German Storm and Stress").
3140. Dial 75: 401 (October 1923).
3141. Freeman 6: 447 - 49 (January 17, 1923).
3142. Living Age 317: 120 (April 14, 1923).
3143. London Times Literary Supplement March 8, 1923 p. 156.
3144. Nation (London) 33: 204 (May 12, 1923) F. Birch.
3145. New Statesman 20: 138 - 139 (November 4, 1922) A. Dukes.
3146. New Statesman 21: 141 (May 12, 1923) C. D. H. Cole.
3147. New York Evening Post Literary Review September 8, 1923 p. 21.
3148. New York Times April 12, 1937 (p. 14:2) - N.Y.C. Performance.
3149. New York Times July 2, 1922 (p. 7:1).
3150. Spectator 131: 362 (September 15, 1923).
3151. Theatre Arts Monthly 8: 138 - 39 (February 1924) S. Young.
3152. Bell, Clair H. "Toller's *Die Maschinenstürmer*" Monatshefte für deutschen Unterricht (Madison, Wisconsin) 30: 59 - 70 (1938).

*Masse-Mensch (Masses and Man)*
3153. English Journal 13: 685 (November 1924).
3154. Labour Monthly 6: 369 - 75 (June 1924) A. E. Reade.
3155. Living Age 322: 175 - 78 (July 26, 1924) A. E. Reade.
3156. London Times Literary Supplement January 10, 1924 p. 16.
3157. Nation 118: 512 - 13 (April 30, 1924) L. Lewisohn.
3158. New Republic 38: 362 (April 30, 1924) S. Young.
3159. New Statesman 23: 191 - 92 (May 24, 1924) D. McCarthy.
3160. New York Evening Post Literary Review August 2, 1924 p. 937.
3161. New York Times (Theater Guild Production) April 15, 1924 (p. 25:1); April 20, 1924 (Sec. VIII, Pt. I, p. 1:3); May 4,

1924 (Article by L. Untermeyer: Sec. VIII, p. 2:6); June 1, 1924 (Letter: Sec. VIII, p. 4:4).
3162.  *Outlook* (London) 53: 354 (May 24, 1924) E. Shanks.

*Nie wieder Friede (No More Peace)*
3163.  *Booklist* 33: 304 (June 1937).
3164.  *Canadian Forum* 17: 110 (June 1937) S. Creighton.
3165.  *London Times Literary Supplement* December 18, 1937 p. 965.
3166.  *Manchester Guardian* October 1, 1937 p. 6.
3167.  *New York Herald Tribune Books* June 20, 1937 p. 7 W. P. Eaton.
3168.  *New York Times* June 12, 1936 (p. 19:4) London performance.
3169.  *New York Times* June 4, 1937 (p. 26:7) Roslyn, Long Island performance.
3170.  *New York Times* January 29, 1938 (p. 13:2) WPA Production.

*Pastor Hall*
3171.  *Booklist* 35: 361 (July 1, 1939).
3172.  *Boston Evening Transcript* June 3, 1939 p. 3.
3173.  *London Times Literary Supplement* July 1, 1939 p. 385.
3174.  *Manchester Guardian* July 18, 1939 p. 7.
3175.  *New Statesman and Nation* 18: 94 (July 15, 1939) G. W. Stonier.
3176.  *New York Herald Tribune Books* July 23, 1939 p. 11 W. P. Eaton.

*Wunder in Amerika (Mary Baker Eddy,* or *Miracle in America)*
3177.  *New York Times* October 2, 1934 (p. 18:4).

*Seven Plays*
3178.  *London Times Literary Supplement* March 28, 1935 p. 197.
3179.  *New Statesman and Nation* 9: 184 (February 9, 1935) Sean O'Casey.
3180.  *New York Herald Tribune Books* June 21, 1936 p. 3 W. P. Eaton.
3181.  *New York Times Book Review* May 10, 1936 p. 4 Horace Reynolds.
3182.  *Pratt* Autumn 1935 p. 21.

*I Was a German* (British Edition: *Learn from My Youth)*
3183.  *Booklist* 30: 313 (June 1934).
3184.  *Boston Evening Transcript* April 21, 1934 p. 3.
3185.  *Current History* 40: II (July 1934) Ralph Thompson.
3186.  *Economist* (London) 118: supplement 40 (May 5, 1934).
3187.  *Foreign Affairs* 12: 696 (July 1934) W. L. Langer.
3188.  *London Times Literary Supplement* March 8, 1934 p. 155.
3189.  *Nation* 138: 391 (April 4, 1934) Alter Brody.
3190.  *New Republic* 78: 276 (April 18, 1934) Nathan Asch.
3191.  *New Statesman and Nation* 7: 272 (February 24, 1934) Brian Howard.

3192. *New York Herald Tribune Books* April 1, 1934 p. 3 J. W. Krutch.
3193. *New York Herald Tribune Books* April 8, 1934 p. 8 M. L. Becker.
3194. *New York Times Book Review* April 1, 1934 p. 6 Margaret Wallace.
3195. *Pratt* Summer 1934 p. 38.
3196. *Saturday Review* (London) 157: 329 (March 24, 1934).
3197. *Saturday Review of Literature* 10: 585 (March 31, 1934) Dorothy Thompson.
3198. *Spectator* 152: 329 (March 2, 1934) Geoffrey West.

*Look Through the Bars*
3199. *Booklist* 33: 273 (May 1937).
3200. *London Times Literary Supplement* April 18, 1936 p. 328.
3201. *Manchester Guardian* April 17, 1936 p. 5 Gilbert Murray.
3202. *New Statesman and Nation* 11: 636 (April 25, 1936) John Lehmann.
3203. *New York Herald Tribune Books* March 21, 1937 p. 8 Lloyd Morris.
3204. *New York Times Book Review* April 25, 1937 p. 9 John Cournos.
3205. *Saturday Review of Literature* 16: 18 (May 15, 1937).
3206. *Spectator* 156: 806 (May 1, 1936) G. Rees.
3207. *Time* 29: 96 (March 22, 1937).

V. Non-fictional publications of Toller (German)

3208. Toller, Ernst *Deutsche Revolution.* Rede Berlin E. Laubsche 1925.
3209. Toller, Ernst *Justiz. Erlebnisse* Berlin E. Laubsche 1927.
3210. Toller, Ernst *Quer Durch. Reisebilder und Reden* Berlin G. Kiepenheuer 1930.
3211. Toller, Ernst *Nationalsozialismus. Eine Diskussion über den Kulturbankrott des Bürgertums zwischen Ernst Toller und Alfred Mühr* Berlin G. Kiepenheuer 1930.
3212. Toller, Ernst *Eine Jugend in Deutschland* Amsterdam Querido Verlag 1933.
3213. Toller, Ernst *Briefe aus dem Gefängnis* Amsterdam Querido Verlag 1935.
3214. Toller, Ernst "Dokumente bayerischer Justiz" *Weltbühne* 20. Jg. (1924) s. 581, 688 and ff.; 21. Jg. (1925) s. 11, 53 and ff.
3215. Toller, Ernst "Graf Arcos Festungshaft" *Weltbühne* 22. Jg. s. 95 (1926).
3216. Toller, Ernst "Erschiessung des Gutsbesitzers Hass" *Weltbühne* 23. Jg. I. s. 696 (1927).
3217. Toller, Ernst "Max Hölz" *Weltbühne* 23. Jg. I. s. 969 (1927).
3218. Toller, Ernst "Heimarbeit" *Weltbühne* 23. Jg. I. s. 969 (1927).

3219. Toller, Ernst "Rede auf der Volksbühnentagung in Magdeburg" *Das Tagebuch* 8. Jg. s. 1074 - 78 (1927).
3220. Toller, Ernst "Der eiserne Gustav Hartmann" *Weltbühne* 24. Jg. II. s.479 (1928).
3221. Toller, Ernst "Film und Theater in Amerika" *Volksbühne* (Berlin) 4. Jg. s. 503 (1928).
3222. Toller, Ernst "Gruss ans jiddische Staatstheater" *Das Moskauer jüdische akademische Theater* Berlin W. Stolle 1928.
3223. Toller, Ernst "H. Barbusse" *Weltbühne* 25. Jg. I. s. 411 - 13 (1929).
3224. Toller, Ernst "Bemerkungen zu deutschen Nachkriegsdramen" *Die literarische Welt* (Berlin) 5. Jg. NR. 16 s. 19 (1929).
3225. Toller, Ernst "Ein Wort für (Karl Maria) Finkelburg" *Justiz* (Berlin) 5. Jg. s. 364.
3226. Toller, Ernst "Pen-Kongress" (RE: closer ties among writers of all lands) *Weltbühne* 26. Jg. II. s. 49 - 51 (1930).
3227. Toller, Ernst "Dobring. Landgerichtsrat" *Weltbühne* 26. Jg. II. s. 510 (1930).
3228. Toller, Ernst "Reichskanzler Adolf Hitler" *Weltbühne* 26. Jg. II. s. 537 (1930).
3229. Toller, Ernst "Gefangenschaft und Sexualität" *Sexualität und Sexualwissen* (Wien) 4. Jg. s. 48 - 58 (1930).
3230. Toller, Ernst "Giftmordprozess Riedel-Guala" *Weltbühne* 27. Jg. II. s. 552 - 54 (1931).
3231. Toller, Ernst "Das neue Spanien" *Weltbühne* 28. Jg. I. s. 550 - 54; 622 - 26; 667 - 71; 749 - 51; 929 - 33 (1932).
3232. Toller, Ernst "Menschliche Komödie in Genf" (RE: League of Nations) *Weltbühne* 28. Jg. I. s. 396 - 99 (1932).
3233. Toller, Ernst "Erwachtes Ungarn" *Weltbühne* 28. Jg. II. s. 159 - 61 (1932).
3234. Toller, Ernst "Unser Kampf um Deutschland" (Deutscher Tag Speech in New York) *Das Wort* (Moscow) 2. Jg. March s. 46 - 53 (1937).
3235. Toller, Ernst "Offener Brief an Herrn Goebbels von Ernst Toller" *Weltbühne* (Berlin) 2. Jg. s. 429 - 31 (1947).

VI. Non-fictional publications of Toller (English)

3236. Toller, Ernst *Which World, Which Way? Travel Pictures from America and Russia* Low 1931 (A translation of the first two sections of *Quer durch*).
3237. Toller, Ernst *I Was a German* New York 1934; 1938 (British edition published in 1936 under title *Learn from My Youth*) (translation of *Eine Jugend in Deutschland*).
3238. Toller, Ernst *Letters from Prison. Including Poems and a New Version of "The Swallow Book"* London Lane 1936 (Continuation of *I Was a German*; published in America under title *Look Through the Bars*).
3239. Toller, Ernst *Look Through the Bars; Letters from Prison, Poems and a New Verson of the "Swallow Book"* New York 1937 (Published in Great Britain under title *Letters from Prison*).

3240. Toller, Ernst "Murder of Gustav Landauer" *Labour Monthly* 8: 112 - 14 (February 1926).
3241. Toller, Ernst "Max Hoelz" *Labour Monthly* 9: 220 - 24 (April 1927).
3242. Toller, Ernst "Post-War German Drama" *Nation* 127: 488 - 89 (November 7, 1928).
3243. Toller, Ernst "Art and Life; from My Notebook" *London Mercury* 32: 459 - 61 (September 1935).
3244. Toller, Ernst "Letters from Prison" *New Statesman and Nation* 11: 382 - 83 (March 14, 1936).
3245. Toller, Ernst "The Function of Drama" *New York Times* January 24, 1937 (Letter: Sec. X, p. 1:5); cf. also February 7, 1937 (Sec. X, p. 3:4).
3246. Toller, Ernst "Letters" in *Great Prisoners* (I. Abramowitz, ed.) Dutton 1946 p. 764 - 74.
3247. Toller, Ernst "Man and Masses in the U. S." in *This Was America* (O. Handlin, ed.) Harvard Univ. Press 1949 p. 498 - 514.

VII. Books and dissertations on Toller (German)

3248. Droop, F. *Ernst Toller und seine Bühnenwerke* Berlin 1922.
3249. Grossmann, Stefan *Der Hochverräter Ernst Toller. Die Geschichte eines Prozesses. Mit der Verteidigungsrede von Hugo Haase* Berlin E. Rowohlt 1919 (5th pamphlet of series *Umsturz und Aufbau*).
3250. Signer, P. *Ernst Toller, eine Studie* Berlin 1924.

VIII. Articles on Toller (German)

3251. --- "Ernst Toller und Arnolt Bronnen" *Bücherwelt* 22. Jg. s. 48 (1925).
3252. --- "Ernst Toller" *Weltbühne* 22 Jg.II s. 517.
3253. --- "Von Toller bis Tagger" *Hellweg* 6. Jg. s. 163 (1926).
3254. --- "Über Ernst Toller" *Die Literatur* 31. Jg. s. 403 (1929).
3255. --- "Ernst Tollers Ankunft in Amerika" *Weltbühne* 26. Jg. I. s. 5 - 7 (1930).
3256. --- "Ernst Toller" *Die Juden in Deutschland* (hrsg. vom Institut zum Studium der Judenfrage) München 1939.
3257. --- "Ernst Toller" *Funk und Schule* (Leipzig) 3. Jg. NR. 3 s. 99 (1949).
3258. --- "Und dann ging es ohne Skandal" *Roland von Berlin* 1949 NR. 32 s. 14 - 16.
3259. --- "Der andere Ernst Toller" *Sonntag* (Berlin) 4. Jg. NR. 21 s. 9 (1949).
3260. Aga. "Ernst Toller" *Volksbühne* (Berlin) 1. Jg. s. 8 (1921).
3261. Anders, Achim "Bekenntnis zur Menschlichkeit. Zum 60. Geburtstag Ernst Tollers" *Heute und Morgen* (Düsseldorf) 1953 NR. 12 s. 961.
3262. Bartels, A. "Tollerisches" *Deutsches Schrifttum* 16. Jg. NR. 5 (1925).
3263. Breuer, R. "Toller und die Jugend" *Die deutsche Republik* 1. Jg. s. 769 (1927).

3264. Feuchtwanger, Leo "Dem toten Ernst Toller" *Weltbühne* (Berlin) 4. Jg. NR. 21 s. 729 - 30 (1949).
3265. Gallwitz, S. D. "Ernst Toller" in S. D. Gallwitz: *Der neue Dichter und die Frau* Berlin 1927 s. 55 - 65.
3266. Georg, M. "Begegnung mit Ernst Toller - nach der Freilassung" *Neue Freie Presse* (Wien) July 19, 1924.
3267. Günther. "Bemerkungen zu Toller" *Dramaturgische Blätter* (Berlin) 1. Jg. NR. 2 s. 43 - 44 (1947).
3268. Herz, Leonore "Ernst Toller zum 10. Todestag" *Der Weg* (Berlin) 4. Jg. NR. 20 s. 7 (1949).
3269. Hiller, K. "Ernst Toller tot!" in K. Hiller: *Köpfe und Tröpfe. Profile aus einem Vierteljahrhundert* Hamburg Rowohlt 1950 s. 294 - 96.
3270. Jäger, W. "Ernst Toller, deutscher Dichter" *Das Echo* (Berlin) 41. Jg. s. 2530 (1923).
3271. Jentzsch, R. "Toller in seinen Dramen" *Zeitschrift für deutschen Unterricht (Zeitschrift für Deutschkunde)* 40. Jg. s. 813 - 22 (1926).
3272. Kesten, Hermann *Meine Freunde die Poeten* Wien 1953 s. 153 - 66.
3273. Oschilewski, W. G. "Toller, Dichter und Kämpfer" *Geist und Tat* (Hamburg) 2. Jg. NR. 12 s. 8 - 10 (1947).
3274. Pinner, E. "Der Dichter Toller" *Der Jude* 8. Jg. s. 483 (1924).
3275. Pongs, H. "Tollers Dramen von Menschen der Masse" *Die christliche Welt* 38. Jg. s. 462 - 72 (1924).
3276. Röder. "Ernst Toller und der Erzbischof" *Die Buchbesprechung* (Leipzig) 2. Jg. s. 351 (1938).
3277. Rosenberg, A. "Und Ernst Toller?" in Alfred Rosenberg: *Kampf um die Macht. Aufsätze von 1921 - 1932* 7th Edition München 1939 s. 275.
3278. Rosenfeld, F. "Ernst Toller" *Der Kampf* (Wien) 17. Jg. s. 293 - 98 (1924).
3279. Schwachhofer, R. "Revolutionär aus Leidenschaft. Zum 60. Geburtstag Ernst Tollers am 1. Dezember" *Börsenblatt für den deutschen Buchhandel* (Leipzig) 120. Jg. s. 1041 - 42 (1953).
3280. Steinbach, W. "Ernst Toller" *Urania* (Jena) 1924/25 s. 25.
3281. Suhl, A. "Ernst Toller" *Leipziger jüdische Zeitung* 3. Jg. NR. 35 (1924).
3282. Victor, Walther "Erinnerungen an Ernst Toller" *Heute und Morgen* (Schwerin) 1948 5. Heft s. 339 - 40.
3283. Weisenborn, G. "An die deutschen Dichter im Ausland. Aus einer Gedächtnisrede für Ernst Toller" *Der Autor* (Berlin) April 1947 s. 1 - 6.
3284. Weiser, E. "Toller in Dresden" *Weltbühne* 20. Jg. s. 184 (1924).
3285. Wirth, Otto "Ernst Toller, der Mensch in seinem Werk" *Monatshefte für deutschen Unterricht* (Madison, Wisconsin) 31: 339 - 48 (1939).
3286. Wrobel, J. "Tollers Publikum" *Weltbühne* 1919 s. 635 - 38.

3287. Zweig, Arnold "Poetentheater" in A. Zweig: *Juden auf der deutschen Bühne* Berlin 1928 s. 235 - 44.

IX. Books and dissertations on Toller (English)

3288. Heller, Peter *The Writer's Image of the Writer: a Study in the Ideologies of Six German Authors, 1918 - 33* (Diss. Columbia) Microfilm Abstracts Ann Arbor 11: 1062 - 64 (1951).
3289. Willibrand, W. A. *Ernst Toller, Product of Two Revolutions* Norman, Oklahoma 1941.
3290. Willibrand, W. A. *Toller and his Ideology* (Diss. Iowa 1940) Univ. of Iowa Humanistic Studies 7: 412 Iowa City 1945.

X. Articles on Toller (English)

3291. --- RE: Ernst Toller in Prison *New York Times* January 20, 1922 (p. 3:2); June 30, 1922 (p. 2:5); July 2, 1922 (p. 7:1); August 13, 1922 (Sec. II, p. 7:5); May 13, 1923 (Sec. IX, p. 5:4); December 30, 1923 (Sec. II, p. 3:2).
3292. --- Special Article on Ernst Toller *New York Times* August 12, 1923 (Sec. III, p. 18:1).
3293. --- "Portrait" *Theater Arts Monthly* 8: 284 (May 1924).
3294. --- "Ernst Toller in London" *Living Age* 322: 45 - 46 (July 5, 1924).
3295. --- "Dramatist out of Jail" *Living Age* 322: 432 - 33 (August 30, 1924).
3296. --- "Portrait" *Literary Digest* 82: 33 (September 20, 1924).
3297. --- "Herr Ernst Toller" *Spectator* 135: 1136 - 37 (December 19, 1925).
3298. --- "Ernst Toller in London" *Living Age* 328: 164 - 65 (January 16, 1926).
3299. --- "Toller Talks" *Living Age* 334: 1244 (August 1928).
3300. --- RE: Toller's Visit to America *New York Times* September 27, 1929 (p. 29:4); September 28, 1929 (p. 2:8); September 30, 1929 (editorial: p. 24:4); October 6, 1929 (Sec. III, p. 3:2); October 6, 1929 (interview: Sec. IX, p. 2:4).
3301. --- "Ernst Toller Is Admitted" *Publishers Weekly* 116: 1735 (October 5, 1929).
3302. --- "Ernst Toller, Suspect" *Literary Digest* 103: 19 - 20 (October 26, 1929).
3303. --- "Ernst Toller" *Theater Arts* 13: 873 - 74 (December 1929).
3304. --- "Portrait" *Literary Digest* 116: 18 (July 15, 1933).
3305. --- "Toller's German Citizenship Annulled" *New York Times* August 26, 1933 (p. 3:3).
3306. --- "Ernst Toller in Dublin" *New York Times* January 14, 1935 (p. 2:5).
3307. --- "Interview on Hitler and Peace - Arrival in U.S.A." *New York Times* October 13, 1936 (p. 5:2); October 19, 1936 (letter: p. 18:5).
3308. --- "Interview on Films and Theater" *New York Times* November 1, 1936 (Sec. X, p. 5:6).

# ERNST TOLLER

3309. --- "Toller's Speech at *N. Y. Times* National Book Fair" *New York Times* November 10, 1936 (p. 23:2).
3310. --- "Toller to Speak at New School for Social Research" *New York Times* December 13, 1936 (Sec. VI, p. 3:8).
3311. --- "Toller on Conditions in Germany" *New York Times* December 14, 1936 (p. 13:3).
3312. --- "Toller Assails Hitler" *New York Times* February 1, 1937 (p. 1:7).
3313. --- "Toller Denies He Is Communist" *New York Times* February 4, 1937 (p. 19:3).
3314. --- Toller's Difficulties re: Queens Collge, New York *New York Times* April 5, 1938 (p. 44:2); April 6, 1938 (p. 25:7); April 7, 1938 (p. 21:3).
3315. --- "Toller's Food Campaign for Spain" *New York Times* August 15, 1938 (p. 8:3); November 18, 1938 (p. 7:7); December 3, 1938 (editorial: p. 18:3); December 5, 1938 (p. 11:6); December 31, 1938 (editorial: p. 14:2).
3316. --- "Ernst Toller - Suicide" *New York Times* May 23, 1939 (p. 31); May 24, 1939 (p. 10:3); May 25, 1939 (p. 29:3 and 9:6); May 27, 1939 (p. 19:7); May 28, 1939 (Sec. III., p. 6:4).

Obituary:
3317. *Nation* 148: 603 (May 27, 1939).
3318. *Publishers Weekly* 135: 1925 (May 27, 1939).
3319. *Saturday Review of Literature* 28: 8 (June 3, 1939) H. S. Canby.
3320. *Time* 33: 69 (May 29, 1939).
3321. *Wilson Library Bulletin* 14: 4 (May 29, 1939).
3322. --- "Toller" *Life and Letters Today* 22: 3 - 4 (July 1939).
3323. --- RE: Alleged Copyright Infringement on *Pastor Hall* *New York Times* August 7, 1940 (p. 15.2).
3324. --- "In Remembrance" *Contemporary Jewish Record* 6: 468 (October 1943).
3325. Boyd, D. "The Poet in Action" *Millgate Monthly* (Manchester) May 1934 p. 431 - 32.
3326. Block, Mrs. A. C. "Contemporary Drama: the Social Conflict" in A. C. Block: *Changing World in Plays and Theaters* Boston 1939 p. 194 - 250.
3327. Bruton, K. "Ernst Toller - Suicide" *Sign* 18: 723 (July 1939).
3328. Causton, Bernard "Plays of a Prisoner" *Fortnightly Review* 129: 634 - 45 (May 1928).
3329. Clark, B. H. "Work of Ernst Toller" *Theatre* (New York) 39: 22 (June 1924).
3330. Dukes, A. "Ernst Toller" *Theater Arts Monthly* 8: 305 - 8 (May 1924).
3331. Dukes, A. "Toller" in A. Dukes: *Youngest Drama: Studies of 50 Dramatists* London Benn 1923 p. 162 - 71.
3332. Gassner, J. W. "Hauptmann's Fellow Travelers and the Expressionist Eruption" in J. W. Gassner: *Masters of the Drama* Random House 1940 p. 467 - 94.

3332A. Heller, Peter "The Masochistic Rebel in Recent German Literature" *Journal of Aesthetics and Art Criticism* 11: 198 - 213 (1952/53).
3333. Liptzin, S. "Marginal Jews" in S. Liptzin: *Germany's Stepchildren* Jewish Publication Society of America 1944 p. 195 - 210.
3334. Loving, Pierre "A Note on Ernst Toller" *Dial* 86: 205 - 10 (March 1929).
3335. Mann, K. "Ernst Toller" *New Republic* 99: 138 (June 7, 1939).
3336. Peake, M. "Portrait" *London Mercury* 34: 494 A (October 1936).
3337. Pinthus, Kurt "Life and Death of Ernst Toller" *Books Abroad* 14: 3 - 8 (1941).
3338. Reuter, Gabrielle "Ernst Toller" *New York Times* February 17, 1924 (Sec. III, p. 14:1).
3339. Richter, K. E. "Looking into Literature: Ernst Toller on the German post-war Drama" *American Monthly* 22: 23 (October 1929).
3340. Slochower, Harry "Ernst Toller" *Twice a Year* (New York) 1939 No. 3/4 p. 130 - 34.
3341. Slochower, Harry "In the Fascist Styx" in H. Slochower: *No Voice Is Wholly Lost* Creative Age 1945 p. 75 - 92.
3342. Stein, Carl vom "Ernst Toller" in *Great Democrats* (Alfred B. Brown, ed.) Nicholson 1934.
3343. Steinhauer, H. "New Writers" *Canadian Forum* 12: 24 - 25 (October 1931).
3344. Untermeyer, Louis "Ernst Toller" *New York Times* May 4, 1924 (Sec. VIII, p. 2:6).
3345. Walker, Lydia "Ernst Toller and his Plays" *Theater Guild Magazine* (New York) 7: 30 - 33, 52 (October 1929).
3346. West, Rebecca "Toller" in R. West: *Ending in Earnest* Doubleday, Doran 1931 p. 59 - 65.
3347. Wiegand, Charmion von "Ernst Toller. The Playwright of Expressionism" *New Theatre* (New York) August 1936 p. 13 - 15, 25.
3347A. Willibrand, W. A. "The Timely Dramas of Ernest Toller" *Monatshefte für deutschen Unterricht* (Madison, Wisconsin) 34: 157 - 69 (1942).
3348. Willibrand, W. A. Ernst Toller's Ideological Skepticism" *German Quarterly* 19: 181 - 86 (1946).

# FRITZ VON UNRUH

(Note: Section I lists all plays known to be written by von Unruh although no record of publication for the years 1935-50 could be found. — Section II includes reviews and articles on the author's travel books and speeches. — Section VIII is divided into: 1. Literature to 1945, 2. Literature after 1945, for the same reasons that apply to other dramatists banned during the Nazi era.)

I. Plays (in order of publication)

3349. *Jürgen Wullenweber* Drama 1910 (No record of publication found).
3350. *Offiziere.* Drama Berlin E. Reiss 1912.
3351. *Louis Ferdinand, Prinz von Preussen.* Ein Drama Berlin E. Reiss 1913.
3352. *Ein Geschlecht. Tragödie* Leipzig K. Wolff 1917.
3353. *Vor der Entscheidung.* Ein Gedicht Berlin E. Reiss 1919.
3354. *Platz.* Ein Spiel 2. Teil der Trilogie: Ein Geschlecht. München K. Wolff 1920.
3355. *Rosengarten.* Unpublished (?) drama premiered in 1921 at Darmstadt (Contents of plot given in R. Meister: *Fritz von Unruh* Berlin 1926 s. 139 - 40).
3356. *Stürme.* Ein Schauspiel München K. Wolff 1922.
3357. *Heinrich aus Andernach.* Ein Festspiel Frankfurt Frankfurter Societäts-Druckerei 1925.
3358. *Bonaparte.* Ein Schauspiel Frankfurt Frankfurter Societäts-Druckerei 1927 (Republished by Comel Verlag, Köln, 1953).
3359. *Phaea.* Eine Komödie Berlin Felix Bloch Erben 1930.
3360. *Zero.* Eine Komödie Frankfurt Societäts Verlag 1932.
3361. *Gandha.* Lustspiel (1935) unpublished (?)
3362. *Charlotte Corday.* Schauspiel (1936) unpublished (?).
3363. *Hauptmann Werner.* Schauspiel (1936) unpublished (?).
3364. *Dietrich* (third part of trilogy Ein Geschlecht) (1936) unpublished (?).
3365. *Miss Rollschuh.* Lustspiel (1941) unpublished (?)
3366. *Wilhelmus, Prinz von Oranien.* Drama Köln Comel 1952.
3367. *Duell an der Havel.* Schauspiel Berlin-Charlottenburg Krüger 1954.

II. Reviews and articles on specific plays and non-fictional writings (German)

*Bonaparte*
3368. *Arminius* (Berlin) 8. Jg. 9. Heft (1927).
3369. *Das deutsche Drama* 7. Jg. s. 158 (1928).
3370. *Freiburger Theaterblätter* 1927/28 s. 248 - 52 R. Ibel.

3371. *Freie Welt* (Reichenberg) 8. Jg. 159. Heft s. 30 (1927).
3372. *Gral* 21. Jg. s. 376 (1927).
3373. *Hellweg* 7. Jg. s. 48 (1927).
3374. *Hellweg* 7. Jg. s. 80 (1927) H. Knudsen; s. 81 F. Rupp.
3374A. *Die Literatur* 29. Jg. s. 352 (1927) E. Heilborn.
3375. *Preussische Jahrbücher* 207: 414 - 16 (March 1927) H. Knudsen.
3376. *Die schöne Literatur* 28. Jg. s. 142 (1927) F. O. Hallener.
3377. *Vergangenheit und Gegenwart* 17. Jg. s. 522 R. Wertzel.
3378. *Westermanns Monatshefte* 142: 219 - 21 (April 1927) F. Düsel.
3379. *Berliner Börsenzeitung* February 16, 1927 F. Köppen.
3380. *Berliner Tageblatt* February 16, 1927 F. Engel.
3381. *Deutsche Allgemeine Zeitung* February 17, 1927 Fechter.
3382. *Frankfurter Zeitung* February 7, 1927 E. Heilborn.
3383. *Frankfurter Zeitung* February 18, 1927 B. Diebold.
3384. *Hannoverscher Kourier* February 8, 1927 M. Leuchs-Mach.
3385. *Magdeburger Zeitung* February 5, 1927.
3386. *Neue Freie Presse* February 26, 1927.
3387. *Neue Preussische Zeitung* February 16, 1927 E. Schmahl.
3388. *Neue Züricher Zeitung* February 19, 1927.
3389. *Tägliche Rundschau* February 17, 1927 K. Aram.
3390. Gross, Edgar "Typen des geschichtlichen Dramas der Gegenwart" *Zeitschrift für Deutschkunde* 42. Jg. s. 263 - 68 (1928).
3391. Haacke, U. "Grabbes *Napoleon*, Unruhs *Bonaparte* und Goetz' *Gneisenau* im Deutschunterricht der Prima" *Zeitschrift für deutsche Bildung* 1929 s. 83 - 91.

## Ein Geschlecht

3392. *Freie deutsche Bühne* (Berlin) 1919 s. 221 O. Stoessel (under "Wiener Theater").
3393. *Das junge Deutschland* 1919 NR. 11/12 M. Freyhan.
3394. *Literarische Gesellschaft* (Hamburg) 5. Jg. s. 119 - 22 (1919).
3395. *Zeitschrift für Bücherfreunde* N.F. 10. Jg. I. Beilage s. 297 (1918) F. Sebrecht.
3396. *Neue Züricher Zeitung* June 30, 1918 Adolf Kuckhoff.
3397. *Der Tag* (Berlin) December 14, 1917 J. Hart.
3398. Küchler, W. "Opfergang. Ein Geschlecht" in W. Küchler: *R. Rolland, H. Barbusse, Fritz von Unruh. Vier Vorträge* Würzburg 1919 s. 64 - 74.

## Heinrich aus Andernach

3399. *Bücherwelt* 22. Jg. s. 523 - 28 (1925) W. Spael.
3400. *Freie Welt* (Reichenberg) 5. Jg. 122. Heft s. 29 (1925) K. W. Fritsch.
3401. *Die Literatur* 27. Jg. s. 676 (1925) P. Bourfeind (Uraufführung).
3402. *Das Theater* 6. Jg. NR. 13 s. 302 - 3 G. Beyer.
3403. *Weltbühne* 22. Jg. s. 26 A. Polgar.
3404. *Berliner Tageblatt* June 9, 1925 A. Krüger.
3405. *Leipziger Neueste Nachrichten* September 28, 1925 E. Delpy.

3406. *Neue Freie Presse* September 14, 1925  R. K. Goldschmidt.
3407. Kramp, A. "Neuer Mensch in Unruhs Festspiel: Heinrich aus Andernach" *Aufstieg* (Berlin) 7. Heft of Hefte 1 - 8 from February 1929 to June 1931 s. 31.
3408. Langenbeck, F. "Zum Problem 'Klassik und Moderne'" *Zeitschrift für deutsche Bildung* 8. Jg. s. 143 - 48 (1932).

## Louis Ferdinand, Prinz von Preussen
3409. *Bühne und Welt* 16. Jg. s. 114 f. (1914) E. Wachler.
3410. *Das deutsche Drama* 4. Jg. s. 207 (1921).
3411. *Das deutsche Drama* 5. Jg. s. 41 (1922).
3412. *Hellweg* 4. Jg. s. 70 (1924).
3413. *Hellweg* 6. Jg. s. 96 (1926) H. Weissensee.
3414. *Das literarische Echo* 16. Jg. s. 899 f. (1914) H. Franck.
3415. *Das literarische Echo* 23. Jg. s. 922 (1921) B. Diebold.
3416. *Neue Rundschau* 25. Jg. I. s. 560 - 66 (1914) P. Schlenther.
3417. *Die schöne Literatur* 22. Jg. s. 110 (1921).
3418. *Westermanns Monatshefte* 144: 315 - 16 (May 1928) F. Düsel.
3419. *Zeitschrift für Bücherfreunde* N.F. 6. Jg. I. s. 89 (1914) K. Hüttel.
3420. *Frankfurter Zeitung* March 20, 1925 B. Diebold.
3421. *Münchner Neueste Nachrichten* December 10, 1923 H. Sinsheimer.
3422. --- "Walter Falk über Inszenierung von Unruhs Louis Ferdinand" *Die Scene* 18. Jg. s. 365 (1928).

## Offiziere
3423. *Das literarische Echo* 14. Jg. s. 575 (1912) A. Eloesser.
3424. *Velhagen und Klasings Monatshefte* April 1912 s. 580 ff. P. O. Höcker.

## Phaea
3425. *Bücherwelt* 28. Jg. s. 304 (1931) Klöckner.
3426. *Christliche Welt* 44. Jg. s. 1027 (1930) Knevels.
3427. *Das deutsche Drama* N.F. 2. Jg. s. 280 (1930).
3428. *Die Literatur* 32. Jg. s. 594 (1930) E. Heilborn (Berliner Uraufführung).
3429. *Die schöne Literatur* 31. Jg. s. 361 (1930) H. Knudsen.
3430. F. Hollaender: *Lebendes Theater. Eine Berliner Dramaturgie* Berlin S. Fischer 1932 s. 280 - 85.

## Platz
3431. *Das deutsche Drama* 3. Jg. s. 183 (1920) R. Dohse.
3432. *Feuer* (Saarbrücken) 1. Jg. s. 711 B. Diebold.
3433. *Das literarische Echo* 22. Jg. s. 1239 (1920) B. Diebold.
3434. *Die schöne Literatur* 21. Jg. s. 140 (1920) R. Dohse.
3435. *Zeitschrift für Bücherfreunde* N.F. 14. Jg. Lit. s. 97 A. Mendelsohn-Bartholdy.
3436. *Dresdener Neueste Nachrichten* June 9, 1920.

## Rosengarten

3437. *Hellweg* 3. Jg. s. 860 (1923).
3438. *Das literarische Echo* 26. Jg. s. 236 (1924) B. Diebold (Uraufführung).
3439. *Berliner Tageblatt* December 6, 1923 F. Engel.
3440. *Frankfurter Zeitung* November 26, 1923 B. Diebold.
3441. *Neue Züricher Zeitung* December 4, 1923 R. K. Goldschmidt.
3442. *Weser-Zeitung* (Bremen) October 29, 1923 P. Berglar-Schroer.

## Stürme

3443. *Das deutsche Theater* 1. Jg. s. 31 - 41 (1922/23).
3444. *Der Fröhliche* 4. Jg. 1. und 2. Juniheft (1922) A. Smith.
3445. *Das literarische Echo* 24. Jg. s. 1236 (1922) B. Diebold.
3446. *Berliner Tageblatt* June 7, 1922 F. Engel.
3447. *Frankfurter Zeitung* June 8, 1922 B. Diebold.
3448. *Neue Freie Presse* (Wien) December 11, 1922 O. Walzel.

## Vor der Entscheidung

3449/50. *Christliche Welt* 46. Jg. s. 282 (1932) Grabert.
3451. *Neue Rundschau* 1920 s. 587 - 89 R. Kayser (under "Neue Dramatik").
3452. *Die schöne Literatur* 21. Jg. s. 126 (1920) H. Knudsen.
3453. *Zeitschrift für Bücherfreunde* N.F. 11. Jg. II. Beiblatt s. 500 (1920).
3454. *Berliner Tageblatt* August 31, 1919 F. Engel.
3455. Kenter, H. D. "'Vor der Entscheidung', Mutterland zu" *Das deutsche Drama* 5. Jg. s. 14 - 24 (1922).

## Wilhelmus, Prinz von Oranien

3456. *Christ und Welt* (Stuttgart) 6. Jg. NR. 7 s. 8 (1953) Christa Reiffenstein (Uraufführung).
3457. *Gegenwart* 8. Jg. s. 109 - 12 (1953) Küsel.
3458. *Neue literarische Welt* (Heidelberg) 4. Jg. NR. 4 s. 2 (1953) Walter Schmiek.

## Zero

3459. *Das deutsche Drama* N.F. 4. Jg. s. 234 (1933).
3460. *Goetheanum* 11. Jg. s. 267 (1932) Fränkl.
3461. *Kölner Universitätszeitung* 14. Jg. s. 14 (1932) P. Schiff (Uraufführung in Frankfurt).
3462. *Die Literatur* 34. Jg. s. 570 (1932) R. Geck (Uraufführung in Frankfurt).
3463. *Die schöne Literatur* 33. Jg. s. 287 (1932) W. Deubel.

## Flügel der Nike

3464. *Deutsche Einheit* (Hamburg) 7. Jg. s. 748 E. von Frankenberg.

## Politeia

3465. *Ostdeutsche Monatshefte* 13. Jg. s. 563 (1932) Dreyer.
3466. *Bohemia* (Prag) March 19, 1933.

## Reden

3467. *Der Kampf* (Wien) 17. Jg. s. 366 (1924).
3468. *Zeitschrift für Politik* 16. Jg. s. 373 Ch. Lütkens.
3469. *Frankfurter Zeitung* May 21, 1924 Prinz Alex Hohenlohe.
3470. *Königsberger Hartungsche Zeitung* August 10, 1924 Zarek.
3471. *Leipziger Neueste Nachrichten* August 2, 1924 E. Ebermayer.
3472. *Neue Freie Presse* July 27, 1924 P. Zucker-Randl.

### III. Translations of plays into English

3473. *Bonaparte.* A Drama (trans. Edwin Björkmann) New York Knopf 1928.

### IV. Reviews and articles on specific plays (English)

## Bonaparte

3474. *Books Abroad* 1: 83 1927.
3475. *Commonweal* 9: 215 - 16 (December 1928) Harry McGuire.
3476. *New York Sun* November 17, 1928.
3477. *New York Times Book Review* December 30, 1928.
3478. *New York Times* May 15, 1927 (Sec. VIII, p. 1:3).

## Stürme

3479. *Bookman* 56: 237 - 39 E. T. Scheffauer (under "New German Storm and Stress").

### V. Non-fictional publications of Unruh (German)

3480. Unruh, Fritz von *Reden* (RE: Goethe; Rathenau; Vaterland und Freiheit; das neue Reich) Frankfurter Societäts-Druckerei 1924.
3481. Unruh, Fritz von *Flügel der Nike. Buch einer Reise* Frankfurter Societäts-Druckerei 1925.
3482. Unruh, Fritz von *Politeia* (2nd volume of speeches) Paris 1933.
3483. Unruh, Fritz von *Europa, erwache!* Rede, Basel Verlagsgenossenschaft der Europa-Union 1936.
3484. Unruh, Fritz von *Seid wachsam!* Eine Goethe-Rede Frankfurt Kramer 1945.
3485. Unruh, Fritz von *Rede an die Deutschen* (Geleitwort: Eugen Kogon) Frankfurt Kramer 1948.
3486. Unruh, Fritz von *Friede auf Erden! Peace on earth!* Frankfurt Kramer 1948.
3487. Unruh, Fritz von *Mächtig seid ihr nicht in Waffen.* Reden, mit einem Begleitwort von Albert Einstein Nürnberg H. Carl 1957.
3488. Unruh, Fritz von "Vaterland und Freiheit" *Monistische Monatshefte* (Hamburg) 8. Jg. s. 93 - 96 (1923).
3489. Unruh, Fritz von "Meine Beziehungen zur Bühne" *Freiburger Theaterblätter* 1927/28 s. 253 - 56.
3490. Unruh, Fritz von "Napoleon im Invalidendom" *Freibürger Theaterblätter* 1927/28 s. 261.
3491. Unruh, Fritz von "Gustav Landauer" *Das werdende Zeitalter* (Gotha) 8. Jg. s. 283 - 92 (1929).

3492. Unruh, Fritz von "Um Napoleon" *Der Kreis* 6. Jg. s. 643 - 49 (1929) (with others).
3493. Unruh, Fritz von "Quo Vadis?" (Autobiography) *Neue Rundschau* May 1931.
3494. Unruh, Fritz von "Begegnung mit Trotzki" *Querschnitt* 10. Jg. s. 219 - 26 (1931).
3495. Unruh, Fritz von "Wahre Wandlung beginnt in uns und nirgends sonst. (Brief)" *Der Zwiebelfisch* (München) 25. Jg. 3. Heft s. 9 - 11 (1946/48).

## VI. Non-fictional publications of Unruh (English)

3496. Unruh, Fritz von "Self-Portrait" *Saturday Review of Literature* 30: 10 - 11 (May 3, 1947).
3497. Unruh, Fritz von "Looking at the Theatre" *Theater Arts* 31: 49 - 50 (July 1947).

## VII. Books and dissertations on Unruh (German)

3498. Beer, Willy *Untersuchungen zur Problematik des expressionistischen Dramas (unter bes. Berücksichtigung der Dramatik Georg Kaisers und Fritz v. Unruhs)* (Diss. Breslau) Breslau 1934.
3499. Engel, F. *Fritz von Unruh und seine Bühenwerke; eine Einführung* Berlin und Leipzig 1922 (Schneiders Bühnenführer).
3500. Geyer, W. *Fritz von Unruh. Versuch einer Deutung* Rudolstadt 1924.
3501. Gutkind, C. S., Ibil, R., und Durstein, L. *Fritz von Unruh, Auseinanderstezung mit dem Werk, Aufsätze* Frankfurt 1927.
3502. Meister, Robert *Fritz von Unruh* Berlin 1926 (Germanische Studien, Heft 39).

## VIII. Articles on Unruh (German)
### 1. Literature to 1945

3503. — "Fritz von Unruh, Dramatiker" *Der Friede* 2. Bd. I. s. 163 (1918).
3504. — "Erlebnis, Wille und Genius. Zu Unruhs Pazifismus" *Der Kunstwart* 39. Jg. s. 55 - 64 (October 1925).
3505. — "Unruh, der Rationalist" *Hellweg* 5. Jg. s. 242 (1925)
3506. — "Fritz von Unruh" *Buchhändler Taschenbuch* (Stuttgart) 1926 s. 108.
3507. — "Fritz von Unruh und Carl Sternheim in Paris. Urteil eines Franzosen" *Hellweg* 6. Jg. s. 84 (1926).
3508. — "Fritz von Unruh" *Gral* 23. Jg. s. 62 (1928).
3509. Antz, Josef "Fritz von Unruh" *Das heilige Feuer* (Paderborn) 13. Jg. s. 166.
3510. Bab, J. "Fritz von Unruh" *Weltbühne* 1918 s. 261.
3511. Bachmann, H. "Fritz von Unruh" *Die deutsche Republik* 1. Jg. s. 740 (1927).
3512. Bachmann, H. "Fritz von Unruh" *Das junge Zentrum* 5. Jg. s. 10 - 13 (1928).
3513. Barbusse, H. "Unruh, eine pathetische Interpretation" *Die neue Bücherschau* (Berlin) 1926 s. 14.

3514. Bauer, P. "Fritz von Unruh" *Gral* 19. Jg. s. 246 - 54 (1925).
3515. Behl, C. F. W. "Fritz von Unruh" *Die Hilfe* 1920 NR. 16 s. 237 - 38.
3516. Bock, H. "Schwingungsdauer des nicht ausgerichteten Unruh" *Querfurter Jahrbuch* 1929 s. 413 - 416.
3517. Deubel, W. "Fritz von Unruh und die deutsche Kulturrevolution" *Das Nationaltheater* (Berlin) 5. Jg. s. 92 - 99 (1932/33).
3518. Deubel, W. "Fritz von Unruhs weltanschauliches Bekenntnis" *Preussische Jahrbücher* 200: 193 - 99 (May 1925).
3519. Dreyer, E. A. "Fritz von Unruh" *Volksbühne* 3. Jg. NR. 12 (1929).
3520. Dreyer, E. A. "Unruh - Der Dichter in der Zeit" *Ostdeutsche Monatshefte* 10. Jg. s. 930 - 49.
3521. Eloesser, A. "Fritz von Unruh" *Deutsche Rundschau* 47. Jg. II s. 220 - 29 (August 1921).
3522. Eloesser, A. "Fritz von Unruh und die 'Heilige Gemeinschaft'" *Die Literatur* 34. Jg. s. 254 (1932).
3523. Flemming, H. "Fritz von Unruh" *Almanach 1920* (Berlin, Mosse) s. 153.
3524. Franke, A. "Stefan George und Fritz von Unruh" *Form und Sinn* (Augsburg) 1. Jg. s. 181 - 85 (1925/26).
3525. Gallwitz, S. D. "Fritz von Unruh" in S. D. Gallwitz: *Der neue Dichter und die Frau* Berlin 1927 s. 80 - 95.
3526. Greiner, E. A. "Fritz von Unruh, ein patriotischer Dichter?" *Bühne und Welt* 16. Jg. s. 329 (1911).
3527. Gross, E. "Fritz von Unruh" *Nord und Süd* (Breslau) April 1919 s. 83 - 91.
3528. Haas, A. "Von der Unruh Familie" *Unser Pommerland* 14. Jg. s. 403 (1929).
3529. Harbeck, H. "Fritz von Unruh" *Die Hilfe* 1919 s. 234.
3530. Hell, G. "Otto Borngräber und Fritz von Unruh" *Die deutsche Bühne* (Berlin) 11. Jg. s. 23 (1919).
3531. Hunger. "Fritz von Unruh" *Das deutsche Drama* 2. Jg. II. s. 74 (1919).
3532. Ibel, R. "Unruh und George, Dichter an der Wende der Zeit" *Der Kreis* (Hamburg) 7. Jg. s. 545 - 54 (1930).
3533. Kappstein, Theodor "Fritz von Unruh" *Revue rhénane* (Mainz) 4. Jg. s. 174 - 80 (1924).
3534. Kenter, H. "Posas Auferstehung, eine Studie bei Unruh" *Die Flöte* 4. Jg. s. 173 - 76, 203 - 10 (1921).
3535. Knevels, W. "Dramatisches Werk Unruhs" *Geisteskampf der Gegenwart* 1928 s. 427 - 37.
3536. Knudsen, H. "Fritz von Unruh" *Blätter für Volksbibliotheken und Lesehallen* 1919 s. 42 - 49.
3537. Möhlig, K. "Geistlicher Entwicklungsgang in den Werken F. v. Unruhs" *Bücherwelt* 23. Jg. s. 344 - 53 (1926).
3538. Mohrenn, M. "Die Botschaft Unruhs" *Die Horen* (Berlin) 5. Jg. s. 77 - 83 (1928).
3539. Müller, A. "Neue Schauspiele von B. Franck, H. Johst und Fritz von Unruh" *Der getreue Eckart* (Wien) 1927 s. 313 - 21.

3540. Mulert, H. "Zu Unruhs Arbeiten über Luther und Eckhart" *Christliche Welt* 47. Jg. s. 118 (1933).
3541. Petersen, Julius "Fritz von Unruh" *Das literarische Echo* 20. Jg. s. 501 (1918).
3542. Petersmann-Borsdorff, W. "Unruh und seine expressionistische Religiosität *Christliche Welt* 39. Jg. s. 1000 - 1005 (1925).
3543. Picht, W. "Offener Brief an Fritz von Unruh" *Abendland* (Köln) 3. Jg. s. 291 (1928).
3544. Pitron, R. "Fritz von Unruh" *Revue rhénane* 6. Jg. 10./12. Heft s. 26 - 30 (1926).
3545. Ruppel, K. H. "Unruh: Der republikanische Wildenbruch" *Das Tagebuch* (Berlin) 8. Jg. s. 344 (1927).
3546. Schalk, K. v. d. "Fritz von Unruh, vaterländischer Dichter" *Bühne und Welt* 16. Jg. s. 524 - 28 (1914).
3547. Schendell, W. "Unruh-Kaiser-Barlach" *Der deutsche Gedanke* 2. Jg. s. 70 - 75 (1925).
3548. Schirokauer, A. "Aus einer Rede über Fritz von Unruh" *Die Scene* 15. Jg. s. 86 - 92 (1925).
3549. Sprengler, J. "Fritz von Unruh" *Hochland* 22. Jg. I. s. 471 - 80 (1925).
3550. Stammler, W. "Der Dramatiker Unruh" *Der eiserne Steg* Jahrbuch III (1926) s. 21.
3551. Thormann, W. E. "Fritz von Unruh und das neue Drama" *Saarbrücker Blätter für Theater und Kunst* 4. Jg. s. 2, 19 (1925/26).
3552. Viëtor, K. "Dichtungen Unruhs" *Die deutsche Bühne* (Frankfurt) 1919 s. 135 - 49.
3553. Walzel, O. "Fritz von Unruh" *Germanisch-romanische Monatsschrift* 9. Jg. s. 200 - 9, 267 - 77 (1921).
3554. Wocke, H. "Fritz von Unruh" *Bücher der Bildung* 32. Bd. s. 86 - 96 (1930).

2. Literature after 1945

3555. --- "Fritz von Unruh" *Benjamin* (since 1948 *Illustrierte*) (Hamburg) 1. Jg. 2. Heft s. 11 (1947).
3556. --- "Fritz von Unruh 70 Jahre" *Deutsche Rundschau* 81. Jg. s. 505 - 6 (1955).
3557. --- "Fritz von Unruh und die westliche 'Freiheit'" *Weltbühne* (Berlin) 10. Jg. s. 658 - 61 (1955).
3557A. --- "Fritz von Unruh: U2" *Der Spiegel* 11. Jg. 43. Heft s. 58 - 61 (1957).
3558. Bitsch, Heinrich "Einsamer Prediger für Freiheit und Frieden. Zum 70. Geburtstag des Dichters Fritz von Unruh am 10. Mai 1955" *Hessische Hefte* (Kassel) 5. Jg. s. 177 - 78 (1955).
3559. Goldschmidt, D. "An Fritz von Unruh" *Universitäts-Zeitung* (Göttingen) 3. Jg. NR. 13 s. 1 - 3 (1948).
3560. Lennartz, Franz "Fritz von Unruh" in F. Lennartz: *Die Dichter unserer Zeit* 5. Auflage Stuttgart 1952 s. 512 - 15.
3561. Meuer, A. "Der Ritter im Hohlweg" *Horizont* (Berlin) 3. Jg. NR. 47 s. 3 (1948).

3562. Sackarndt, P. "Zwei Stimmen von draussen. Fritz von Unruh und Theodor Plievier sprachen in Frankreich" *Sonntagsblatt* (Hannover) 1. Jg. NR. 20 s. 4 (1948).
3563. Wittko, Paul "Fritz von Unruh 70 Jahre" *Der Schlesier* (Recklinghausen) 7. Jg. NR. 19 s. 6 (1955).

## IX. Books and dissertations on Unruh (English)

3564. Kronacher, Alvin *Fritz von Unruh. A Monograph* (With an Introduction by Prof. Albert Einstein) New York 1946.

## X. Articles on Unruh (English)

3565. Bitsch, Heinrich von "The Fritz von Unruh Society" *Books Abroad* 29: 164 - 65 (Spring 1955).
3566. Breuer, Robert "Fritz von Unruh, Portrait of a Poet" *Books Abroad* 25: 220 - 22 (1951).
3567. Gode-von Aesch, Alexander "Fritz von Unruh" *Germanic Review* 23: 149 - 54 (April 1948).
3568. Gode-von Aesch, Alexander "Readings and Misreadings of Fritz von Unruh's *The End Is Not Yet*" *Modern Language Forum* 34: 24 - 30 (1949).
3569. Isaacs, E. J. R. "Fritz von Unruh - Hero, Apostle, and Poet" *Theater Arts* 31: 33 (February 1947).
3570. Kronacher, A. "Fritz von Unruh" *Monatshefte für deutschen Unterricht* (Madison, Wisconsin) 33: 555 - 61 (1941).
3571. Steinhauer, H. "Career" *New Republic* 104: 666 (May 12, 1941).

# FRANZ WERFEL

(Note: Although numerous articles dealing with the total development of the artist have been included, since Werfel was an unusually prolific writer who excelled in poetry as well as in the novel, it is, however, Werfel the dramatist who has been the chief concern of the bibliography. The author's non-fictional writings have been dealt with only to the extent that they might be of value to students of expressionistic drama. The following sectional extensions seemed indicated, due to the abundance of literature on Werfel:

a) section II contains reviews of 3 non-fictional works;
b) section III includes dramatic adaptations of novels;
c) section IV also lists reviews of the volume of essays, *Between Heaven and Earth;*
d) section VIII is divided into two parts: 1. Literature to 1945, 2. Literature after 1945.

## I. Plays (in the order of publication)

3572. *Der Besuch aus dem Elysium.* Romantisches Drama in 1 Aufzug Leipzig K. Wolff 1911.
3573. *Die Versuchung.* Ein Gespräch des Dichters mit dem Erzengel und Luzifer Leipzig K. Wolff 1912.
3574. *Das Opfer in Arkadia.* Dramatisches Gedicht in *Ein Jahrbuch für Dichtkunst* (Max Brod, ed.) Leipzig 1913; also in F. Werfel: *Wir Sind* Leipzig K. Wolff 1914 s. 97 - 119.
3575. *Die Troerinnen des Euripedes.* In deutscher Bearbeitung Leipzig K. Wolff 1914.
3576. *Die Mittagsgöttin.* Ein Zauberspiel München K. Wolff 1919; also in *Genius* (München) 1. Jg. s. 107 - 128.
3577. *Spielhof.* Eine Phantasie München K. Wolff 1920.
3578. *Spiegelmensch.* Magische Trilogie München K. Wolff 1920.
3579. *Bockgesang.* In 5 Akten München K. Wolff 1921.
3580. *Schweiger.* Ein Trauerspiel in 3 Akten München K. Wolff 1922.
3581. *Juarez und Maximilian.* Dramatische Historie in 3 Phasen und 13 Bildern Berlin, Wien P. Zsolnay 1924.
3582. *Die Macht des Schicksals* (La Forza del destino). Oper in 1 Vorspiel und 3 Akten (nach Piave). Musik: Verdi Leipzig G. Ricordi & Co. 1926.
3583. *Paulus unter den Juden.* Dramatische Legende in 6 Bildern Wien P. Zsolnay 1927.
3584. *Das Reich Gottes in Böhmen.* Tragödie eines Führers Wien P. Zsolnay 1930.
3585. *Der Weg der Verheissung.* Ein Bibelspiel Wien P. Zsolnay 1935; also in *Jüdische Rundschau* (Berlin) 40. Jg. NR. 6 s. 10 - 11;

NR. 7 s. 6; NR. 8 s. 4; NR. 9 s. 6; NR. 11 s. 7; NR. 12 s. 8; NR. 13 s. 4; NR. 14 s. 10; NR. 16 s. 9 (1935).
3586. *In einer Nacht.* Ein Schauspiel Wien P. Zsolnay 1937.
3587. *Jacobowsky und der Oberst.* Komödie einer Tragödie in 3 Akten. Ed. with introd., notes and vocabulary by Gustav O. Arlt New York Crofts 1945 (also Stockholm 1945).
3588. *Gesammelte Werke* Wien P. Zsolnay 1927 - 35 8 vol.

## II. Reviews and articles on specific plays and non-fictional works (German)

### Bockgesang

3589. *Das deutsche Drama* 5. Jg. s. 157 (1922) R. Dohse.
3590. *Das literarische Echo* 24. Jg. s. 918 (1922) R. F. Arnold (Uraufführung).
3591. *Neue Rundschau* 1922 s. 913 R. Kayser.
3592. *Die schöne Literatur* 23. Jg. s. 124 (1922) R. Dohse.
3593. *Zeitschrift für Bücherfreunde* N.F. 14. Jg. Lit. s. 99 (1922).

### Jacobowsky und der Oberst

3594. *Allgemeine Hamburger Zeitung* 3. Jg. NR. 15 s. 2 (1948).
3595. *Bühnenkritik* (Augsburg) 1947 NR. 10 s. 21 - 23.
3596. *Sonntag* (Berlin) 2. Jg. NR. 26 (1947) W. Lennig.
3597. *Der Start* (Berlin) 2. Jg. NR. 25 (1947) G. Hartwig.

### Juarez und Maximilian

3598. *Bühnenkritik* (Augsburg) 1947 NR. 4.
3599. *Christliche Welt* 40. Jg. s. 998 - 1011 (1926) Schimmelpfeng.
3600. *Deutsche Rundschau* 206. Bd. s. 254 - 55 (March 1926).
3601. *Freiburger Theaterblätter* November 1925 4. Heft s. 5 O. Weitzmann.
3602. *Goetheanum* 4. Jg. s. 35 A. Steffen.
3603. *Hellweg* 5. Jg. s. 301 (1925).
3604. *Das humanistische Gymnasium* 43. Jg. s. 170 (1932).
3605. *Die Literatur* 27. Jg. s. 676 (1925) R. F. Arnold (Uraufführung).
3606. *Preussische Jahrbücher* 203 Bd. s. 376 - 77 (March 1926) H. Knudsen.
3607. *Rampe* (Hamburg) 1927/28 s. 325 - 29 Baader; s. 337 L. Henckel.
3608. *Weltbühne* 22. Jg. s. 339 (1925) A. Polgar (Uraufführung).
3609. *Westdeutsche Blätter des Bühnenvolksbunds* (Frankfurt) 3. Jg. s. 8 - 11 K. M. Fassbinder.
3610. *Westermanns Monatshefte* 140: 223 - 24 (April 1926) F. Düsel.
3611. *Neue Freie Presse* December 21, 1924 R. Specht.
3612. *Der Tag* (Berlin) January 31, 1926 J. Hart.
3613. F. Hollaender: *Lebendes Theater. Eine Berliner Dramaturgie* Berlin S. Fischer 1932 s. 84 - 88.
3614. Feldmann, S. "Werfels Maximilian und Clemenceau" *Weltbühne* 22. Jg. s. 804 (1926).

3615. Gross, Edgar "Typen des geschichtlichen Dramas der Gegenwart" *Zeitschrift für Deutschkunde* 42. Jg. s. 263 - 68 (1928).
3616. Kretschmann, O. "Juarez und Werfel im Lichte des dramatischen Kursus von R. Steiner" *Die Drei* (Stuttgart) 5. Jg. s. 210 - 29.

*In einer Nacht*

3617. *Oesterreichische Rundschau* 3. Jg. s. 544 - 46 (1937) Thun-Hohenstein.

*Paulus unter den Juden*

3618. *Christentum und Wirklichkeit* 1927 s. 163.
3619. *Christliche Welt* 42. Jg. s. 167 H. Lutz.
3620. *Deutsche Kritik* (Chemnitz) 2. Jg. A. s. 1022, 1024, 1027 (1926) (Uraufführung).
3621. *Goetheanum* 6. Jg. s. 340 (1927) O. Fränkl.
3622. *Gral* 21. Jg. s. 201 - 4 (1926) F. Muckermann.
3623. *Hellweg* 6. Jg. s. 701 (1926) H. Stolz.
3624. *Individualität* 2. Jg. 1./2. Heft s. 218 Politzer.
3625. *Jüdisch-liberale Zeitung* 6. Jg. NR. 47 Ludwig Davidsohn.
3626. *Jüdische Rundschau* (Berlin) 31. Jg. s. 623 (1926) B. Badt-Strauss.
3627. *Die Literatur* 29. Jg. s. 163 (1926) Müller-Rastatt (Uraufführung).
3628. *Österreichische Blätter für freies Geistesleben* 4. Jg. 5./6. Heft s. 53 (1927) H. E. Lauer.
3629. *Protestantenblatt* 59. Jg. s. 714 (1926) H. Böhlig.
3630. *Die Rampe* 1926/27 s. 113, 120 W. Dietz.
3631. *Sächsisches Kirchenblatt* 1927 s. 381, 397 G. Jasper.
3632. *Westermanns Monatshefte* 146: 408 - 10 (June 1929) F. Düsel.
3633. *Zeitschrift für Bücherfreunde* N.F. 19. Jg. Beiblatt s. 6 (1927).
3634. *Berliner Tageblatt* November 2, 1926 F. Engel.
3635. *Frankfurter Zeitung* November 1, 1926 B. Diebold.
3636. *Münchner Neueste Nachrichten* November 2, 1926 T. Klein.
3637. *Neue Freie Presse* September 26, 1926 R. Specht.
3638. *Neue Züricher Zeitung* December 16, 1927.
3639. *Schwäbisch Merkur* November 3, 1926.
3640. Braecker, Marie "Judentum und Urchristentum in Werfels *Paulus unter den Juden*" *Die Furche* (Berlin) 14. Jg. 4. Heft (1928).
3641. Eschelbacher, M. (RE: *Paulus unter den Juden*) *Der Morgen* 2. Jg. s. 543 - 53.
3642. Müller, W. "Von Werk und Wesen Werfels" (RE: *Paulus*) *Theologische Arbeiten aus dem wissenschaftlichen Predigerverein der Rheinprovinz* N.F. 24 s. 48 - 70 (1929).
3643. Raff, F. "Paulus unter den Zaungärten" *Deutsche Republik* 3. Jg. s. 982 (1929).
3644. Sprengler, J. "Franz Werfel und seine Tragödie der Zeit" *Hochland* 25. Jg. s. 388 - 98 (1928).

## Das Reich Gottes in Böhmen
3645. *C. V. Zeitung* 10. Jg. s. 139 (1931) H. Hahn.
3646. *Das deutsche Drama* N.F. 3. Jg. s. 249 - 53 (1931).
3647. *Goetheanum* 10. Jg. s. 76 (1931) Krause.
3648. *Gral* 25. Jg. s. 526 (1931).
3649. *Der Kunstgarten* (Wien) 9. Jg. s. 127 - 31 (1931).
3650. *Die Literatur* 33. Jg. s. 277 (1931) R. F. Arnold (Urauffürrung in Wien).
3651. *Die schöne Literatur* 32. Jg. s. 104 (1931) F. Lehner.
3652. *Zeitschrift für Religionspsychologie* 4. Jg. s. 246 (1931).

## Schweiger
3653. *Gral* 19. Jg. s. 448 (1925).
3654. *Hellweg* 3. Jg. s. 67, 752 (1923).
3655. *Das literarische Echo* 25. Jg. s. 611 (1923) R. Krauss.
3656. *Saarbrücker Blätter für Theater und Kunst* 1923/24 2. Jg. NR. 8 E. Dürr.
3657. *Die schöne Literatur* 24. Jg. s. 75 (1923) Michalitschke.
3658. *Berliner Börsenzeitung* January 17, 1923 F. C. Endres.
3659. *Bohemia* (Prag) January 9, 1923.
3660. *Deutsche Allgemeine Zeitung* October 7, 1923 Fechter.
3661. *Frankfurter Zeitung* January 20, 1923.
3662. *Germania* October 7, 1923 W. Spael.
3663. *Münchner Neueste Nachrichten* May 12, 1924 W. Behrend.
3664. *Neue Züricher Zeitung* February 14, 1923.
3665. *Neue Züricher Zeitung* March 5, 1926.

## Spiegelmensch
3666. *Das deutsche Drama* 5. Jg. s. 50 (1922) Michael; s. 156 (1922) K. Röttger.
3667. *Deutsche Handels-Warte* (Leipzig) 1921 s. 201 - 2 B. Siepen.
3668. *Die Hilfe* 1922 s. 41.
3669. *Das literarische Echo* 24. Jg. s. 278 (1921) G. Witkowski (Uraufführung).
3670. *Pommernkalender 1924* s. 66 W. Behrend.
3071. *Die schöne Literatur* 22. Jg. s. 286 (1921) F. Michael.
3672. *Schönhof* (Görlitz) 1924 5. Heft s. 14 K. Schultze-Jahde.
3673. *Scholle* (München) 1924 s. 14.
3674. *Die Tat* 13. Jg. s. 717 (1921) O. Pabst.
3675. *Theosophische Kultur* (Leipzig) 1922 s. 200 - 8 A. Baumann.
3676. *Berliner Tageblatt* April 15, 1921 O. Walzel.
3677. *Königsberger Hartungsche Zeitung* June 10, 1922 H. Knudsen.
3678. *Magdeburger Zeitung* April 2, 1921 M. Bergh-Grützmann.
3679. *Vorwärts* March 7, 1921 O. E. Hesse (under "Werfel als Dramatiker").

## Spielhof
3680. *Velhagen und Klasings Monatshefte* 36. Jg. s. 576 K. Strecker.

## Die Troerinnen

3681. Berliner philologische Wochenschrift 1916 s. 1316 H. Gilleschewski.
3682. Blätter des Burgtheaters 1920 NR. 9 F. Herterich.
3683. Blätter des deutschen Theaters in Göttingen 1951/52 11. Heft.
3684. Bühnenkritik (Augsburg) 1947 NR. 1 s. 10.
3685. Das deutsche Drama 3. Jg. s. 226 (1920) L. Feld.
3686. Göttinger Universitätszeitung 3. Jg. NR. 8 s. 1 (1923).
3687. Literarisches Zentralblatt für Deutschland 1916 s. 395.
3688. Brunnemann, A. "Griechische Tragödie im neuen Gewand" Die Frau 24. Jg. s. 210 - 19 (1917).
3689. Petsch, R. (RE: Troerinnen) Neue Jahrbücher für Philologie und Pedagogik 1917 s. 522 - 50.

## Der Weg der Verheissung

3690. C. V. Zeitung 14. Jg. NR. 50 4. Beiblatt s. 2 (1935) K. Pinthus.
3691. Jüdische Rundschau (Berlin) 42. Jg. NR. 7 s. 3 (1937).
3692. Carner, M. "Die Musik zu Werfels Musikdrama. Gespräch mit Kurt Weill" Jüdische Rundschau (Berlin) 40. Jg. NR. 16 s. 9 (1935).

## Höret die Stimme

3693. Jüdische Rundschau (Berlin) 43. Jg. NR. 19 s. 4 (1938) Hofmann.
3694. Schweizer Monatshefte für Politik und Kultur 18. Jg. s. 92 (1938) Faber du Faur.
3695. Zeitschrift für Religionspsychologie 10. Jg. s. 235 (1937) Beth.

## Können wir ohne Gottesglauben leben?

3696. Christliche Welt 47. Jg. s. 857 (1933).
3697. Gral 27. Jg. s. 191 (1932).
3698. Jahrbuch deutscher Bibliophilen 18./19. Jg. s. 251.
3699. Die neue Generation 28. Jg. s. 148 - 51 (1932).
3700. Die schöne Literatur 33. Jg. s. 315 P. Harmann.
3701. Schwaben-Spiegel (Stuttgart) 26. Jg. s. 338 (1932) K. Pfister.
3702. Das Tagebuch (Berlin) 13. Jg. s. 1476 (1932) L. Marcuse.

## Realismus und Innerlichkeit

3703. Christengemeinschaft 9. Jg. s. 22 - 23 (1932) E.Rothgeber.
3704. Freie Welt (Reichenberg) 12. Jg. 269. Heft s. 195 (1931) Zenker.
3705. Jahrbuch deutscher Bibliophilen 18./19. Jg. s. 251.
3706. Die schöne Literatur 33. Jg. s. 13, 161 (1932).
3707. Zeitschrift für Individualpsychologie (Wien) 11. Jg. s. 478 (1933) Fischl.

III. Translations of Plays into English and dramatic adaptations of novels in English

3708. *Embezzled Heaven (Der veruntreute Himmel).* A play in a prologue and three acts by L. Bush-Fekete and Mary Helen Fay   New York   Viking Press   1945.
3709. *The Eternal Road (Der Weg der Verheissung).* A new play by F. Werfel. Music by Kurt Weill   New York   1935.
3710. *The Eternal Road (Der Weg der Verheissung).* A Drama in 4 Parts. (English version by Ludwig Lewisohn)   New York   Viking Press   1936.
3711. *Goat Song (Bockgesang).* A Drama in 5 Acts. (R. Langner, tr.)   New York   Doubleday   1926.
3712. *Goat Song (Bockgesang).* (Ruth Langner, tr.) in *The Theater Guild Anthology*   New York   Random House   1936.
3713. *Jacobowsky and the Colonel.* Original play by Franz Werfel   New York   1944   (typescript - Martin Beck Theatre, N.Y.C.).
3714. *Jacobowsky and the Colonel* (adapted by S. N. Behrman) in *Best Plays of 1943/44*   New York   Dodd-Mead   1944.
3715. *Jacobowsky and the Colonel* by S. N. Behrman based on the original play by Franz Werfel. Incidental Music by Paul Bowles   New York   1944 (?)   (typescript - prompt book, Martin Beck Theatre, N.Y.C.).
3716. *Jacobowsky and the Colonel* (adapted by S. N. Behrman) in *Twenty Best European Plays on the American Stage* (John Gassner, ed.)   New York   1957   p. 300 - 47.
3717. *Juarez* (A Warner Brothers Production) ... Based on a play by Franz Werfel and the novel *The Phantom Crown* by Bertita Harding in *Twenty Best Film Plays* (John Gassner, ed.)   New York   1943   p. 705 - 69.
3718. *Juarez and Maximilian.* A Dramatic History in three phases and thirten pictures   (trans: Ruth Langner)   New York   Simon & Schuster   1926.
3719. *Paul among the Jews.* A Tragedy (trans: Paul P. Levertoff)   London   Diocesan House   1928.
3720. *Paul among the Jews* in *Menorah Journal*   15: 195 - 214, 317 - 32, 428 - 43   (September - November 1928).
3721. *Schweiger.* Translated and adapted by Jach Charash   Mansfield Theatre New York   1926 (?)   (typescript).
3722. *The Song of Bernadette.* A Play in Three Acts dramatized from the novel by Jean and Walter Kerr   Chicago Dramatic Publishing Co.   1944.
3723. *The Song of Bernadette.* A play dramatized from the novel by Jean and Walter Kerr   (Belasco Theatre Prompt Book)   1946.

IV. Reviews and articles on specific plays and *Between Heaven and Earth* (English).

*Bockgesang* (Goat-Song)
3724. *Literary Digest*   88: 25 - 26   (February 13, 1926).
3725. *Nation*   122: 187   (February 17, 1926).

3726. *New Republic* 46: 17 - 18 (February 24, 1926).
3727. *New York Times* January 26, 1926 (p. 18:1); February 7, 1926 (Sec. VII, p. 1:1); February 14, 1926 (letter: Sec. VIII, p. 1:1); February 21, 1926 (letter: Sec. VII, p. 2:7); February 22, 1926 (p. 20:6) - N. Krass.
3728. *Review of Religion* 5: 265 - 68 (March 1941).
3729. Woolcott, A. "Goat Song" (an essay) *Portable Woolcott* Viking 1946 p. 429 - 33.

## Embezzled Heaven (Adapted by Laszlo Bush Fekete and M. H. Fay)

3730. *Booklist* 41: 206 (March 15, 1945).
3731. *Library Journal* 70: 166 (March 15, 1945).

## Jacobowsky und der Oberst (Jacobowsky and the Colonel)

3732. *America* 70: 723 (April 1, 1944).
3733. *Booklist* 40: 373 (July 1, 1944).
3734. *Booklist* 40: 386 (July 15, 1944).
3735. *Catholic World* 159: 169 - 70 (May 1944).
3736. *Chicago Sun Book Week* May 28, 1944 p. 2 Sterling North.
3737. *Chicago Sun Book Week* July 16, 1944 p. 2.
3738. *Cleveland Open Shelf* June 1944 p. 11.
3739. *Commonweal* 39: 589 - 90 (March 31, 1944).
3740. *Commonweal* 40: 378 (August 4, 1944) K. Phelan.
3741. *Kirkus* 12: 188 (April 15, 1944).
3742. *Kirkus* 12:227 (May 15, 1944).
3743. *Library Journal* 69: 763 (September 15, 1944).
3744. *New Statesman and Nation* 29: 388 (June 16, 1945).
3745. *New York Times* January 9, 1944 (Sec. II, p. 3:2); March 5, 1944 (Sec. VI, p. 24:4); March 12, 1944 (Sec. II, p. 1:3); March 15, 1944 (p. 17:2); March 19, 1944 (Sec. II, p. 1:1); April 9, 1944 (Sec. VI, p. 16); May 21, 1944 (Sec. II, p. 1:1) - S. N. Behrman adaptation discussed; September 24, 1944 (letter: Sec. II, p. 1:1); October 8, 1944 (letter: Sec. II, p. 2:3); June 24, 1945 (Sec. II, p. 1:3) - London performance.
3746. *Sign* 23: 592 (May 1944).
3747. *Spectator* 174: 571 (June 22, 1945).
3748. *Weekly Book Review* August 6, 1944 s. 11 W. P. Eaton.

## Juarez und Maximilian

3749. *Cleveland Open Shelf* February 1927 p. 20.
3750. *Literary Digest* 91: 26 - 27 (October 30, 1926).
3751. *Living Age* 331: 564 (December 15, 1926).
3752. *Nation* 122: 587 (May 26, 1926).
3753. *Nation* 123: 435 (October 27, 1926) J. W. Krutch.
3754. *New Republic* 48: 271 - 72 (October 27, 1926) S. Young.
3755. *New York Herald Tribune Books* January 2, 1927 W. P. Eaton p. 14.
3756. *New York Times* May 27, 1925 (p. 26:3); February 21, 1926 (Sec. II, p. 7:2) - E. Santabanez.

3757. *Outlook* 145: 316 (March 9, 1927) M. J. Moses.
3758. *Springfield Republican* February 27, 1927 p. 7.

## Paulus unter den Juden *(Paul among the Jews)*
3759. *Books Abroad* 2: 80 (1928) Ernst Rose.
3760. *New Statesman* 31: 481 (July 21, 1928).
3761. *New York Times* August 5, 1928 (London: Sec. VII, p. 1:1).
3762. *Saturday Review* (London) 146: 45 - 46 (July 14, 1928) I. Brown.
3763. *Saturday Review of Literature* February 26, 1930 p. 613 Pierre Loving.
3764. Levertoff, P. P. "St. Paul among the Jews: a new drama" *Theology* December 1927 p. 323 - 34; January 1928 p. 25 - 35.

## Das Reich Gottes in Böhmen *(The Kingdon of God in Bohemia)*
3765. *New York Times* March 8, 1931 (Sec. VIII, p. 2:7).

## Schweiger
3766. *New York Times* January 4, 1925 (Sec. III, p. 1:9); March 24, 1926 (p. 20:4).
3767. *Theatre Magazine* (New York) 1926 June p. 16.
3768. Lenz, Harold "Franz Werfel's *Schweiger*" *Monatshefte für deutschen Unterricht* (Madison, Wisconsin) 28: 168 - 72 (1936).

## Speigelmensch
3769. Block, Mrs. A. C. "Contemporary Drama: the Conflict within the Individual" (RE: *Spiegelmensch*) in A. C. Block: *Changing World in Plays and Theaters* Boston 1939 p. 133 - 39.

## Der Weg der Verheissung *(The Eternal Road)*
3770. *America* 54: 552 (March 14, 1936).
3771. *Booklist* 32: 229 (April 1936).
3772. *Nation* 144: 109 (January 23, 1937) J. W. Krutch.
3773. *New Republic* 90: 19 - 20 (February 10, 1937) S. Young.
3774. *New York Times* November 27, 1935 (p. 16:1) - plans for production; December 15, 1935 (Sec. XI, p. 3:7) - L. Lewisohn on universality of the play; January 5, 1936 (Sec. IX, p. 8:2); January 29, 1936 (p. 14:4); January 30, 1936 (p. 14:4); February 9, 1936 (Sec. VI, p. 5:3) - review of book; May 14, 1936 p. 29:3); November 16, 1936 (p. 15:1); December 14, 1936 (p. 29:3); January 3, 1937 (Sec. I, p. 1:6) - history of N.Y.C. Production; January 8, 1937 (p. 14:2) - review; January 8, 1937 (p. 14:4) - history of play described; January 8, 1937 (p. 14:1); January 12, 1937 (p. 18:5); January 17, 1937 (Sec. X, p. 3:6); January 17, 1937 (Sec. X, p. 8:2) - comment; January 24, 1937 (Sec. X, p. 1:1) - review; February 14, 1937 p. 35:3); February 22, 1937 (p. 13:4); March 3, 1937 (p. 26:3); March 22, 1937 (p. 27:4); April 2, 1937 (p. 25:1); **April 12, 1937** (p. 14:8); July 28, 1937 (p. 15:1); April 25, 1937 (Sec. X, p. 1:6) - technical problems of production; May 13

and 15, 1937 (p. 30:5 and p. 23:2) - Notes on Closing; May 17, 1937 (p. 22:7) - closing.
3775. *New York Times Book Review* February 9, 1936 p. 4.
3776. *Saturday Review of Literature* 15: 17, 19 (February 27, 1937) J. Nathan.
3777. *The Stage* (New York) 14: 70 - 71 (February 1937) (Scenes from).
3778. *Theatre Arts Monthly* 21: 180, 183 - 84 (March 1937) Edith J. R. Isaacs.
3779. *Time* 29: 47 - 48 (January 18, 1937).
3780. *Wilson Library Bulletin* 32: 49 (April 1936).

*Between Heaven and Earth* (Essays)
3781. *America* February 3, 1945 p. 353 - 54 Louis E. Sullivan.
3782. *Booklist* 41: 133 (January 1, 1945).
3783. *Books Abroad* 19: 350 - 55 (October 1945) W. A. Willibrand.
3784. *Chicago Sun Book Week* December 10, 1944 p. 3 Irving Stone.
3785. *Christian Register* February 1945.
3786. *Commonweal* 41: 231 December 15, 1944 Theodore Maynard.
3787. *Commonweal* 41: 327 January 12, 1945 (Discussion by F. Werfel and Theodore Maynard).
3788. *Kirkus* 12: 544 (December 1, 1944).
3789. *Library Journal* 69: 935 (November 1, 1944) K. T. Willis.
3790. *Nation* 159: 723 (December 9, 1944) E. R. Bentley.
3791. *New York Herald Tribune Weekly Book Review* January 7, 1945 p. 17 J. H. Holmes.
3792. *New Palestine* January 19, 1945 Ludwig Lewisohn.
3793. *New York Times Book Review* November 19, 1944 p. 30 H. J. Forman.
3794. *Saturday Review of Literature* 27: 9 (November 18, 1944).

V. Non-fictional publications of Werfel (German)
3795. Werfel, Franz *Dramaturgie und Deutung des Zauberspiels Spiegelmensch* München K. Wolff 1921.
3796. Werfel, Franz *Realismus und Innerlichkeit. Flammender Aufruf des grossen Dichters.* (Rede) Wien P. Zsolnay 1931 (Also in collection of essays: *Zwischen oben und unten*, q.v. and in *Querschnitt* 10. Jg. s. 435 - 44, 518 - 25 (1931)).
3797. Werfel, Franz *Können wir ohne Gottesglauben leben?* Wien Zsolnay 1932 (Also in collection of essays: *Zwischen oben und unten*, q.v.).
3798. Werfel, Franz *Von der reinsten Glückseligkeit des Menschen.* (Rede) Stockholm Bermann-Fischer 1938 (Also in collection of essays: *Zwischen oben und unten*, q.v.).
3799. Werfel, Franz *Zwischen oben und unten.* (Essays) Stockholm Bermann-Fischer 1946.
3800. Werfel, Franz "Brief an einen Staatsmann" *Das Ziel* (K. Hiller, ed.) 1916.
3801. Werfel, Franz "Substantiv und Verbum. Notiz zu einer Poetik" *Die Aktion* 1917 s. 4 - 8.

3802. Werfel, Franz "Vorrede" in *Die schlesischen Lieder des Petr Bezruc, verdeutscht von Rudolf Fuchs* Leipzig K. Wolff 1917 (?).
3803. Werfel, Franz "Die christliche Sendung" *Das Ziel* (K. Hiller, ed.) 2. Jg. (1917/18).
3804. Werfel, Franz "Theater" *Neue Rundschau* 1921 s. 571 - 77.
3805. Werfel, Franz "Zemlinsky der Komponist" *Musikblätter des Anbruch* 4. Jg. s. 74.
3806. Werfel, Franz "Verdi und die Romantik" *Die literarische Welt* 2. Jg. NR. 43 s. 3 (1926).
3807. Werfel, Franz "Begegnung mit R. M. Rilke" *Das Tagebuch* 8. Jg. s. 140 - 44 (1927).
3808. Werfel, Franz "Albert Trentini" *Die literarische Welt* 4. Jg. NR. 41 s. 1 (1928).
3809. Werfel, Franz "Verdi's Verhältnis zum Theater" *Blätter der Staatsoper und der städtischen Oper Berlin* 10. Jg. 30. Heft s. 8 (1929).
3810. Werfel, Franz "Der Komponist Verdi" *Freibürger Theaterblätter* 1931/32 s. 293.
3811. Werfel, Franz "Ein Gottesbeweis" *Die literarische Welt* 8. Jg. NR. 18 (1932).
3812. Werfel, Franz "G. Hauptmanns menschliche Erscheinung" *Neue Rundschau* 1932 s. 601 - 4.
3813. Werfel, Franz "Realismus und Innerlichkeit, oder die Innerlichkeit des Menschen und die Todesgefahr, die sie bedroht" *Kunst und deutsche Jugend* 12. Jg. s. 201 (1932).

## VI. Non-fictional publications of Werfel (English)

3814. Werfel, Franz *Between Haven and Earth* (trans: M. Newmark) New York Philosophical Library 1944 (Translation of *Zwischen oben und unten* Stockholm 1946).
3815. Werfel, Franz "Franz Werfel" in *Portraits and Self-Portraits* (Georges Schreiber, ed.) Houghton 1936 p. 139 - 61.
3816. Werfel, Franz "Recollections" in *Kafka Problem* (Angel Flores, ed.) New Directions 1946 p. 37.
3817. Werfel, Franz "Manon" *Commonweal Reader* (S. Skillin, ed.) Harper 1949 p. 54 - 61.

## VII. Books and dissertations on Werfel (German)

3818. Berendt, Hans *Franz Werfel* 1919 Place of publication ? (See also H. Berendt: "Franz Werfel" in *Mitteilungen der literaturhistorischen Gesellschaft Bonn* 11. Jg. s. 107 - 54.)
3818A. Brunner, Franz *Franz Werfel als Erzähler* (Diss. Zürich) 1955.
3819. Fleischmann, Kornelius *Die religiöse Anschauung Franz Werfels* (Diss. Wien) 1948 - typewritten.
3819A. Hochbaum, Ingo F. W. *Künstlertum und Wirklichkeit. Studien zur Vorgeschichte und Deutung der Bilderwelt in dem Gedicht des "Gerichttages" (1915 - 1916) von Franz Werfel. Unter besonderer Berücksichtigung der Bedeutung A. Strindbergs für den dichteri-*

        *schen Expressionismus in Deutschland* (With Bibliography) (Diss. Kiel) 1956 - typewritten.
3820. Hunna, Elisabeth *Die Dramen von Franz Werfel* (Diss. Wien) 1948 - typewritten.
3820A. Junge, Carl *Die Lyrik des jungen Werfel. Ihre religiöse und strukturelle Problematik* (Diss. Hamburg) 1956 - typewritten.
3820B. Kefer, Rudolf *Ideengehalt und Form der Romane Franz Werfels* (Diss. Innsbruck) 1952 - typewritten.
3821. Klarmann, A. D. *Musikalität bei Werfel* (Diss. Pennsylvania) 1931.
3822. Kühn, Julius *Der Dichter und das All* Coburg 1920.
3822A. Leide, Heinz *Mensch und Welt in der Lyrik Franz Werfels. Ein Beitrag zur Geschichte des Expressionismus* (Diss. Berlin, Freie Universität) 1954 - typewritten.
3823. Luther, Arthur *Werfel und seine drei besten Bühnenwerke* (includes discussion of *Der Besuch aus dem Elysium*) Berlin 1922 (Schneiders Bühnenführer).
3823A. Meyer, Corona *Die Selbstverwirklichung des Menschen in Franz Werfels epischem Werk* (Diss. Bonn) 1954 - typewritten.
3824. Puttkammer, Annemarie von *Franz Werfel. Wort und Antwort* Würzburg 1952.
3824A. Rehfeld, geb. Grossow, Waltraud *Die Erlösung zur Geistigkeit. Ein Beitrag zur Untersuchung der Geistmetaphysik Franz Werfels unter besonderer Berücksichtigung der Zeitkritik in der Geschichtsdeutung des Dichters* (Diss. Berlin, Freie Universität) 1956 - typewritten.
3825. Sands, Elizabeth G. *Die Gestalt des Kindes in den Werken Franz Werfels* (Diss. Illinois) Diss. Abstracts 17. Jg. s. 636 (1957).
3826. Specht, Richard *Franz Werfel. Versuch einer Zeitspiegelung* Berlin Wien Leipzig 1926.
3827. Turrian, Marysia *Dostojewsky und Franz Werfel. Vom östlichen zum westlichen Denken* (Diss. Bern) Bern P. Haryst 1950.

VIII.   Articles on Werfel (German)
      1.  Literature to 1945
3828. --- "Franz Werfel" *Eiserne Blätter* (Berlin) 11. Jg. s. 847 (1929).
3829. --- RE: Werfels Rede: "Können wir ohne Gottesglauben leben?" *Die Literatur* 34. Jg. s. 541 (1932).
3830. --- "Hohe Auszeichnung Werfels" *C. V. Zeitung* 16. Jg. NR. 12 4. Beiblatt s. 2 (1937).
3831. Altmann, Wilhelm "Franz Werfel oder Göhler" *Allgemeine Musikzeitung* 60. Jg. s. 532 (1933).
3832. Arnold, E. "Erlös und Tat: Werfels Weltleid und die christliche Sendung" *Die Furche* (Berlin) 9. Jg. s. 133 - 42 (1920).
3833. Bab, Julius "Franz Werfel" *März* 1916 NR. 35 s. 164 - 70.
3834. Berendt, H. "Franz Werfel" *Blätter für Volksbibliotheken und Lesehallen* 1920 s. 65 - 72.
3835. Berendt, H. "Franz Werfel" *Mitteilungen der literaturhistorischen Gesellschaft Bonn* 11. Jg. s. 107 - 54.

3836. Bieber, H. "Franz Werfel" *Vossische Zeitung* September 5, 1923.
3837. Blass, E. "Gedanken über den liebenden Geist und Franz Werfel" *Das junge Deutschland* 1. Jg. s. 159 - 61 (1918).
3838. Blumenthal, W. "Franz Werfel" *Schatzgräber* (Berlin) 1927 7. Heft s. 2.
3839. Bock, E. "Krisis der Genialität - Werfels Ruf nach Offenbarung" *Christengemeinschaft* 5. Jg. s. 137 - 45 (1928).
3840. Born, W. "Franz Werfel" *Universum* 1928 NR. 49.
3841. Brod, Max "Christliche Sendung" *Der Jude* (Wien) 1917 s. 717 - 24.
3842. Davidsohn, G. "Brief an Franz Werfel" *Die Aktion* (Berlin) 1917 s. 37.
3843. Fried, A. "Innerlichkeit des Menschen und die Todesgefahr, die uns bedroht. Vortrag von Werfel" *Goetheanum* (Dornach) 10. Jg. s. 267 (1931).
3844. Haas, W. "Gespräch mit Franz Werfel" *Die literarische Welt* 2. Jg. NR. 2 (1926).
3845. Haas, W. "Werfels erster Lehrmeister" *Witiko. Zeitschrift für Kunst und Dichtung* (Kassel) 1929 s. 137.
3846. Hiller, Kurt "Nach Thomas Mann: Franz Werfel" in K. Hiller: *Verwirklichung des Geistes im Staat; Beiträge zu einem System des logokratischen Aktivismus* Leipzig 1925 s. 63 - 74.
3847. Hitschmann, E. "Franz Werfel als Erzieher der Väter" *Die psychoanalytische Bewegung* (Wien) 4. Jg. s. 57 - 61 (1932).
3848. Hochdorf, M. "Franz Werfel" *Sozialistische Monatshefte* 1921 s. 415.
3849. Holz, H. J. Franz Werfel" *Die Wage* N.F. 3. Jg. s. 88 (1922).
3850. Ihering, H. "Der Fall Werfels" *Das Tagebuch* (Berlin) 10. Jg. s. 2177 (1929).
3851. Jacobson, Anna "Franz Werfel, eine Würdigung" *Journal of English and German Philology* 26. Jg. s. 337 - 49 (1927).
3852. Jockers, E. "Werfel als religiöser Dichter" *Germanic Review* 2. Jg. s. 40 - 63 (January 1927).
3853. Karsh, W. "Werfel theoretiziert" *Weltbühne* 27. Jg. II. s. 926 - 29 (1931).
3854. Katann, O. "Franz Werfel" *Das neue Reich* (Wien) 8. Jg. s. 1008 and 9. Jg. s. 55, 75 (1925/26).
3855. Kayser, Rudolf "Franz Werfel" *Neue jüdische Monatshefte* (Berlin) 2. Jg. s. 17 - 20 (1917).
3856. Kayser, Rudolf "Franz Werfel" in G. Krojanker: *Juden in der deutschen Literatur* Berlin 1922 s. 17 - 26.
3857. Kayser, Rudolf "Franz Werfel" *Volksbühne* 1. Jg. NR. 21 (1926).
3858. Kayser, Rudolf "Franz Werfel" *Die Rampe* (Hamburg) 1927/28 s. 353 - 56.
3859. Kenter, H. "Werfels Gerichtstag: Die geistige Wende einer dichterischen Sendung" *Das literarische Echo* 23. Jg. s. 1292 (1921).
3860. Kiesgen, I. "Franz Werfel" *Bücherwelt* 17. Jg. s. 49 - 58, 280 (1920).

3861. Klarmann, Adolf D. "Gottesidee und Erlösungsproblem beim jungen Werfel" *Germanic Review* 14. Jg. s. 192 - 207 (1939).
3862. Klaus, H. "Der Dramatiker Werfel und wir" *Prager Theaterbuch 1930* s. 96 - 100.
3863. Knevels, W. "Dramen um das Ewige. Werfel und E. Lissauer" *Eckart* (Wien) 7. Jg. s. 132.
3864. Koerner, J. "Franz Werfel" *Die Tat. Wege zum freien Menschentum* 9. Jg. s. 775 - 85 (1917).
3865. Kutzbach, K. A. "Werfel als geistiger Führer" *Die neue Literatur* 33. Jg. s. 13 - 17 (1932).
3866. Liepmann, A. "Werfel oder das Opfer der Opfer" *Weltbühne* 25. Jg. s. 953 - 55 (1929).
3867. Lissauer, E. "Über Franz Werfel" *Das literarische Echo* 18. Jg. s. 536 (1916).
3868. Mahrholz, W. "Verwandlungen des Pantheisten" *Allgemeine Zeitung* (München) 1916 s. 40.
3869. Mühlberger, J. "Zeitgenossenstimmen über Werfel" *Witiko. Zeitschrift für Kunst und Dichtung* (Kassel) 1. Jg. s. 351 (1929).
3870. Politzer, A. "Franz Werfel" *Individualität* 2. Jg. 4. Heft s. 125 - 28 (1928).
3871. Reinalter, E. H. "Franz Werfel" *Literarische Gesellschaft* (Hamburg) 4. Jg. s. 141 (1918).
3872. Scherber, F. "Werfel als Grossinquisitor" *Signale für die musikalische Welt* 90. Jg. s. 526 (1932).
3873. Schimmelpfeng, H. "Franz Werfel" *Christliche Welt* 39. Jg. s. 3 - 10, 49 - 57 (1925).
3874. Schimmelpfeng, H. "Zweite Krise bei Werfel" *Christliche Welt* 45. Jg. s. 258 - 63 (1931).
3875. Schmitz, A. L. "FranzWerfel" *Hochland* 19. Jg. s. 175 - 95 (1922).
3876. Schroeder, C. "Werfels Weltschau" *Der literarische Handweiser* 64. Jg. s. 882 - 88 (1928).
3876A. Schumann, Detlev W. "Gedanken zu Hofmannsthals Begriff der 'Konservativen Revolution'" *P M L A* 54. Jg. s. 853 - 99 (1939).
3877. Sieburg, E. "Werfels Lyrik in ihrem thematischen Gehalt" *Zeitschrift für Deutschkunde* 46. Jg. s. 50 - 59 (1932).
3878. Soergel, A. *Im Banne des Expressionismus* (vol. II of *Dichtung und Dichter der Zeit*) Leipzig 1925 s. 333 - 35, 337 - 39, 351 - 52, 481 - 500.
3879. Spanuth, G. "Probleme in Werfels Dichtung" *Monatsblätter für den evangelischen Religionsunterricht* 22. Jg. s. 257 - 68 (1929).
3880. Specht, R. "Werfels Persönlichkeit und Entwicklung" *Neue Freie Presse* (Wien) March 21, 1926.
3881. Sprengler, J. "Franz Werfel" *Hochland* January 1918.
3882. Steiger, E. "Alltagsmystik und lyrischer Pantheismus" *Die Glocke* (München) 3. Jg. I. s. 794 - 800 (1917).
3883. Storfer, A. J. "Oedipuskomplex bei Werfel und bei Wassermann" *Psychoanalytische Bewegung* (Wien) 3. Jg. s. 474 (1931).

3884. Vollbrath "Werfel ein Franziskaner?" *Die allgemeine evangelisch-lutheranische Kirchenzeitung* 1923 s. 357.
3885. Wegwitz, F. "Franz Werfel" *Westermanns Monatshefte* August 1918 s. 587 - 93.
3886. Weltmann, L. "Franz Werfel" *Die Literatur* 32. Jg. s. 263 - 66 (1930).
3887. Wolf, H. "Franz Werfel" *Der Merker* (Wien) 7. Jg. s. 73.
3888. Zech, P. "Franz Werfel" *März* January 31, 1914 s. 168.
3889. Zimmermann, R. "Werfel wider Wagner" *Allgemeine Musikzeitung* 55. Jg. s. 87 (1928).

## 2. Literature after 1945

3890. --- "Demokratasierter Werfel" *Benjamin* (since 1948 *Illustrierte*) (Hamburg) 1. Jg. NR. 19 s. 21 (1947).
3891. --- "Wie starb Franz Werfel?" *Kirchenblatt für die reformierte Schweiz* (Basel) 109. Jg. s. 221 - 22 (1953).
3892. --- "Franz Werfel: Lyriker-Dramatiker-Romancier" *Kontinent* (Wien) 8. Jg. 1. Heft s. 33 (1954/55).
3892A. Adolph, Rudolf "Von einigen literarischen Privatarchiven" *Börsenblatt* (Frankfurt/Main) 11. Jg. s. 394 - 95 (1955).
3893. Ahl, Herbert "Literarische Marginalien. Franz Werfel" *Diplomatischer Kourier* (Köln) 5. Jg. s. 645 - 47 (1956).
3894. Antkourak, Alfred "Franz Werfel. Zu seinem 10. Todestag am 26. August 1955 *Neue deutsche Literatur* (Berlin) 3. Jg. 8. Heft s. 157 - 58 (1955).
3895. Bach, Annaliese "Grundzüge der Dichtung Franz Werfels" *Universitas* (Stuttgart) 10. Jg. s. 821 - 28 (1956).
3896. Bach, Annaliese "Die Auffassung von Gemeinschaft und Kollektiv im Prosawerk Franz Werfels" *Zeitschrift für deutsche Philologie* 76. Jg. s. 187 - 202 (1957).
3897. Bieber, H. "Franz Werfel" *Neues Abendland* (Augsburg) 2. Jg. NR. 1 s. 30 (1947).
3898. Castle, E. "Franz Werfels Bekenntnis zum alten Österreich" in Edward Castle: *Dichter und Dichtung aus Osterreich. Ausgewählte Aufsätze* Wien 1951 s. 251 - 56.
3899. Fischer, H. "Sprachwirrwarr bei Franz Werfel" *Literarische Welt* 3. Jg. NR. 1 s. 17 (1952) (see also reader correspondence NR. 2:7, 4:8, 6:4).
3900. Frerking, J. "Franz Werfel" in J. Frerking: *Dank und Gedenken. Hesse-Hauptmann-Werfel. Drei Reden* Hannover 1947 s. 59 - 72.
3900A. Goebel, Walter F. "Werfels *Musa Dagh* als Oper" *Die Furche* (Wien) 1957 NR. 10 s. 11.
3901. Grenzmann, W. "Franz Werfel" in W. Grenzmann: *Dichtung und Glaube. Probleme und Gestalten der deutschen Gegenwartsliteratur* Bonn 1952 s. 298 - 314.
3902. Haas, Willy ". . . gestern war Montag heute ist Donnerstag" *Sonntagsblatt* (Hamburg) 1955 NR. 35 s. 7, 9.
3903. Haas, Willy "Um 1910 in Prag: Aus Jugendtagen mit Werfel,

Kafka, Brod und Hofmannsthal" *Forum* (Wien) 4. Jg. s. 223 - 26 (1957).

3904. Hiller, K. "Werfel und Gott" in K. Hiller: *Köpfe und Tröpfe. Profile aus einem Vierteljahrhundert* Rowohlt 1950 s. 118 - 20.

3905. Ihlenfeld, Kurt "Franz Werfels Gedichte" *Evangelische Welt* 7. Jg. s. 672 - 73 (1953).

3906. Klarmann, Adolf D. "Das Weltbild Franz Werfels" *Wissenschaft und Weltbild* (Wien) 7. Jg. Heft 1/2 s. 35 - 48 (1954).

3907. Klarmann, Adolf D. "Franz Werfel, der Dichter des Glaubens: zur 10. Wiederkehr seines Todestages" *Forum* (Wien) 2. Jg. c. 278 - 79 (1955) (Introduction to "Ungedrucktes aus dem Nachlass" ibid. s. 279 - 81).

3907A. Klarmann, Adolf D. "Franz Werfel und die Bühne" *Festschrift zur Erinnerung an die Eröffnung des neuerbauten Kammerspielhauses in Linz* September 1957.

3908. Kohlschmidt, Werner "Das Motiv der entzweiten Welt. Hesse-Werfel-Jünger" in W. Kohlschmidt: *Die entzweite Welt. Studien zum Menschenbild in der neuen Dichtung* Gladbeck 1953 s. 155 - 66, 194.

3909. Kolb, A. "Gelobtes Land - gelobte Länder" *Hochland* 43. Jg. s. 274 - 87 (February 1951).

3909A. L., W. "Die Tragödie des Hyacinthe de Lafite" (Franz Werfel's self-portrayal) *Die Furche* (Wien) 11. Jg. NR. 34 Beilage s. 2 (1955).

3909B. Langer, Norbert "Franz Werfel" in N. Langer: *Dichter aus Osterreich* Wien 1956 s. 122 - 26.

3910. Leder, R. "Christus und Israel: Franz Werfels Deutung des jüdischen Schicksals" *Stimmen der Zeit* 148 Bd. s. 34 - 42 (April 1951).

3911. Leinert, A. R. "Nachklang an Franz Werfel" *Berliner Hefte für geistiges Leben* 2. Jg. 1. Heft s. 78 (1947).

3912. Lennartz, Franz "Franz Werfel" in F. Lennartz: *Die Dichter unserer Zeit* 5. Auflage Stuttgart 1952 s. 549 - 52.

3913. Liebmann, Kurt " 'Oh Erde, Abend, Glück, oh auf der Welt sein!' Zum 10. Todestag Franz Werfels am 27. August" *Börsenblatt für den deutschen Buchhandel* 122. Jg. NR. 35 s. 623 - 24 (1955).

3914. Lothar, Ernst "Abschied von Franz Werfel. Monolog mit einem geliebten Toten" in E. Lothar: *Die bessere Welt* Hamburg/Wien 1955 s. 40 - 43 (written in 1945).

3915. Maass, Joachim "Das begnadete Herz" *Neue Rundschau* January 1946 s. 134 - 45.

3916. Madeheim, Helmuth "Das Menschenbild der Zukunft bei Franz Werfel" *Pädagogische Provinz* (Frankfurt/Main) 10. Jg. NR. 12 s. 625 - 32 (1956).

3917. Marck, Siegfried "Dichter und Gottsucher: H. Hesse, F. Werfel, G. von LeFort, E. Wiechert" in S. Marck: *Grosse Menschen unserer Zeit. Portraits aus drei Kulturkreisen* Meisenheim am Glan 1954 s. 118 - 33.

3918. Martini, F. "Das war verfemte Kunst. XXI: Franz Werfel" *Aussaat* 2. Jg. s. 113 - 14 (1947).

3919. Mittrowsky, H. "Erinnerungen an Franz Werfel" *Neue Schweizer Rundschau* N.F. 15 s. 749 - 54 (1947/48).
3920. Nettesheim, Josephine "Er schaute das gelobte Land... Zu Franz Werfels Umkehr" *Ut omnes unum* (Paderborn) 19. Jg. 1. Heft s. 17 - 21 (1956).
3921. Oppert, Kurt "Fluch über die Vollkommenheit. Betrachtungen zu Gedichten von Rilke und Franz Werfel" *Wirkendes Wort* (Düsseldorf) 1. Jg. s. 343 - 51 (1950/51).
3922. Politzer, H. "Zur Prosa des jungen Werfel" *Neue Rundschau* 60. Jg. s. 283 - 87 (1949).
3923. Pridtkau, Leopold "Glut des menschheitsverbundenen Fühlens. Franz Werfel, Dichter zwischen Realismus und Innerlichkeit. Zu seinem 10. Todestag" *Neue Zeit* (Berlin) 1955 NR. 199.
3924. Puttkammer, Annemarie von "Franz Werfel" in *Christliche Dichter der Gegenwart. Beiträge zur europäischen Literatur* (H. Friedmann and O. Mann, ed.) Heidelberg 1955 s. 333 - 44, 472 - 73.
3925. Rinser, L. "Franz Werfel" *Frankfurter Hefte* 6. Jg. s. 120 - 26 (1951).
3926. Sabais, H. W. "Werfel, der Weltfreund" *Der Start* (Berlin) 2. Jg. NR. 32 (1947).
3927. Schuwerak, W. "Franz Werfel" *Begegnung* 5. Jg. s. 262 - 64 (1950).
3928. Stöcklein, Paul "Franz Werfel" in *Deutsche Literatur im 20. Jahrhundert. Gestalten und Strukturen in 20 Darstellungen* (H. Friedmann and O. Mann, ed.) 2. Auflage Heidelberg 1956 s. 326 - 80.
3929. Straube-Mann, Rotraut "Franz Werfel" in *Expressionismus. Gestalten einer literarischen Bewegung* (H. Friedmann and O. Mann, ed.) Heidelberg 1956 s. 129 - 39, 362.
3930. Torberg, Friedrich "Gedenkrede auf Franz Werfel" *Neue Rundschau* January 1946 s. 125 - 34.
3931. Torberg, Friedrich "Gottes Kind und Gottes Sänger: Persönliche Anmerkungen zu Franz Werfel" *Welt und Wort* 11. Jg. s. 147 - 48 (1956) and *S. Fischer-Almanach* 69. Jg. s. 9 - 14 (1955).
3932. Urzidil, J. "Der Weltfreund. Erinnerungen an Franz Werfel" *Das Silberboot* (Salzburg) 2. Jg. 2. Heft s. 45 - 50 (1946).
3933. Victor, Walther "Die Franz Werfel-Legende" *Sonntag* (Berlin) 4. Jg. NR. 10 s. 9 (1949).
3934. Weyer, Claus "Franz Werfel, der ungetaufte Christ aus Prag" *Rheinischer Merkur* (Koblenz) 7. Jg. NR. 40 s. 19 (1952).
3935. Wiegler, P. "Werfels Tod" *Aufbau* 1. Jg. s. 167 - 71 (1945).
3936. Wiemken, H. "Der Dramatiker Franz Werfel" *Die Volksbühne* (Hamburg) 6. Jg. 2. Heft s. 22 (1955).
3937. Wittner, V. "Franz Werfel" *Neue Schweizer Rundschau* N.F. 13. Jg. s. 434 - 39 (1945/46).

## IX. Books and dissertations on Werfel (English)

3938. Ellert, Frederick Charles *The Problem of the Jew in Werfel's*

*Prose Works* (Diss. Stanford Univ. 1956) Dissertation Abstracts 16: 1904 (1956).

3939. Lambasa, Frank S. *Metaphysical and Supernatural Elements in Four Early Plays of Franz Werfel* (Diss. Iowa) Dissertation Abstracts 14: 2348 - 49 (1954).

3940. Stamm, Israel S. *Religious Experience in the Works of Franz Werfel* Harvard University Abstracts of Ph.D. Theses 1935 p. 297 - 99.

3941. Krass, Nathan *Goat Song* (Discourse delivered Sunday, February 21, 1926, at Temple Emanu-El, New York) New York 1926.

3942. Weise, Herbert F. *The Resolution of the Father-Son Conflict in the Works of Franz Werfel* (Diss. Univ. of Washington 1955) Dissertation Abstracts 16: 540 - 41 (1956).

## X. Articles on Werfel (English)

3943. Kurt Wolff Archive at Yale University (almost 1,000 letters concerning Franz Werfel).

3944. --- "Franz Werfel's Dramas" *Drama* 16: 165 - 66 (February 1926).

3945. --- "Franz Werfel Awarded Grillparzer Prize" *New York Times* February 21, 1926 (Sec. II, p. 7:2).

3946. --- "Werfel's Praise of American Writers" *New York Times* November 13, 1935 (p. 19:4).

3947. --- "Franz Werfel's Views on Opera" *New York Times* December 8, 1935 (Sec. X, p. 9:1).

3948. --- "Interview with Franz Werfel Showing his Mystic Trend of Mind" *New York Times* December 22, 1935 (Sec. IX, p. 5:7).

3949. --- "Werfel Feted by Armenian Group in New York City" *New York Times* January 6, 1936 (p. 15:1).

3950. --- "Werfel Receives Einstein Medal" *New York Times* February 13, 1936 (p. 16:7); March 1, 1936 (Sec. II, p. 2:4); March 9, 1936 (p. 21:4).

3951. --- "Werfel's Comments on New York City" *New York Times* February 16, 1936 (p. 35:5).

3952. --- "Franz Werfel to be Admitted to Mexico" *New York Times* August 16, 1940 (p. 8:5).

3953. --- "Franz Werfel Arrives in New York City" *New York Times* October 14, 1940 (p. 16:3).

3954. --- "Werfel's Speech at *N. Y. Herald Tribune* Book and Author Luncheon" *New York Times* November 27, 1940 (p. 21:2).

3955. --- "Werfel Cited by National Conference of Christians and Jews" *New York Times* February 25, 1944 (p. 15:6).

3956. --- "Werfel Backs European Confederation Plan" *New York Times* March 15, 1945 (p. 8:3).

3957. --- "Franz Werfel: Obituary" *New York Times* August 27, 1945 (p. 19:1).

3958. --- "Franz Werfel: Obituary" *Time* 46: 74 (September 3, 1945).

3959. --- "Franz Werfel: Obituary" *Publishers' Weekly* 148: 1102 (September 15, 1945).

3960. --- "Franz Werfel: Obituary" *Wilson Library Bulletin* 20: 88 (October 1945).
3961. --- "Werfel and Zweig" *Irish Monthly* 73: 418 - 21 (October 1945).
3962. --- "Franz Werfel" *Month* (London) 184: 28 - 35 (July 1947).
3963. Arlt, Gustave O. "Franz Werfel, 1890 - 1945 - In Memoriam" *Monatshefte fur deutschen Unterricht* (Madison, Wisconsin) 37: 506 - 9 (1945).
3964. Arlt, Gustave O. "Werfel as His Translator Saw Him" *Saturday Review of Literature* 29: 20 - 21 (March 2, 1946).
3965. Arlt, Gustave O. "Franz Werfel and America" *Modern Language Forum* 36: 1 - 7 (March - June 1951).
3966. Atkinson, J. B. "Franz Werfel's Philosophy and Power" *New York Times* October 17, 1926 (Sec. VIII, p. 1:1).
3967. Brun, Wilma "Franz Werfel" *University of Colorado Studies*, Series B, I p. 377 - 403.
3968. Deutsch, B. "Jewish Poets of Germany" *Menorah Journal* 10: 157 - 61 (April 1924).
3969. Drake, William A. "Franz Werfel" *Theatre Arts Monthly* 10: 166 - 75 (March 1926).
3970. Drake, William A. "Franz Werfel" in W. A. Drake: *Contemporary European Writers* New York Day 1928 p. 28 - 42.
3971. Eloesser, A. "Franz Werfel, Moralist" *Literary Review* 3: 834 (July 14, 1923).
3972. Fitzgerald, J. A. "Franz Werfel" *Sign* 21: 758 - 59 (July 1942).
3973. Fox, W. H. "The Problem of Guilt in Werfel's *Nicht der Mörder*" *German Life and Letters* 11: October p. 25 - 33 (1957).
3974. Frederick, J. T. "Franz Werfel and *The Song of Bernadette*" *English Journal* (University of Chicago) March 1943 p. 119 - 25.
3975. Frey, John R. "America and Franz Werfel" *German Quarterly* 19: 121 - 28 (1946).
3976. Goldbeck, Edward "Franz Werfel" *Reflex* (New York) 2: 33 - 39 (March 1928).
3977. Goldstein, D. "Franz Werfel, Jewish Author" *Catholic Mind* 43: 285 - 89 (May 1945).
3978. Haney, F. "Franz Werfel: an Enigma" *Catholic Digest* 10: 48 - 50 (February 1946).
3979. Hauch, Edward F. "Franz Werfel's Dramas" *Drama* 16: 165 - 66 (February 1926).
3980. Hitschmann, Edward *Great Men: Psychoanalytic Studies* Forward by Ernest Jones New York International Universities Press 1956 (includes study on Werfel).
3981. Hofe, Harold von "German Literature in Exile: Franz Werfel" *German Quarterly* 17: 263 - 72 (1944).
3982. Hofe, Harold von "Franz Werfel and the Modern Temper" *Christian Century* 62: 47 - 49 (January 10, 1945).

3983. Hudson, L. A. "Symbolic Evangelism and the Philosophical Revere" in L. A. Hudson: *Life and the Theatre* Roy Publishers 1954 p. 97 - 110.
3984. Kaufmann, F. W. "Franz Werfel" *Modern Language Journal* 11: 427 - 33 (April 1927).
3985. Klarmann, Adolf D. "Allegory in Werfel's *Das Opfer* and *Jacobowsky and the Colonel*" *Germanic Rewiew* 20: 197 - 217 (1945).
3986. Klarmann, Adolf D. "Franz Werfel the Man" *German Quarterly* 19: 113 - 20 (1946).
3987. Klarmann, Adolf D. "Werfel's Eschatology and Cosmogony" *Modern Language Quarterly* 7: 385 - 410 (1946).
3988. Kohn-Bramstedt "Franz Werfel as a Novelist" *Contemporary Review* 146: 66 - 73 (July 1934).
3989. Liptzin, S. "Marginal Jews" in S. Liptzin: *Germany's Stepchildren* Jewish Publication Society of America 1944 p. 195 - 210.
3990. Macken, Mary M. "Franz Werfel and *The Song of Bernadette*" *Studies* (Dublin) March 1943 p. 58 - 62.
3991. Mayer-Haas, Kathleen "Franz Werfel: The Poet of Goodwill" *Bermondsey Book* (London) 3: 72 - 80 (September 1926).
3992. Nicoll, A. "Vogue of the Historical Play" in A. Nicoll: *World Drama* Harcourt 1949 p. 855 - 68.
3993. Norman, Mrs. George "Franz Werfel" (Eulogy) *Month* July - August 1947 p. 28 - 35.
3994. Parrington, V. L. "Another War and More Dreams" in V. L. Parrington: *American Dreams; a Study of American Utopias* Brown University 1947 p. 211 - 18.
3995. Paulsen, Wolfgang "Franz Werfel" *Monatshefte für deutschen Unterricht* (Madison, Wisconsin) 30: 409 - 23 (1938).
3996. Politzer, Heinz "Franz Werfel: Reporter of the Sublime" *Commentary* 9: 272 - 74 (1950).
3997. Politzer, Heinz "Prague and the Origins of R. M. Rilke, F. Kafka, and F. Werfel" *Modern Language Quarterly* 14: 49 - 62 (1953).
3998. Puckett, H. W. "Werfel's Mission" *Germanic Review* 22: 117 - 25 (1947).
3999. Reichert, Herbert W. "The Feud between Franz Werfel and Karl Kraus" *Kentucky Foreign Language Quarterly* 4: 146 - 49 (1957).
4000. Reuter, Gabrielle "German Literature" *New York Times* October 21, 1923 (Sec. I, pt. 2, p. 6:2).
4001. Rubin, H. "Franz Werfel's Self-Hatred" (with bibliography) *Contemporary Jewish Record* 8: 183 - 91 (April 1945).
4002. Schumann, Detlev W. "The Development of Werfel's *Lebensgefühl* as Reflected in his Poetry" *Germanic Review* 6: 27 - 53 (1931).
4003. Schumann, Detlev W. "Enumerative Style and Its Significance in Whitman, Rilke, Werfel" *Modern Language Quarterly* 3: 171 - 204 (1942).
4004. Slochower, H. "Franz Werfel and Alfred Döblin: The Problem of Individualism in *Barbara* and in *Berlin Alexanderplatz*" *Journal of English and German Philology* 33: 103 - 12 (1934).
4005. Slochower, H. "Spiritual Judaism: the Yearning for Status" in

H. Slochower: *No Voice Is Wholly Lost* Creative Age 1945 p. 229 - 42.

4006. Slochower, H. "Franz Werfel and Sholem Asch: the Yearning for Status" *Accent* 5: 73 - 82 (Winter 1945).

4007. Stamm, Israel S. "Religious Experience in Werfel's *Barbara*" *P M L A* 54: 332 - 47 (1939).

4008. Thompson, D. "Franz Werfel" *New York Times* January 24, 1926 (Sec. VII, p. 2:1).

4009. Werner, Alfred "The Strange Life and Creed of Franz Werfel" *Judaism* 4: 142 - 48.

4010. Willibrand, W. A. "Franz Werfel's *In einer Nacht, Eine blassblaue Frauenschrift*, and *Jacobowsky*" *Monatshefte für deutschen Unterricht* (Madison, Wisconsin) 37: 146 - 58 (1945).

4011. Wuenschke, E. A. "Franz Werfel's Credo" *Ecclesiastical Review* 113: 172 - 86 (September 1945).

# Indexes

## Play Index

Der Abenteurer, 141.
Adrienne Ambrossat (See *Die Ketten der Adrienne Ambrossat*)
Agnete, 98, 99.
Alain und Elise, 98.
Anarchie in Sillian, 65.
Antigone, 72.
Der arme Vetter, 41.
Armut, Reichtum, Mensch und Tier, 79.
Der Arzt, sein Weib, sein Sohn, 79.
Auf Krugdorf, 140.
Der Aufstand, 132.
Der Ausländer, 84.
Die Ausnahme und die Regel (See *The Exception and the Rule*)
Aut Caesar aut nihil, 141.

Bellerophon (see *Griechische Dramen*)
Ein besserer Herr, 72, 73, 75.
Der Besuch aus dem Elysium, 172, 182.
Der Bettler, 36, 134, 135, 136, 137.
Beyond (see *Jenseits*)
Der blaue Boll, 41, 42, 44.
The Blind Goddess (see *Die blinde Göttin*)
Blind Man's Buff (see *Die blinde Göttin*)
Die blinde Göttin, 149, 150, 152, 153.
Blue Boll (see *Der blaue Boll*)
Der Blutschrei (see *Der tote Tag*)
Bockgesang, 172, 173, 177, 188.
Bonaparte, 163, 167.
Bourgeois bleibt Bourgeois, 72, 73, 149, 150.
Der Brand im Opernhaus, 96, 99, 106.
Der brennende Dornbusch, 119, 120.
Brokenbrow (see *Hinkemann*)
Des Buches erstes und letztes Blatt, 79.
Bürger Schippel, 140, 141.
Die Bürger von Calais, 96, 99, 110.

Casanova (see *Der Abenteurer*)
The Causasian Chalk Circle, 57, 58.
Charlotte Corday, 163.
Christoph Kolumbus oder die Entdeckung Amerikas, 72, 73.
Circe, 41.
Claudius, 96, 99.
Comenius, 119.
The Coral (see *Die Koralle*)

Dahin ? (see *Der Zweite*)
David und Goliath, 97, 99.

The Days of the Commune, 58.
Dietrich, 163.
Don Juan, 140.
Doppenspiel (see *Ehen werden im Himmel geschlossen*)
Draw the Fires (see *Feuer aus den Kesseln*)
Die Dreigroschenoper (see *The Three Penny Opera*)
Duell an der Havel, 163.

Die echten Sedemunds, 41, 42.
Ehen werden im Himmel geschlossen, 72, 73, 75.
Der Einsame, 84.
Das eiserne Kreuz, 140.
Embezzled Heaven, 177, 178.
Der englische Sender, 98.
Der entfesselte Wotan, 149, 150.
Der entfesselte Zeitgenosse, 141.
Die Entscheidung, 72, 73.
"Er soll dein Herr sein", 97.
Die Erneuerung, 96.
Der Erste, 70.
The Eternal Road (see *Der Weg der Verheissung*)
Europa, 96, 100.
Der ewige Traum, 129.
The Exception and the Rule, 57.
Die Exzesse, 65, 67.

Der Fall des Schülers Vehgesack, 96, 100.
La Fanciulla (see *Claudius*)
Fear and Misery in the Third Reich (see *Private Life of the Master Race*)
Feuer aus den Kesseln, 149, 150, 152, 153, 154.
Der Findling, 41, 42.
The Fire in the Opera House (see *Der Brand im Opernhaus*)
Das Floss der Medusa, 98, 100, 106.
Die Flucht nach Venedig, 97, 100, 108.
Der Flug der Lindberghs (see *Lindbergh's Flight*)
Das Fossil, 141.
Franziskus, der heilige Bettler (see *Der Sieg des Christos*)
Das Frauenopfer, 96, 100.
Friedrich und Anna, 96, 101.
Die fröhliche Stadt, 84.
From Morn to Midnight (see *Von Morgen bis Mitternachts*)
Furcht und Elend des dritten Reiches (see *Private Life of the Master Race*)

*Der Gärtner von Toulouse,* 98.
*Gärtnerin aus Liebe,* 79.
*Galileo,* 57, 58.
*Gandha,* 163.
*Gas* (I), 36, 96, 99, 101, 106.
*Gas* (II), 36, 97, 99, 101, 106.
*Gats,* 97, 99, 101.
*Die Geburt der Jugend,* 65, 66.
*Der Geist der Antike,* 97.
*Der Geizige,* 140, 141.
*Der gerettete Alkibiades,* 97, 99, 191.
*Gericht über Zarathustra,* 134, 135.
*Ein Geschlecht,* 36, 163, 164.
*Der gestohlene Gott,* 79.
*Die Gewaltlosen,* 132.
*Die Gewehre der Frau Carrar* (see *Senora Carrara's Rifles*)
*Gilles und Jeanne,* 97, 101.
*Gloriana,* 65.
*Goat Song* (see *Bockgesang*)
*Gobseck,* 72, 74.
*The Good Woman of Sezuan,* 57, 59.
*Der Graf von Ratzeburg,* 41, 42, 45.
*Griechische Dramen,* 98, 107.
*Guntwar, die Schule eines Propheten,* 134, 135.
*Der gute Mensch von Sezuan* (see *The Good Woman of Sezuan*)
*Die gute Zeit,* 41, 43.

*Happy End,* 59.
*Hauptmann Werner,* 163.
*Der Heiland,* 140, 142.
*Die heilige Johanna der Schlachthöfe* (see *Saint Joan of the Stockyards*)
*Heinrich aus Andernach,* 163, 164.
*Heinrich von Kleist,* 79.
*Hellseherei,* 98, 102, 107.
*Her Man of Wax* (see *Napoleon greift ein*)
*Der Herr Monsieur,* 84.
*Herr Puntila und sein Knecht Matti* (see *Puntila*)
*Der Herr von Seingalt* (see *Der Abenteurer*)
*Himmel und Hölle,* 129.
*Hinkemann,* 149, 150, 152, 153, 154.
*Hiob,* 119, 120.
*Die Hochzeitsnacht,* 72.
*Hölle, Weg, Erde,* 97, 102.
*Hoffnung der Frauen* (see *Mörder, Hoffnung der Frauen*)
*Hoppla* (see *Hoppla, wir leben!*)
*Hoppla, wir leben!,* 149, 151, 152, 153, 154.
*The Horatians and the Curatians,* 57.
*Die Horatier und die Kuratier* (see *The Horatians and the Curatians*)

*Die Hose,* 140, 142, 144, 148.
*Hyperion,* 96.

*In einer Nacht,* 173, 174, 191.
*The Informer,* 57.

*Jacobowsky and the Colonel* (see *Jacokowsky und der Oberst*)
*Jacobowsky und der Oberst,* 173, 177, 178, 190, 191.
*Jenseits,* 72, 74, 76.
*John Pierpont Morgan,* 141.
*Juana,* 96, 97, 102.
*Juarez* (see *Juarez und Maximilian,* 172, 173, 177, 178.
*Jud Süss,* 129, 130.
*Judas Ischariot,* 140.
*Die jüdische Witwe,* 96, 99, 102.
*Der Jüngling,* 134, 135.
*Die jüngste Nacht,* 65.
*Jürgen Wullenweber,* 163.
*Der junge Mensch,* 84, 85.

*Der Kandidat,* 140.
*Kanzlist Krehler,* 97, 99, 102, 108.
*Die Kassette,* 140, 142, 148.
*Katalaunische Schlacht,* 65, 66.
*Der kaukasische Kreidekreis* (see *The Caucasian Chalk Circle*)
*Die Kette "Kolin",* 65.
*Die Ketten der Adrienne Ambrossat,* 98, 105, 107.
*Kilian; oder, Die gelbe Rose,* 129.
*The Kingdom of God in Bohemia* (see *Das Reich Gottes in Böhmen*)
*Klawitter,* 98.
*Der König,* 84, 85.
*König David,* 134.
*König Hahnrei,* 96, 102.
*Kolportage,* 97, 102.
*Kommt ein Vogel geflogen,* 72, 74, 76.
*Komödie am Klavier,* 84, 85.
*Der Kongress* (see *Der Präsident*)
*Konstantin Strobel,* 96, 97, 103.
*Die Koralle,* 36, 96, 99, 103, 106.
*Kriminalsonette,* 132.
*Die Krönung Richards III,* 79.
*Kulissen,* 72, 74.

*Leben des Galilei* (see *Galileo*)
*Die Lederköpfe,* 97, 103.
*Das leidende Weib,* 140, 141, 142.
*Das Lied der Bernadette* (see *The Song of Bernadette*)
*Lindbergh's Flight,* 59.
*Das Los des Ossian Balvesen,* 98, 103.
*Louis Fedinand, Prinz von Preussen,* 163, 165.

## PLAY INDEX

*The Machine-Wreckers* (see *Die Maschinenstürmer*)
*Die Macht des Schicksals*, 172.
*Man and the Masses* (see *Masse-Mensch*)
*Mann ist Mann*, 59.
*Manon Lescaut*, 141, 142.
*Marmelade*, 84.
*Die Marquise von Arcis*, 140, 141, 142, 144.
*Martin Luther, der ohne Reichtum* (see *Der Sieg des Christos*)
*Mary Baker Eddy* (see *Wunder in Amerika*)
*Die Maschinenstürmer*, 149, 151, 152, 153, 154.
*Mask of Virtue* (see *Die Marquise von Arcis*)
*Masse-Mensch*, 36, 149, 151, 153, 154.
*Masses and Man* (see *Masse-Mensch*)
*Die Massnahme* (see *The Measure Taken*)
*The Measure Taken*, 57, 59.
*Medea*, 79, 80.
"*Mein Ideal*", 96.
*Die Menschen*, 72, 74.
*Metanoeite*, 134, 135.
*Michael Kohlhaas*, 65, 66.
*Mihlow*, 140.
*Miracle in America* (see *Wunder in Amerika*)
*Miss Rollschuh*, 163.
*Mississippi*, 98, 103, 107.
*Die Mittagsgöttin*, 172.
*Mörder, Hoffnung der Frauen*, 119, 120.
*Monna Nonna* (see *Friedrich und Anna*)
*Mord*, 72, 74.
*The Mother*, 57, 59.
*Mother Courage*, 57, 59.
*Münschhausen*, 72, 75.
*Der mutige Seefahrer*, 97, 103.
*Die Mutter* (see *The Mother*)
*Mutter Courage und ihre Kinder* (see *Mother Courage*)
*Mutter der Himmel*, 134, 135.
*Mystische Zwiesprüche*, 134, 135.

"*N*", 65.
*Die Nadel*, 140.
*Napoleon greift ein*, 72, 75, 76.
*Napoleon in New Orleans*, 98, 103.
*Der Nebbich*, 141.
*Nebeneinander*, 97, 99, 103, 108.
*Neuer Lübecker Totentanz*, 79, 80.
*1913*, 140, 142.
*Nie wieder Friede*, 149, 153, 155.

*Nirwana*, 72.
*No More Peace* (see *Nie wieder Friede*)
*Noli me tangere*, 97.

*Odyssee*, 97.
*Odysseus* (see *Der Jüngling*)
*Offiziere*, 163, 165.
*Oktobertag*, 98, 104, 106.
*Das Opfer in Arkadia*, 172, 190.
*Orpheus und Eurydike*, 119, 120.
*Oskar Wilde*, 141, 142.
*Ostpolzug*, 65, 66.

*A Pair of Drawers* (see *Die Hose*)
*Palme; oder, Der Gekränkte*, 129, 130.
*Papiermühle*, 97, 104.
*Pastor Ephraim Magnus*, 79.
*Pastor Hall*, 150, 151, 153, 155, 161
*Paul among the Jews* (see *Paulus unter den Juden*)
*Paulus unter den Juden*, 172, 174, 177, 179.
*Perleberg*, 140, 141, 143.
*Die Pest*, 72, 75.
*Pferdewechsel*, 98.
*Phaea*, 163, 165.
*Phantom Lover* (see *Oktobertag*)
*A Place in the World* (see *Der Snob*)
*Platz*, 163, 165.
*Der Präsident*, 97, 104, 107.
*Preis der Unbefleckten*, 134, 135.
*Private Life of the Master Race*, 57, 60.
  (See also *The Informer; Sixth Column; Yes, I'm Going Away . . .*)
*Prometheus* (see *Der Jüngling*)
*Propheten*, 84, 85.
*Der Protagonist*, 97, 104.
*Puntila*, 57, 60.
*Pygmalion* (see *Griechische Dramen*)

*Die Rache des verhöhnten Liebhabers oder Frauenlist und Männerlist*, 149, 151, 153.
*Reden ist Silber, Schweigen ist Gold*, 96.
*Das Reich Gottes in Böhmen*, 172, 175, 179.
*Rektor Kleist*, 96, 104.
*Reparationen*, 65, 67.
*Requiem den gemordeten Brüdern*, 149.
*Der Retter*, 72.
*Die Retter*, 70, 71.
*Rheinische Rebellen*, 65, 66.

*Rosamunde Floris,* 98, 104.
*Rosengarten,* 163, 166.
*Round Heads, Peak Heads or Rich and Poor Make Good Company,* 58.
*Die Rundköpfe und die Spitzköpfe* (see *Round Heads, Peak Heads*)

*Saint Joan of the Stockyards,* 58.
*Sakuntala,* 129, 130.
*Scapa Flow,* 70.
*Der Scharmante,* 140.
*Schauspiel* (see *Der brennende Dornbusch*)
*Schellenkönig,* 99.
*Schlageter,* 84, 86.
*Die Schule von Uznach oder neue Sachlichkeit,* 141, 143.
**Der Schuss in die Oeffentlichkeit,** 98.
*Schweiger,* 172, 175, 177, 179.
*The Scorned Lover's Revenge; or The Wiles of Women and Men* (see *Die Rache des verhöhnten Liebhabers*)
*Seeschlacht,* 36, 70, 71.
*Senora Carrara's Rifles,* 58.
*Der Sieg des Christos,* 134.
*Der Silbersee,* 98, 104.
*Sixth Column,* 58.
*Der Snob,* 140, 143, 144.
*The Snob* (see *Der Snob*)
*Der Sohn,* 72, 75.
*Der Soldat Tanaka,* 98, 105, 107.
*The Song of Bernadette,* 177.
*Sonnenberg,* 65.
*Die Sorina,* 96, 105.
*Sphinx und Strohmann* (see *Hiob*)
*Spiegelmensch,* 172, 175, 179, 180.
*Die Spieldose,* 98.
*Spielhof,* 172, 175.
*Spur des dunklen Engels,* 79.
*Strassenecke, Ein Ort Eine Handlung,* 79.
*Stroh,* 84, 86.
*Stürme,* 163, 166, 167.
*Die Stunde der Sterbenden,* 84, 86.
*Die Südpolexpedition des Kapitän Scott,* 70, 71.
*Die Sündflut,* 41, 43.

*Tabula rasa,* 140.
*Tag des Proletariats,* 149.
*Die Tage der Commune* (see *The Days of the Commune*)
*Tantalus oder Hungrige Liebe,* 96.
*Der Tenor,* 141.
*Thomas Chatterton,* 79, 80.
*Thomas Paine,* 84, 86, 87.

*The Three Penny Opera,* 58, 60.
*Der tote Tag,* 41, 44.
*Transfiguration* (see *Die Wandlung*)
*The Trial of Lucullus,* 58, 61.
*Die Troerinnen des Euripedes,* 172, 176.
*Two Olivers* (see *Zweimal Oliver*)

*Ulrich und Brigitte,* 140.
*Das Unbekannte,* 134, 135.
*Das unendliche Gespräch,* 72.

*Die Väter oder Knock Out,* 141.
*Der Vagabund und das Mädchen,* 70, 71.
*Vatermord,* 65, 67.
*Die Verführung,* 129, 130.
*Das Verhör des Lukullus* (see *The Trial of Lucullus*)
*Die Versuchung* (Georg Kaiser), 96, 105.
*Die Versuchung* (Franz Werfel), 172.
*Der veruntreute Himmel* (see *Embezzled Heaven*)
*Die Verwandlung* (see *Die Wandlung*)
*Vinzent verkauft ein Bild,* 98.
*Vom König und der Königin,* 140, 143.
*Von Morgen bis Mitternachts,* 96, 99, 105, 106, 107, 108.
*Vor der Entscheidung,* 163, 166.

*Die Wandlung,* 149, 151, 153.
*Wechsler und Händler,* 84, 86.
*Der Weg der Verheissung,* 172, 176, 177, 179.
*Wilhelmus, Prinz von Oranien,* 163, 166.
*Wunder in Amerika,* 149, 152, 153, 155.

*Yes, I'm Going Away . . .,* 58.

*Der Zar lässt sich photographieren,* 97.
*Zarathustra, eine Impression* (see *Der Jüngling*)
*Der Zentaur* (see *Konstantin Strobel*)
*Zero,* 163, 166.
*Zwei Krawatten,* 98, 105.
*Zweimal Amphytrion* (see *Griechische Dramen*)
*Zweimal Oliver,* 97, 99, 105, 106, 108.
*Der Zweite,* 70, 71.

## Author Index

Aber, A., 104, 120.
Aberschönewolf, 104.
Abramowitz, I., 158.
Ade, Hans C., 33.
Adler, Henry, 62-63.
Adler, Jacques, 89.
Adolph, Rudolf, 116, 185.
Aga, 158.
Ahl, Herbert, 185.
Albani, J., 9, 137.
Alker, Ernst, 9.
Allesch, G. J. von, 23.
Allwohn, A., 23.
Altheer, Paul, 111.
Altmann, Wilhelm, 182.
Anders, Achim, 147, 158.
Anders, William, 7, 116.
Angel, E., 9.
Angermeyer, Fred Antoine, 110, 111.
Angus, William, 37.
Anheisser, S., 68.
Ankwicz-Kleehoven, Hans, 125.
Anschutz, G., 37.
Anspach, A., 101.
Antkourak, Alfred, 185.
Anton, K., 23.
Antz, Josef, 168.
Appuhn, H., 51.
Aram, K., 75, 80, 102, 150, 164.
Arens, H., 92.
Arlt, Gustav O., 173, 189.
Arnheim, R., 122.
Arnold, E., 182.
Arnold, Robert F., 7, 101, 150, 173, 175.
Arns, Karl, 9.
Aron, W., 34.
Arx, Cäser von, 98, 116.
Asch, Nathan, 155.
Aspel, K., 73.
Atkinson, J. B., 189.
**Auden, W. H., 153.**
Auerfaber, 135.

Baader, F. Ph., 9, 41, 42, 46, 8b, 102, 173.
Baader, J. A., 23.
Bab, Julius, 7, 9, 18, 24, 33, 34, 37, 44, 51, 59, 86, 104, 111, 129, 131, 146, 168, 182.
Bach, Annaliese, 185.
Bachler, K., 111.
Bachmann, Frieda, 24.
Bachmann, H., 46, 68, 100, 137, 168.
Badt-Strauss, B., 174.
Bäcker, H., 24, 47.
Baedecker-Mahlow, Walter, 24.
Bahr, Hermann, 21, 34.

Balazs, Bela, 24.
Baldus, A., 24, 137.
Ball, Hugo, 120.
Barbusse, H., 168.
Bard, J., 128.
Barlach, Ernst, 41, 44-45.
Bartels, Adolf, 6, 9, 24, 111, 158.
Barthel, L. F., 86, 92.
Bauer, A., 24.
Bauer, P., 24, 169.
Baumann, A., 175.
Baumgard, O., 34.
Baur, Jos., 92.
Bause, H., 9.
Bayes, W., 128.
Becker, J. M., 9.
Becker, M. L., 156.
Becker, Michel, 135, 136.
Becker, P., 122.
Becker, W., 63.
Beckmann, E., 9, 41, 129.
Beckmann, Heinz, 45, 52.
Beer, Willy, 33, 109, 168.
Behl, C. F. W., 111, 169.
Behne, A., 24.
Behrend, W., 44, 175.
Behrman, S. N., 177.
Beierle, Alfred, 111, 116.
Bell, Clair H., 154.
Bender, A., 136.
Benesch, Otto, 122, 125.
Benn, Gottfried, 21, 22, 24.
Benninghof, H., 81.
Benningshof, L., 80, 120.
Bense, M., 24.
Bentley, Eric R., 57, 58, 59, 61, 62, 63, 144, 180.
Bentley, G. E., 38.
Benzmann, H., 24, 47, 71, 77, 122, 132, 135.
Berendt, Hans, 181, 182.
Berenson, Ruth, 24.
Bergenthal, J., 9.
Berger, H., 47.
Berger, Klaus, 24.
Bergh-Grützmann, M., 175.
Berglar-Schroer, P., 166.
Bergmann, 136.
Bergwald, J., 77.
Beringer, J. A., 143.
Bermann, F., 24.
Bernard, Rudolf K., 7.
Bernard, Thomas, 125.
Bernstein, H., 106.
Berstle, I., 74.
Bertaux, F. A., 17.
Beth, 176.
Beyer, G., 9, 164.

Bie, Richard, 90, 92.
Bieber, H., 42, 77, 144, 183, 185.
Biedwzynski, R., 111.
Biermann, Georg, 47, 122.
Billetta, Rud., 145.
Binding, Rudolf G., 24.
Birch, F., 154.
Bithell, Jethro, 17, 18.
Bitsch, Heinrich von, 170, 171.
Björkmann, Edwin, 167.
Blackburn, C., 37.
Blass, E., 183.
Blaw, H., 60.
Blei, Franz, 145, 146.
Blitzstein, Marc, 60.
Bloch, Ernst, 24.
Block, Anita Cahn, 161, 179.
Block, H., 52.
Bloomfield, R., 31.
Blos, W., 77.
Blumenthal, W., 183.
Blunck, Richard, 21.
Bock, E., 183.
Bock, H., 169.
Bock, K., 9.
Boeck, Wilhelm, 52.
Böhlig, H., 174.
Böhmer, K. H., 99.
Boeninger, Hellmuth R., 63.
Bolze, Wilhelm, 90.
Borcherdt, Hans Heinrich, 9.
Bork, A., 137.
Bormann, H. H., 66, 105.
Born, Wolfgang, 111, 122, 128, 183.
Bornmann, H., 90.
Bott, H., 121.
Bottcher, R., 24.
Bourfeind, Paul, 86, 164.
Bourne, J., 153.
Bowles, Paul, 177.
Boyd, D., 161.
Boyd, E. A., 31, 78.
Braecker, Marie, 174.
Brand, Guido K., 6, 137.
Brandenburg, H., 9, 33.
Brandt, O. H., 90.
Brandt P., 25.
Braun, O., 25.
Braun, R., 135.
Braunfels, Wolfgang, 52.
Brawmüller, Wolf, 93.
Brecht, Bertolt, 52, 57-58, 61-62, 82.
Brecka, H., 105.
Bremer, Klaus, 52.
Brendle, E., 7.
Breuer, Robert, 158, 171.
Brinkmann, Egon, 116.
Brod, Max, 67, 172, 183.
Brody, Alter, 155.
Brömse, H., 73, 111.

Brösel, Kurt, 21.
Brombacher, Kuno, 145.
Bronnen, Arnolt, 10, 65, 67.
Brook, R., 111.
Brown, Alfred B., 162.
Brown, Ivor, 37, 154, 179.
Brown, J. M., 37.
Bruder, E. J., 10.
Brües, Otto, 10, 76, 90, 93.
Bruggen, M. F. E. von, 21.
Brun, Wilma, 189.
Brunnemann, A., 176.
Brunner, Franz, 181.
Brust, A., 47.
Bruton, K., 161.
Bry, Carl C., 34.
Bryher, C., 63.
Buber, M., 114.
Buchheit, G., 47.
Buddin, F., 44.
Bühler, H. E., 100.
Bühner, K. H., 25.
Buesche, Albert, 125.
Büschgens, R., 70, 71.
Buhre, W., 150.
Bulliet, C. J., 128.
Bumiller, A., 25.
Burghardt, P., 47.
Burkert, H., 102.
Burkhardt, 25.
Busch, Günther, 25.
Bush-Fekete, Laszlo, 177, 178.
Busse, E., 71, 85, 150.

Caldwell, C., 60, 76.
Campbell, O. J., 106, 153.
Canby, H. S., 31, 161.
Carls, Carl Dietrich, 45, 47, 52, 87.
Carner, M., 176.
Carossa, Hans, 52.
Carpenter, Bruce, 37.
Carson, Lionel, 18.
Carter, H., 18, 36, 37.
Casper, Siegfried, 88, 89, 93.
Castle, Edward, 185.
Causton, Bernard, 161.
Cazamian, L., 31.
Chandler, F. W., 37, 78.
Chapiro, J., 133.
Charash, Jach, 177.
Cheney, Sheldon, 37, 56.
Chinory, H. K., 37, 61, 63, 131.
Ciffrin, A., 10.
Claasen, R., 10.
Clark, Barrett Harper, 17, 18, 19, 71, 118, 128, 144, 161.
Clurman, H., 58, 63.
Cochran, C. B., 19.
Cochran, Gifford, 60.
Cohn, E., 112.

Colberg, Klaus, 42.
Cole, C. D. H., 154.
Cole, T., 37, 61, 63, 131.
Colin, Paul, 18.
Collins, Ralph S., 17.
Conn, J., 107.
Conwell, May Ross, 37.
Correard, A., 100.
Corrodi, H., 25.
Cournos, John, 118, 156.
Courtney, Richard, 62.
Crankshaw, Edward, 152, 153.
Crawford, Elizabeth E., 17.
Crawford, J., 107.
Creighton, S., 155.
Cremers, Paul Joseph, 25, 76, 77, 93.
Csokor, Franz Theodor, 10, 34, 112, 125.
Cyprian, M. F., 112.
Cysarz, Herbert, 6.

Däubler, Theodor, 21, 25, 47.
Dahlstrom, C. E. W. L., 36.
Damm, A., 52.
Dangers, R., 52.
Davidsohn, G., 183.
Davidsohn, Ludwig, 174.
Daxlberger, Rosa, 21.
Decker, G., 100.
Dehnow, F., 67, 75.
Delpy, E., 67, 100, 101, 104, 150, 164.
Deri, G., 125.
Deubel, W., 67, 73, 75, 102, 103, 104, 130, 166, 169.
Deutsch, B., 189.
Dibelius, M., 73.
Dickinson, Thomas Herbert, 37, 105, 106.
Diebold, Bernard, 10, 25, 33, 34, 43, 65, 66, 73, 85, 99, 101, 102, 103, 104, 105, 109, 112, 120, 129, 130, 141, 164, 165, 166, 174.
Diederich, B., 25.
Diepold, R. K., 135.
Dietrich, A., 86.
Dietz, W., 174.
Dinter, Kurt, 6.
Dippel, Gerhardt, 116.
Doderer, Otto, 90.
Döblin, A., 29.
Dohle, Helmut, 45.
Dohnanyi, Ernst von, 141.
Dohse, R., 67, 70, 74, 102, 103, 130, 142, 143, 165, 173.
Dolree, B., 107.
Dosenheimer, Elise, 116, 145.
Drake, William A., 17, 118, 148, 189.
Dresdner, A., 56.
Dreyer, E. A., 47, 166, 169.

Drill, R., 25.
Droop, F., 42, 152, 158.
Dross, Friedrich, 42, 44, 47.
Dürlberg, F., 10, 129, 143.
Dürr, E., 122, 175.
Düsel, F., 10, 42, 43, 71, 74, 86, 102, 104, 143, 146, 150, 151, 164, 165, 173, 174.
Dukes, Ashley, 17, 18, 106, 118, 144, 153, 154, 161.
Durstein, L., 168.
Durus, Alfred, 25.
Duve, H., 47.
Duwe, G., 93.
Duwe, Willi, 21, 33.
Dyroff, F., 25.

Earp, T. W., 128.
Eaton, W. P., 153, 155, 178.
Eberle, O., 139.
Ebermayer, E., 167.
Eck, B., 93.
Eckart, W., 47.
Edschmid, Kasimir, 21, 25, 112, 145, 146.
Eggebracht, A., 67.
Eggert, O., 86.
Ehlers, O., 47.
Ehlers, W., 67.
Ehrenstein, Albert, 10, 112, 123.
Ehrhardt, 52.
Eichhorn, W. G., 25.
Einstein, Albert, 167.
Eisenlohr, F., 132, 145, 147.
Eisler, Hanns, 57.
Eisler, M., 123.
Elaesser, Ernst, 47.
Elkan, B., 10.
Ellert, Frederick Charles, 187.
Eloesser, Arthur, 10, 17, 18, 73, 104, 130, 132, 150, 165, 169, 189.
Elsner, Richard, 7, 10, 34, 80, 132.
Elsner, Wilhelm, 52.
Elster, H. M., 10, 66, 68, 93.
Emmel, Felix, 33, 34.
Endres, F. C., 47, 175.
Engel, F., 10, 48, 65, 100, 103, 164, 166, 168, 174.
Engel, H., 52.
Engelke, Wilhelm, 34.
Enns, A., 52.
Erpenbeck, Fritz, 25.
Eschelbacher, M., 174.
Ettinga, Max, 97.
Eulenberg, Herbert, 7, 147.
Evens, T., 62.
Everth, E., 101.

Faber du Faur, C. v., 18, 176.
Fabri, A., 48.

Falck, F., 48.
Falk, Walter, 165.
Falkenberg, Hans-Geert, 77, 116.
Faltner, L., 25.
Fassbinder, K. M., 173.
Fay, Mary Helen, 177, 178.
Fechter, Paul, 7, 21, 25, 43, 45, 48, 52, 66, 74, 80, 99, 100, 112, 120, 130, 142, 146, 164, 175.
Feeny, M. M., 63.
Feger, 44.
Feld, L., 176.
Feldmann, S., 173.
Felner, K. von, 74, 137.
Fergusson, Francis, 63.
Fetting, Hugo, 147.
Feuchtwanger, Leo, 63, 159.
Fiblher, 10.
Fiedler, W., 85.
Findeisen, K. A., 93.
Findlater, R., 63.
Fischel, O., 7.
Fischer, Ernst, 68.
Fischer, E. W., 146.
Fischer, H., 185.
Fischer, Hans W., 48.
Fischer, Peter, 25.
Fischl, 176.
Fitzgerald, J. A., 189.
Fivian, E. A., 109.
Fix, Wolfgang, 110, 116.
Flanagan, Hallie F., 18.
Fleischhauer, Dietrich, 45.
Fleischmann, Kornelius, 181.
Flemming, H., 11, 77, 112, 120, 123, 169.
Flemming, Willi, 45, 48.
Flores, Angel, 181.
Foerster, Erich, 73.
**Fogg, Rushworth,** 125.
**Forman, H. J.,** 180.
Fox, W. H., 189.
Fraenger, Wilhelm, 123.
Fränkel, K. H., 101.
Fränkl, O., 73, 105, 166, 174.
Franck, Hans, 11, 34, 48, 52, 67, 71, 75, 90, 100, 112, 137, 165.
Frank, R., 33, 142.
Franke, 135.
Franke, A., 169.
Franke, Hans, 87, 93.
Frankenberg, E. von, 166.
Franklin, F., 11.
Franz, R., 25.
Franzen, E., 48, 53.
Frederick, J. T., 189.
Freedley, George, 17, 19.
Freischlag, Wilhelm, 137.
Frels, W., 11.
Frentzel, E., 53.
Frenz, H., 118.
Frerking, Johann, 99, 112, 185.
Freund, E., 104.
Freund, F. E. W., 18.
Frey, John R., 189.
Freyhan, Max, 33, 48, 110, 137, 164.
Fricke, 73.
Fricke, G. G., 34.
Fried, A., 183.
Friedeberger, H., 48.
Friedell, Egon, 112, 146.
Friedenthal, Joachim, 144.
Friedmann, Hermann, 6, 21, 35, 51, 54, 82, 117, 148, 187.
Friedrich, Heinz, 116.
Frischauer, Willi, 68.
Fritsch, K. W., 164.
Fritze, Hanns H., 110.
Fröhlich, Gertrud, 125.
Fruchter, M. J., 118.
Fuchs, A., 25, 123.
Fuchs, Friedrich, 137.
Fuchs, Rudolf, 181.
Fürdauer, Viktor, 110.
Furtwängler, Wilhelm, 121.
Fuller, E., 63.
Fulton, A. R., 31.
Funke, Erich, 26.

Gäfgen, H., 34, 90.
Gaehde, Ch., 74, 85.
Galinsky, Hans, 6.
Gallwitz, S. D., 68, 77, 112, 137, 159, 169.
Garten, H. F., 62, 63, 118.
Gassner, John, 18, 37, 57, 63, 106, 161, 177.
Gay, Fritz, 53.
Geck, R., 75, 103, 166.
Gehrig, O., 48.
Geiger, L., 11.
Gentges, Ignaz, 11.
Georg, Manfred, 145, 159.
Gerke, M. M., 103, 112.
Gerold, Karl Gustav, 53.
Gerstner, H., 6.
Geyer, W., 168.
Giedion, 123.
Gielow, Wolfgang, 45.
Gilleschewski, H., 176.
Gloede, Günther, 53.
Glücksmann, Joseph, 112, 116.
Goberlaender, L., 101.
Gode-von-Aesch, Alexander, 171.
Goebel, H., 151.
Goebel, Walter F., 185.
Goering, Reinhard, 70.
Göttig, W. W., 129.
Gold, H., 63.
Goldbeck, Edward, 189.

# Author Index

Goldberg, Isaac, 37, 78, 118, 128.
Goldfeld, K., 26.
Goldmann, P., 66, 99.
Goldschmidt, D., 170.
Goldschmidt, R. K., 165, 166.
Goldstein, 21.
Goldstein, D., 189.
Goldstein, L., 101.
Goldstein, M., 11.
Goll, Claire, 34.
Goll, Iwan, 21, 26, 34, 108, 110.
Goodman, Henry, 63.
Goold-Verschoyle, N., 58.
Gorelik, M., 61, 64.
Gorr, Adolf Conrad, 17.
Goth, Ernst, 141.
Gottlieb, E., 71.
Goulden, William Owen, 110.
Gournay, R., 146.
Grabert, 166.
Graetzer, Franz, 99, 112.
Grande, R., 152.
Grautoff, O., 26, 48.
Gray, Ronald, 59.
Greenberg, C., 64.
Greeven, E. A., 101.
Gregori, F., 11, 12.
Greiner, E. A., 169.
Grenzmann, W., 6, 185.
Grimme, K. M., 26.
Gröhm, W., 99, 152.
Grohmann, Willi, 53, 120, 123.
Grolmann, von, 113.
Gronicka, André von, 12, 129, 151.
Grosche, R., 26.
Gross, Edgar, 12, 80, 86, 164, 169, 174.
Gross, F., 64.
Grossmann, Stephen, 65, 68, 77, 152, 158.
Grossrieder, H., 136.
Gruber, G., 42.
Gruber, Karl, 125.
Gründgens, Gustav, 82.
Grüner, Franz, 123.
Günther, 65, 159.
Günther, A., 74.
Günther, J., 34, 86.
Günther, Johannes, 48.
Günther, Johannes V., 138.
Gürster, E., 12.
Gütersloh, 26.
Gunier, R., 57.
Gurlitt, H., 49.
Gutkind, C. S., 168.
Guttmann, R., 12.

Haacke, U., 164.
Haas, A., 169.
Haas, Willy, 26, 183, 185.
Haase, Hugo, 158.
Hänsel, L., 9.
Haftmann, Werner, 125.
Hagboldt, Peter, 12.
Hagemann, C., 12.
Hagen, H. W., 87.
Hahn, H., 175.
Hahn, L., 132.
Hain, Mathilde, 33.
Hallener, F. O., 164.
Halm, A., 75.
Hamburger, M., 77.
Hammes, Fritz, 113.
Hampe, J. C., 53.
Hampe, Th., 99.
Handl, Willi, 102, 146, 152.
Handlin, O., 158.
Haney, F., 189.
Hangarten, W., 26.
Hans, W., 26.
Hansen-Löwe, F., 53.
Harbeck, Hans, 34, 41, 77, 113, 143, 146, 169.
Harding, Bertita, 177.
Harmann, P., 176.
Harms, Gertrud, 21.
Hart, J., 12, 44, 99, 164, 173.
Harta, F. A., 125.
Hartig, V., 150.
Hartley, A., 62, 64.
Hartmann, Horst, 53, 82.
Hartmann, Rolf, 147.
Hartwig, G., 142, 173.
Haselmeyer, Louis, 62.
Hasencamp, G., 12.
Hasenclever, Walter, 72, 76, 149, 150.
Hasselwander, F., 26.
Hatcher, H. H., 153.
Hauch, Edward F., 37, 56, 189.
Hauptmann, M., 26.
Hauptreif, Karl-Heinz, 71.
Hausenstein, W., 123.
Hauser, H. R., 80.
Havenstein, M., 71.
Hayman, Ronald, 64.
Hays, H. R., 57, 61.
Heering, H., 89.
Hefele, 26.
Heilborn, E., 12, 49, 65, 66, 67, 71, 73, 74, 75, 80, 100, 102, 105, 129, 130, 132, 142, 143, 150, 151, 164, 165.
Heilmaier, H., 122.
Heimann, M., 138.
Heimanns, R., 12.
Heine, G., 101.
Heine, W., 7.
Heise, Carl Georg, 43, 49, 53, 125.
Heise, W., 79, 143.

Hell, G., 169.
Heller, Peter, 26, 62, 64, 160, 162.
Hellmer, Arthur, 116.
Hellwig, L. W., 93.
Helwig, Paul, 113.
Helwig, Werner, 79, 81.
Henckel, L., 173.
Henckels, P., 37.
Henderson, Alexander, 153.
Hengesbach, J., 135.
Henning, H., 132.
Herald, Heinz, 123.
Herbst, W., 93.
Hering, Gerhard F., 8.
Herler, H. F., 113.
Hermann-Neise, Max, 133.
Herrmann, M., 132.
Herterich, F., 176.
Herwig, Franz, 99.
Herz, Leonore, 159.
Heselhaus, Claus, 12, 21.
Hess, E., 138.
Hesse, Hermann, 26.
Hesse, O. E., 42, 86, 100, 150, 175.
Hessen, R., 12.
Heuer, A., 44, 49.
Heuss, Theodor, 49, 125.
Hewes, H., 64.
Heynan, W., 68.
Heynicke, K., 34.
Hildenbrandt, F., 42, 66, 70.
Hille, C., 75.
Hiller, Kurt, 21, 26, 123, 133, 159, 180, 181, 183, 186.
Hilpert, H., 77.
Hindemith, Paul, 119.
Hinrichs, A., 71.
Hitschmann, Edward, 183, 189.
Hochbaum, Ingo F. W., 181.
Hochdorf, M., 100, 102, 183.
Hodin, J. P., 125, 128.
Höcker, P. O., 165.
Hölscher, E., 126.
Hölscher, W., 82.
Hofe, Harold von, 189.
Hoff, August, 49.
Hoff, Claudia, 125.
Hoffmann, Camill, 77, 123.
Hoffmann, Edith, 120, 122, 127.
Hoffmann, Paul T., 33, 80.
Hoffmann-Harnisch, W., 12, 43, 103.
Hofmann, 176.
Hofmann, Werner, 26, 125.
Hohenlohe, Prinz Alex, 167.
Hohlbaum, R., 35.
Holden, Ruth, 58.
Holl, Karl, 7.
Hollaender, Felix, 43, 65, 73, 74, 103, 105, 113, 138, 141, 142, 150, 151, 165, 173.
Hollander, Walter von, 113.
Hollmann, Werner, 53.
Holmes, J. H., 180.
Holsbaum, E. J., 64.
Holst, Niels von, 126.
Holz, H. J., 183.
ten Hoor, George T., 118.
Hoppenheit, R., 90.
Horn, Friedericke, 45.
Horn, Walter, 88, 89, 93.
Horneffer, A., 26.
Hornicke, D., 85.
Hotzel, Kurt, 89, 93, 113.
Howard, Brian, 155.
Huber, K., 26.
Huckel, P., 82.
Huder, Walter, 116.
Hudson, L. A., 190.
Huebner, Friedrich M., 26, 35.
Hüllen, Werner, 138.
Hülscher, Arthur, 90.
Hüpgens, Th., 66.
Hüttel, K., 165.
Hufeland, Max, 126.
Hug, A., 138.
Humfeld, Marie S., 136, 138.
Hunger, 169.
Hunna, Elisabeth, 182.
Hunt, Hugh, 153.
Huxdorff, E., 26.

Ibel, R., 113, 163, 168, 169.
Ihering, Herbert, 8, 12, 33, 43, 66, 81, 142, 152, 183.
Ihlenfeld, Kurt, 53, 186.
Ilberg, Werner, 26.
Irinyi, Eugen von, 138.
Isaacs, Edith J. R., 59, 171, 180.
Isaacs, J., 19.
Italiaander, Rolf, 81.

Jackson, Naomi C. A., 56.
Jacobi, Johannes, 53, 104.
Jacobs, Monty, 12, 66, 99, 100, 102, 113, 120, 141.
Jacobs, Wilhelm, 126.
Jacobsohn, S., 12, 72, 99, 105, 141, 142, 152.
Jacobson, Anna, 183.
Jäger, Gerhard, 68.
Jäger, W., 159.
Jähner, H., 126.
Jahnn, Hans Henny, 79, 80-81.
Jan, R. von, 49.
Jancke, Oskar, 116.
Jansen, F. M., 26.
Jantzen, H., 143.
Jarrell, R., 61.
Jasper, G., 174.
Jennsen, Christian, 6, 93.

Jens, geb. Puttfarcken, Inge, 21.
Jentzsch, R., 159.
Jockers, E., 183.
Joecks, P., 123.
Johnston, Denis, 152.
Johst, Hanns, 26, 35, 84, 87-89.
Jones, Ernest, 189.
Jones, F., 58.
Jordan, P., 82.
Jordan, Rudolf, 53.
Joseph, D., 106.
Jünger, Ernst, 139.
Junge, Carl, 182.

Kaempfer, Wolfgang, 117.
Kaergel, H. Ch., 104.
Kahane, Arthur, 35.
Kahle, H., 26.
Kahn, H., 12, 68, 146.
Kainz, Friedrich, 113.
Kaiser, Georg, 96-99, 105-106, 108-109.
Kaiser, Joachim, 135.
Kalms, H., 53.
Kamnitzer, Ernst, 140.
Kandinsky, Wassily, 21.
Kappstein, Theodor, 152, 169.
Karl, F., 27.
Karrar, 135.
Karsch, W., 183.
Kasack, Hermann, 109, 113, 136.
Kaschik, E., 85.
Katann, O., 183.
Katzenstein, S., 152.
Katzin, W., 106, 144.
Kauf, Robert, 99, 118.
Kaufmann, F. W., 117, 190.
Kawa, E., 136.
Kayser, F., 27.
Kayser, Rudolf, 13, 33, 35, 49, 113, 132, 143, 166, 173, 183.
Kefer, Rudolf, 182.
Keil, Günther, 60.
Keiler, Manfred L., 56.
Keiler, W., 113.
Keim, H. W., 27, 49, 85, 90.
Keller, Marie V., 21, 33.
Kenter, Heinz Dietrich, 74, 75, 87, 113, 166, 169, 183.
Kenworthy, Brian J., 118.
Kepich, Werner, 13, 35.
Kerlpflug, E., 27.
Kern, W., 126.
Kerr, Alfred, 8, 13, 35, 66, 80, 99, 120, 141, 142, 151.
Kerr, Jean, 177.
Kerr, Walter, 177.
Kerschenzew, Platon M., 33, 35.
Kersten, Kurt, 27.
Kesser, H., 27, 133.

Kesten, Hermann, 77, 113, 117, 147, 149, 152, 153, 159.
Kesting, E., 126.
Kien, Walter, 107.
Kienzl, H., 13, 66, 143, 150.
Kiesgen, I., 183.
Kilian, E., 27, 113.
Kindermann, Heinz, 6.
Kinkel, Hans, 126.
Klaar, Alfred, 8, 66, 80.
Kläber, Kurt, 113.
Klages, Ludwig, 21.
Klarmann, Adolf D., 182, 184, 186, 190.
Klaus, H., 184.
Kleibömer, Georg, 90.
Klein, H. W., 84.
Klein, T., 174.
Klein-Diepold, R., 70.
Klepper, Jochen, 90.
Klöckner, 75, 165.
Knebel, K., 27.
Knevels, Wilhelm, 8, 22, 43, 49, 71, 77, 90, 103, 113, 135, 138, 150, 165, 169, 184.
Knoth, Werner, 126.
Knudsen, Hans, 13, 35, 41, 65, 66, 71, 73, 74, 75, 80, 86, 100, 102, 103, 104, 105, 113, 114, 129, 130, 132, 135, 150, 151, 164, 165, 166, 169, 173, 175.
Koch, Hedwig, 6.
Koch, M., 75, 80.
Koch, W., 132.
Kochmann, Adolf A., 6.
Koczogh, A., 27.
Köhrer, E., 13, 49.
Koenig, J., 27.
Koenigsgarten, Hugo F., 110, 114, 117, 118.
Köppen, F., 74, 164.
Koergel, H., 87.
Koerner, J., 103, 130, 184.
Koffka, F., 35.
Kogon, Eugen, 167.
Kohler, L., 135.
Kohlschmidt, Werner, 186.
Kohn-Bramstedt, 190.
Kohne, Carl Ernst, 53.
Kokoschka, Oskar, 27, 119, 120-122.
Kolb, A., 186.
Kommerstädt, Georg von, 88.
Konrad, Gustav, 27.
Kordt, W., 90.
Kornfeld, Paul, 27, 37, 68, 129, 130-131.
Kosch, Wilhelm, 8.
Krämer, Ph., 101, 103.
Krafft, E., 80.
Krafft, Karl, 22.

Kramp, A., 165.
Krapp, Helmut, 53.
Krass, Nathan, 178, 188.
Krause, 175.
Krauss, R., 13, 175.
Kreitmaier, J., 27.
Krell, Max, 8.
Krenek, Ernst, 119.
Kretschmann, O., 174.
Kreuder, Ernst, 79, 81.
Krimsky, Jerrold, 60.
Kröll, J., 137.
Krojanker, G., 131, 147, 183.
Krolow, Karl, 54.
Kronacher, Alvin, 171.
Kroneberger, E., 136.
Krüger, A., 164.
Krull, Edith, 54.
Krutch, J. W., 59, 60, 76, 156, 178, 179.
Kubczak, V., 90.
Kubsch, H., 100.
Kuckhoff, Adam, 114.
Kuckhoff, Adolf, 164.
Küchler, W., 164.
Kühlmann, R. von, 123.
Kühn, Herbert, 27, 35.
Kühn, Julius, 182.
Künstler-Zedik, V., 123.
Küsel, 166.
Kuhlhorn, W., 135.
Kuhn, 123.
Kuhn, A., 49.
Kulczak, V., 65.
Kummer, F., 85.
Kurtz, Rudolf, 22.
Kusenberg, K., 27.
Kutscher, Arthur, 33.
Kutzbach, K. A., 184.

L., W. von, 94, 186.
Lachmannski, H., 85, 129.
Lambasa, Frank S., 188.
Lampel, Peter Martin, 126.
Landauer, Gustav, 99, 100, 110, 114, 117.
Landsdorf, O., 138.
Lang, L., 27.
Lange, Georg, 13.
Lange, Victor, 17.
Langenbeck, F., 165.
Langenbucher, H., 94.
Langer, Norbert, 186.
Langer, S., 6.
Langer, W. L., 155.
Langner, Ruth, 177.
Lankes, O., 27.
Lauer, H. E., 174.
Laughton, Charles, 57.
Lauret, R., 146.

Lazarowicz, Klaus, 41, 45.
Leben, C., 49.
Leder, R., 186.
Lederer, M., 13.
Legal, Ernst, 79.
Legband, P., 13.
Lehmann, Karl, 33, 85, 90, 108.
Lehmann, John, 156.
Lehner, F., 175.
Lehnhard, Paul R., 97.
Lehrmann, John, 62.
Lehrmann, W., 49.
Leide, Heinz, 182.
Leinert, A. R., 186.
Leins, H., 121.
Lemke, E., 49, 85, 86, 94.
Lennartz, Franz, 54, 82, 170, 186.
Lennig, W., 142, 173.
Lenya, L., 61.
Lenz, Harold, 179.
Leonhard, Rudolf, 13, 27, 114, 133.
Leschnitzer, Franz, 27, 77.
Lessing, Theodor, 70, 99, 100.
Lesser, Max, 146.
Lessner, J., 7.
Leuchs-Mach, M., 13, 164.
Levertoff, Paul P., 177, 179.
Lewin, Ludwig, 110, 114.
Lewisohn, Ludwig, 17, 18, 38, 107, 154, 177, 179, 180.
Lewy, Hermann, 148.
Leyen, F. von der, 6.
Lhermann, J., 68.
Liebmann, Kurt, 186.
Liepmann, A., 184.
Liepmann, H., 13, 68, 82, 104.
Lietz, G., 45.
Linck, O., 27.
Lind, E., 13.
Lindemann, F., 71.
Lindemann, Gustav, 45.
Lindemann, R., 136, 138.
Linden, O., 138.
Lindenau, H., 114.
Linick, L. M., 110.
Linzer, Martin, 99.
Lipp, Herbert, 114.
Liptzin, S., 162, 190.
Lissauer, E., 184.
Litvinoff, E., 64.
Litzmann, B., 13, 85.
Lober, H., 54, 82.
Loerke, Oskar, 82, 132.
Loets, 87.
Loewenberg, Alfred, 110, 114.
Lohner, Edgar, 82, 83.
Lolsien, W., 100.
Loram, Ian C., 107.
Lothar, Ernst, 101, 186.
Lothar, R., 13.

Lotz, 42.
Loup, Kurt, 53, 116.
Loving, Pierre, 148, 162, 179.
Lucács, Georg, 6, 27.
Lüth, Paul E. H., 54.
Lütkens, Ch., 167.
Luma, 49, 68.
Lumley, F. E., 64.
Lund, R., 82.
Lustig, Hanns G., 146.
Luther, Arthur, 182.
Luthy, Herbert, 64.
Lutz, H., 174.

Maack, R., 82.
Maass, Joachim, 186.
Mach, D., 138.
MacGowan, Kenneth, 18, 38.
Mack, F., 13, 104, 105.
Macken, Mary M., 190.
Madeheim, Helmuth, 186.
Märker, Friedrich, 6, 35, 74, 90-91, 94.
Magnus, Laurie, 18.
Mahr, G., 49.
Mahrholz, Werner, 6, 184.
Mann, Heinrich, 13.
Mann, Klaus, 28, 162.
Mann, Otto, 6, 21, 28, 35, 51, 54, 82, 117, 148, 187.
Mann, Thomas, 56, 64, 82, 123.
Mannstaedt, F., 123.
Marck, Siegfried, 186.
Marcuse, C., 6.
Marcuse, Ludwig, 13, 35, 49, 114, 152, 176.
Marilaun, Karl, 114.
Marinetti, F. T., 110.
Marriott, James William, 19.
Marsyas, 148.
Martens, K., 6.
Martin, Kurt, 123.
Martini, Fritz, 13, 22, 28, 186.
**Martius, Lilli, 54.**
Marzynski, G., 22.
Matè, M., 22.
Maus, Theodor, 136.
Mautz, Kurt, 28.
Mayer, A. E., 106.
Mayer, Hans, 13.
Mayer-Haas, Kathleen, 190.
Mayerhofer, A., 103.
Maynard, Theodore, 180.
Mayser, E., 28.
McCarthy, D., 107, 154.
McCole, C., 31.
McFarlane, J. W., 56.
McGuire, Harry, 167.
Meckel, E., 87.
Meisl, W., 67.

Meissner, C., 123.
Meister, Robert, 163, 168.
Melchinger, Siegfried, 14, 82, 87, 91.
Melnitz, William W., 8, 14, 19.
Mendel, Vera, 152, 153.
Mendelssohn-Bartholdy, A., 165.
Mendelssohn, P. de, 61, 64.
Menge, G., 138.
Merbach, Paul Alfred, 77, 114.
Meridies, Wilhelm, 91.
Merzbach, Margaret K., 117.
Metelmann, E., 93.
Metzner, K. O., 94, 101.
Meuer, A., 170.
Meyer, A. R., 22.
Meyer, Corona, 182.
Meyer, Th. A., 14.
Michael, Friedrich, 14, 73, 80, 86, 102, 120, 150, 175.
Michaëlis, Karin, 123, 126.
Michalitschke, W., 74, 75, 175.
Michel, W., 22.
Michelsen, Peter, 54.
Milch, Werner, 6.
Miller, A. I., 17.
Millett, F. B., 38.
Milrath, Max, 114.
Minte, Herbert, 54.
Mirbt, Rudolf, 84.
Mittenzwei, Johannes, 145.
Mittrowsky, H., 187.
Möbius, 87.
Möhlig, K., 142, 169.
Mohrenn, M., 169.
Molo, W. von, 14.
Montane, Jacques, 10.
Moonen, Heinz, 35.
Moore, Stephen, 57.
Morack, Curt, 114.
Morris, Lloyd, 156.
Moses, M. J., 106, 153, 179.
Motherwell, Hiram Kelly, 19, 60.
Moult, H., 38.
Muckermann, Friedrich, 66, 138, 174.
Mühlberger, J., 184.
Mühr, Alfred, 66, 80, 91, 92, 143, 156.
Müller, A., 91, 169.
Müller, H., 35.
Müller, R., 22.
Müller, W., 174.
Müller-Freienfels, R, 28.
Müller-Rastatt, C., 42, 143, 174.
Münich, A., 138.
Muhr, Adelbert, 35, 114.
Mulert, H., 170.
Mullenback, Herbert, 7.
Mulot, A., 7.
Mumbauer, Johannes, 7, 14.
Mumelter, I., 35.

Murray, Gilbert, 156.
Murrill, Herbert, 153.
Muschg, Walter, 7, 54, 79.
Muschler, R. C., 14.
Muth, Karl, 135, 138.

Naso, E. v., 94.
Nathan, G. J., 59, 60.
Nathan, J., 180.
Natonek, H., 42.
Naumann, H., 7.
Naumann, I., 91.
Neermann, Gerd, 110.
Niedhart, B., 138.
Neitzke, H. J., 45.
Nellhaus, G., 57, 60.
Nettesheim, Josephine, 187.
Neumann, F., 99.
Neumann, J., 28.
Neumann, Walther, 8.
Neumeyer, A., 128.
Neurath, K., 14.
Neuweiler, A., 101.
Newmark, M., 181.
Nicholson, Hubert, 64.
Nicolaus, P., 114.
Nicoll, A., 38, 190.
Niedermayer, Max, 22.
Niessen, C., 49.
Niles, C., 14.
Norden, Ruth, 57, 58.
Norman, Mrs. George, 190.
North, Sterling, 178.
Nossack, Hans Erich, 80, 82.
Nubel, Walter, 57.
Nusspickel, J. J., 137.

O'Brien, B., 139.
O'Casey, Sean, 155.
Ochsenius, K., 94.
Oehlhey, H. R., 28.
Oehlke, W., 7.
Oelsner, A., 86.
Ohff, Heinz, 126.
Omankowski, W., 86, 110, 114.
Opitz, Fritz, 117.
Oppert, Kurt, 187.
Oschilewski, W. G., 159.
Ossietzky, C. von, 68.
Oster, O., 94.
Otto, Karl, 117.
Ould, Herman, 19, 38, 77, 152.
Oven, J., 79, 87, 143.

Pabst, O., 175.
Pache, A., 74, 85.
Palitzsch, O. A., 14.
Palmer, Lucille V., 31.
Pander, Oswald, 42, 49.
Panter, Peter (see Tucholsky, Kurt)

Papp, Desiderius, 114.
Parker, R. A., 31.
Parrington, V. L., 190.
Parry, John, 62.
Passarge, W., 54.
Pauls, E. E., 28.
Paulsen, Rudolf, 28, 94.
Paulsen, Wolfgang, 22, 145, 148, 190.
Paumgartner, Bernhard, 121.
Peake, M., 162.
Pechel, Rudolf, 49, 54.
Peine, Martin, 8.
Perger, Arnulf, 8.
Peters, Paul, 57.
Petersen, Carol, 148.
Petersen, Julius, 170.
Petersmann-Borsdorff, W., 170.
Petsch, Robert, 14, 35, 43, 176.
Pfemfert, Franz, 133, 142, 144.
Pfister, Kurt, 42, 126, 176.
Pfister, Oskar, 22.
Phelan, K., 178.
Picard, M., 22.
Picht, W., 170.
Pieper, K., 28.
Pinner, E., 159.
Pinthus, Kurt, 14, 28, 68, 72, 77, 85, 146, 162, 176.
Piper, Reinhard, 54.
Pirk, Robert, 114, 146.
Pitoieff, G., 110.
Pitron, R., 170.
Plenge, J., 28.
Pliquett, G., 28.
Plön, K., 114.
Plotke, Georg J., 115.
Poe, Lugné, 110.
Polgar, Alfred, 75, 100, 101, 104, 115, 142, 143, 146-147, 164, 173.
Politzer, A., 174, 184.
Politzer, Heinz, 187, 190.
Pollatschek, 103, 151.
Pongs, H., 159.
Pontzen, J. F., 14.
Portitzky, J. E., 19.
Prang, H., 136.
Prehm, F. H., 80, 82.
duPrel, M., 91.
Pressey, B., 153.
Pridtkau, Leopold, 187.
Priebatsch, Heinz, 45.
Pringsheim, Klaus, 14.
Proksch, R., 49.
Przybyhski, 49.
Puckett, H. W., 190.
Pürsteler, Heinz Peter, 22.
Pulver, M., 14.
Putnam, Samuel, 106.

Puttkammer, Annemarie von, 182, 187.

Quandt, C. U., 77.

Raab, R., 86.
Radkey, Jakoba B., 7.
Raff, F., 150, 174.
Ralfs, Hans, 28, 50.
Ramin, Günther, 82.
Randall, A. W. G., 19.
Rapp, Franz, 14, 19.
Rasch, Wolfdietrich, 28.
Rath, A., 15.
Rath, Willy, 102, 115.
Raymann, H., 71.
Reade, A. E. E., 154.
Redlich, V., 136.
Rees, G., 156.
Reger, C., 151.
Reger, E., 15.
Rehfeld, geb. Grossow, Waltraud, 182.
Reich, Willi, 28.
Reichelt, Johannes, 94, 103, 104, 105, 123.
Reichert, Herbert W., 190.
Reidemeister, L., 54.
Reifenberg, Benno, 126.
Reiffenstein, Christa, 166.
Rein, Leo, 50, 68, 115.
Reinalter, E. H., 184.
Reinfeldt, 94.
Reinhardt, Kurt F., 31.
Reinking, K. F., 103.
Renner, G., 15.
Reuter, Gabrielle, 162, 190.
Reuter, Gerhard, 54.
Reyap, F., 129.
Reynolds, Horace, 155.
Rheiner, W., 35.
Richman, R., 63.
Richter, Elise, 28.
Richter, Joachim, 22.
Richter, Julius, 151.
Richter, K. E., 19, 162.
Riedel, R., 143.
Riedrich, O., 50.
Riemann, Robert, 7.
Rilla, Paul, 148.
Rinser, L., 187.
Risti, T., 117.
Ritter, F., 75, 115.
Rittich, Werner, 22, 29.
Roceker, H. O., 42.
Rockenbach, Martin, 15, 91, 134, 136, 137, 138-139.
Röder, 159.
Roessler, A., 123.
Roessler, R., 43.

Röttger, Karl, 15, 105.
Roh, Franz, 54, 126.
Rohlfing, A., 43.
Rose, Ernst, 7, 179.
Rose, W., 19, 31, 38.
Rosen, G., 29.
Rosenberg, A., 159.
Rosenberger, 67.
Rosenfeld, Fritz, 115, 159.
Rosenthal, F., 15.
Rosenthal, Helmut, 110.
Rosenthal, M. L., 61.
Rost, Nico, 29.
Roth, Stefan, 82.
Rothgeber, E., 176.
Royde-Smith, N. G., 107.
Rubin, H., 190.
Rubiner, Frida, 133.
Rubiner, Ludwig, 22, 114, 132, 133.
Rühle, J., 8.
Rüther, E., 50.
Runke, H., 29.
Rupp, F., 164.
Ruppel, K. H., 42, 170.
Russo, Wilhelm, 115.
Rychner, M., 29, 143.

Sabais, H. W., 187.
Sackarndt, P., 54, 171.
Sachs, L., 85.
Saekel, H., 15.
Saget, Hubert, 35.
Sakheim, A., 42.
Sallwürk, E. von, 22, 29.
Salten, F., 151.
Samuel, R., 31, 139.
Sandburg, B., 110.
Sands, Elizabeth G., 182.
Santabanez, E., 178.
Sauter, Lily von, 126.
Savigny, J. B. H., 100.
Sayler, O. M., 17.
Schabbel, O., 151.
Schade, Herbert, 126.
Schäfer, G., 139.
Schäfer, W. E., 94.
Schäferdieck, W., 91.
Schalk, K. v. d., 170.
Scharrer, E., 100.
Schawaller, C., 15.
Scheck, Hanns, 54.
Scheffauer, E. T., 107, 167.
Scheffauer, H. G., 31, 106.
Scheffels, M., 44.
Scheffler, K., 44, 50, 124.
Scheidweiler, Paula, 67, 143, 152.
Schelzig, Alfred, 126.
Schendell, Werner, 15, 50, 101, 115, 170.
Scher, Peter, 126.

Scherber, F., 184.
Schickele, Rene, 29.
Schiff, Gert, 29.
Schiff, P., 166.
Schikowski, J., 29.
Schimmelpfeng, H., 173, 184.
Schirokauer, A., 170.
Schlaf, Johannes, 35.
Schlemmer, H., 29.
Schlenther, P., 165.
Schmahl, E., 164.
Schmidt, 85.
Schmidt, Paul Ferd., 50, 124.
Schmidt-Henkel, Gerhard, 45.
Schmied, Wieland, 29, 126.
Schmiek, Walter, 166.
Schmits, W., 105.
Schmitt, Norbert, 110.
Schmitz, A. L., 184.
Schmitz, F., 104, 105.
Schmitz, P. A., 91.
Schneditz, Wolfgang, 127.
Schneider, F., 91.
Schneider, Ferd. Joseph, 22.
Schneider, H., 50.
Schneider, Karl Ludwig, 22, 29.
Schneider, M., 7, 15, 33.
Schneider, Wilhelm, 29.
Schön, Gerhard, 127.
Schönfeld, F., 100.
Scholz, R., 29.
Scholz, W. von, 8.
Schony, Heinz, 126.
Schreck, Hans, 126.
Schrieber, Georges, 181.
Schreiner, G., 15.
Schreyer, Lothar, 29, 33, 36.
Schroeder, C., 184.
Schröder, K., 132.
Schümer, W., 76.
Schürer, O., 124.
Schütz, Adolf, 110.
Schütz, Paul, 54.
Schult, Friedrich, 44, 45.
Schulte, H., 29.
Schultze, Friedrich, 117.
Schultze-Jahde, Karl, 15, 175.
Schulze, F., 91, 139.
Schumacher, Ernst, 15, 29.
Schumacher, F., 54.
Schumann, 73.
Schumann, Detlev W., 19, 31, 184, 190.
Schumann, W., 29, 147.
Schurek, Paul, 46, 55, 141.
Schuster, George M., 139.
Schuwerak, Paul, 187.
Schwabach, 144.
Schwabe, T., 15, 131.
Schwachhofer, R., 159.

Schwank-Telfan, F. H., 55, 139.
Schwartzkopff, Johannes, 45, 55.
Schwarz, K., 50.
Schwerte, Hans, 55.
Schwiefert, F., 74.
Schworm, R., 6.
Sebrecht, Friedrich, 15, 36, 104, 164.
Seeger, K., 100, 148.
Seitz, G., 55.
Seitz, H., 43.
Semper, I. J., 19.
Sengle, Friedrich, 15, 30.
Servaes, F., 7, 15, 30, 50, 66, 68.
Sexan, Richard, 91.
Shanks, E., 155.
Shaw, I., 58.
Shrodes, C., 153.
Sieburg, E., 15, 184.
Siemens, Ch. P., 101.
Siemer, L., 127.
Siepen, Bernhard, 30, 175.
Signer, P., 158.
Simonson, L., 19, 38.
Sinsheimer, Hermann, 115, 165.
Skelton, Geoffrey, 60.
Skillin, S., 181.
Skinner, R., 154.
Slochower, Harry, 64, 162, 190-191.
Slorowitz, L., 131.
Smith, A., 166.
Smith, Winifred, 38, 87.
Soergel, A., 22, 78, 91, 184.
Sokel, Walter H., 31, 32.
Sommer, Paul, 86, 132.
Sorge, Reinhard Johannes, 36, 134, 136.
Sorge, Susanne, 136, 137.
Spael, Wilhelm, 100, 102, 137, 164, 175.
Spaini, A., 147.
Spanuth, G., 184.
Specht, Richard, 173, 174, 182, 184.
Spender, Stephen, 32, 61, 153.
Splittgerber, H., 151.
Spoliansky, Mischa, 98.
Sprengler, Josef, 15, 16, 36, 50, 91, 124, 139, 142, 170, 174, 184.
Stadlmann, J., 9.
Stahl, Ernst Leopold, 16, 78, 91, 115.
Stahl, F., 124.
Stamm, Israel S., 188, 191.
Stammler, Wolfgang, 7, 30, 170.
Stang, Carl, 36, 115.
Stang, S., 16.
Starke, Ottomar, 145.
Stearns, Harold E., Jr., 17.
Stefan, Paul, 119.
Steffen, A., 173.
Steffen, Uwe, 55.

Steffes, Egbert, 22.
Steffes, J. P., 7.
Stehle, Marie, 154.
Steiger, E., 30, 103, 105, 184.
Stein, Carl vom, 162.
Steinbach, W., 159.
Steinbömer, G., 87.
Steiner, F., 36.
Steinfeld, J., 82.
Steinhauer, H., 8, 19, 162, 171.
Stephan, Heinz, 115.
Stern, E., 19.
Stern, I. L., 73.
Stern, James, 62.
Sternheim, Carl, 140-141, 144-145.
Sternheim, Carlhans, 147.
Sternoux, 74.
Sternthal, F., 16.
Stieber, Hans, 23.
Stiemer, F., 68.
Stirk, S. D., 17.
Stockmeyer, E. A. K., 30.
Stöcker, H., 102.
Stöcklein, Paul, 187.
Stoessel, O., 164.
Stolper, Armin, 117.
Stolz, H., 85, 174.
Stone, Irving, 180.
Stonier, G. W., 155.
Storck, K., 16.
Storfer, A. J., 184.
Stranik, 30.
Straube-Mann, Rotraut, 187.
Strecker, K., 141, 142, 143, 152, 175.
Streuber, A., 141.
Strich, F., 44, 50.
Stroh, H., 65.
Stuart, Donald Clive, 19.
Stützer, H. A., 139.
Sturm, Hans, 91.
Stuyver, Wilhelmina, 23.
Süskind, Wilhelm Emanuel, 16.
Suhl, A., 159.
Sullivan, Louis E., 180.
Swinnerton, F., 107.
Swoboda, J., 43.
Sydow, Eckart von, 23, 30, 50.
Syring, Rudolf A., 31.
Szittya, E., 124.
Szondi, P., 8.

Tagger, Theodor, 23.
Tairoff, A., 33.
Talmy, Allene, 59.
Tank, Kurt Lothar, 127.
Tannenbaum, Eugen, 91, 115.
Tesar, E. L., 124.
Tessmer, H., 87.
Teut, A., 55.

Thaemerus, W., 115.
Thari, E., 120.
Theobald, Wolfgang, 44.
Theunissen, Gert H., 55.
Thiel, H., 94.
Thielmann, Hans, 8.
Thiess, Frank, 30, 82.
Thimme, Jürgen, 127.
Thissen, F., 30.
Thomas, Norman, 38.
Thomas, R. H., 31, 139.
Thomas, Walther, 8.
Thomerus, W., 16.
Thompson, A. R., 19.
Thompson, Dorothy, 156, 191.
Thompson, L., 64.
Thompson, Ralph, 155.
Thoms, L., 55.
Thormann, W. E., 16, 170.
Thürink, 147.
Thun-Hohenstein, 174.
Thwaites, John Anthony, 127.
Tietze, Hans, 124.
Toller, Ernst, 16, 19, 72, 73, 110, 149-150, 152-153, 156-158.
Torberg, Friedrich, 187.
Torsten, E. H., 55.
Tränckner, Chr., 30, 50.
Trautmann, Werner, 110.
Trede, Yngve Jan, 79.
Treitschke, C., 87.
Tretyakow, Sergei, 64.
Tschörtner, Heinz-Dieter, 68.
Tucholsky, Kurt, 72, 73, 74.
Tucker, S. M., 106.
Tumler, F., 94.
Turrian, Marysia, 182.

Ulm, F. A., 103.
Unger, H., 44.
Unruh, Fritz von, 163, 167-168.
Untermeyer, Louis, 155, 162.
Urban, Martin, 55.
Urbanek, Walter, 96.
Urzidil, J., 187.
Utitz, Emil, 16, 23, 30.

Valentien, F. C., 124.
Van Gundy, J., 153.
Van Norden, J. C., 32.
Verschoyle, D., 108.
Vesey, D. I., 58, 61.
Vesper, W., 85.
Victor, Walther, 159, 187.
Vielhaber, Gerd, 78.
Viertel, B., 64.
Viëtor, Karl, 115, 129, 170.
Vietta, Egon, 42, 43, 46, 55.
Vogeler, E., 44.

Vogeler, Heinrich, 30.
Vogelpohl, W., 94.
Vollbrath, 185.
Volz, R., 72.
Voss, K., 91.
Vriessen, Helmuth, 8.

Wachler, E., 165.
Wagner, Ernst, 30, 36.
Wagner, Horst, 46.
Wagner, M., 102, 135, **144**.
Wagner, Marianne, 50.
Wahner, 86.
Wais, Kurt, 7.
Waldemar, George, 128.
Walden, Herwarth, 23, 30.
Waldstein, A., 50.
Waldstetter, R., 16.
Walker, Lydia, 162.
Wallace, Margaret, 156.
Wallerstein, Viktor, 124.
Walter, H., 118.
Walter, K., 43.
Walzel, Oskar, 7, 16, 30, 36, 101, 166, 170, 175.
Wanderscheck, Hermann, 8.
Wandrey, Conrad, 30.
Wangenheim, Gustav, 30.
Watson, E. B., 153.
Watt, D., 64.
Watzinger, C. H., 94.
Weber, C. v., 142.
Weber, G. W., 62.
Wedderkopp, Hermann von, 36, 109.
Weddigen, O., 16.
Wegwitz, F., 185.
Wehnert, B., 43.
Weichert, Richard, 36, 73, 75.
Weigand, Kurt, 43.
Weigel, Hans, 68.
Weigert, A., 124.
Weill, Kurt, 59, 97, **176**, **177**.
Weimer, Karl, 16.
Weise, Herbert F., 188.
Weisenborn, Günther, 159.
Weiser, E., 159.
Weismantel, Leo, 16.
Weiss-Mann, E., 82.
Weissenfels, Fr., 82.
Weissensee, H., 165.
Weisstein, Ulrich, 100.
Weitzmann, O., 173.
Welcke, Stefan, 36.
Weltmann, Lutz, 69, 82, 130, 131, 139, 185.
Wendl, H., 152.
Wendriner, K. G., 115.
Wentscher, D., 50.
Werfel, Franz, 16, 172-173, 177, 180-181.
Werneke, F., 50.
Werner, 120.
Werner, Alfred, 191.
Werth, F., 135.
Wertzel, R., 164.
West, Geoffrey, 156.
West, Rebecca, 162.
Westecker, W., 16.
Westerburg, H., 17.
Westfal, E., 150.
Westheim, Paul, 50, 121, 124, 127.
Weyer, Claus, 187.
White, Eric Walter, 64.
Whitney, Marion P., 19.
Wicke, Ernst-August, 33.
Widmann, H., 8.
Wiedmer, E., 75.
Wiefel, W., 42.
Wiegand, Charmion von, 162.
Wiegenstein, Roland H., 69.
Wiegler, P., 187.
Wiemken, H., 187.
Wienhausen, H., 55.
Wiese, Peter von, 110, 117.
Wiesebach, W., 30, 36.
Wieser, S., 135.
Wiessner, Georg Gustav, 85, 91.
Wilckens, Leonie von, 56, 127.
Wilhelmsen, F., 51.
Willibrand, W. A., 160, 162, 180, 191.
Willis, K. T., 180.
Willoughby, L. A., 95.
Wilson, Edmund, 38.
Wilson, Norman S., 20.
Wilucka, A., 150.
Windisch, F., 101.
Winge, W. H., 62.
Wingler, Hans-Maria, 119, 120, 122, 127.
Winzinger, Franz, 56.
Wirth, Otto, 159.
Wirz, Otto, 23.
Witkop, P., 7.
Witkowski, G., 73, 80, 86, 102, 104, 175.
Witte, I., 115.
Wittenberg, K., 80.
Wittko, Paul, 43, 79, 80, 104, 150, 171.
Wittner, Victor, 17, 107, 117, 118, 131, 187.
Wocke, H., 91, 170.
Woerner, Roman, 135.
Wolf, Friedrich, 36.
Wolf, H., 185.
Wolfenstein, A., 51, 135.
Wolff, Kurt, 147, 188.
Wolff, J. F., 105.
Wolfheim, H., 82.

Wolfradt, W., 51, 124.
Woolcott, Alexander, 178.
Worner, H., 127.
Wrobel, J., 159.
Wuenschke, E. A., 191.
Wulffen, Christian, 56.
Wyatt, R. C., 36.
Wyler, Paul E., 33.
Wyneken, Hans, 42, 104.

Young, Stark, 20, 59, 154, 178, 179.

Zahn, L., 127.
Zarek, O., 144, 167.
Zech, Paul, 118, 185.
Zehder, H., 124.

Zeifzig, Gottfried, 33.
Zenker, 176.
Zepler, W., 133.
Zerkaulen, H., 103.
Zeydel, E. H., 20, 32.
Ziegler, Bernhard, 31.
Ziegler, Klaus, 36, 118.
Ziehen, J., 17.
Zimmermann, F., 85, 99, 105.
Zimmermann, M., 51.
Zimmermann, R., 185.
Zimmermann, W., 51, 139.
Zoff, O., 17, 115.
Zucker-Randl, P. 167.
Zur Nedden, O., 8.
Zweig, Arnold, 131, 147, 160.

www.ingramcontent.com/pod-product-compliance
Lightning Source LLC
Chambersburg PA
CBHW020756160426
43192CB00006B/339